基础教育阶段
校长信息化领导力研究

赵磊磊　代蕊华·著

WUHAN UNIVERSITY PRESS
武汉大学出版社

图书在版编目(CIP)数据

基础教育阶段校长信息化领导力研究/赵磊磊,代蕊华著.—武汉:武汉大学出版社,2021.12

ISBN 978-7-307-22836-8

Ⅰ.基…　Ⅱ.①赵…　②代…　Ⅲ.中小学—校长—学校管理
Ⅳ.G637.1

中国版本图书馆 CIP 数据核字(2021)第 275641 号

责任编辑:邓　瑶　　　责任校对:方竞男　　　装帧设计:吴　极

出版发行:**武汉大学出版社**　　(430072　武昌　珞珈山)

(电子邮箱:whu_publish@163.com　网址:www.stmpress.cn)

印刷:广东虎彩云印刷有限公司

开本:720×1000　　1/16　　印张:14.5　　字数:277 千字

版次:2021 年 12 月第 1 版　　2021 年 12 月第 1 次印刷

ISBN 978-7-307-22836-8　　定价:86.00 元

前　言

　　所谓校长领导,即校长在特定情境中为实现一定的组织目标而对学校中的事物施加的影响及其过程。校长领导与学校发展不仅是策略与目标的关系,也是相互促进的关系。许多研究表明,校长领导具有促进学校发展的强大功能,而校长发展问题实质上是教师角色塑造问题。因此,校长角色的合理定位和塑造是校长专业发展的路径和旨趣。在教育信息化背景下,校长信息化领导力(technology leadership)是近年来教育领导领域的热门话题。面对人工智能、大数据、5G 等新技术的冲击,校长必须转变领导方式,承担"信息化发展的领导者"的新角色,实现学校发展的现代化转型。

　　校长是学校信息化工作的带头人、组织者、践行者。中小学校长应该履行学校信息化工作在规划设计、组织实施和评价推动三个方面的专业职责。此三个方面,分别体现了三个基本理念,即引领发展、协同创新、提升素养。在信息化时代,信息科技与媒体技术迅速发展,用信息科技与媒体技术来支持教育改革与创新发展成为诸多国家的重要战略选择。在信息技术的影响与冲击下,学校要学会使用多样化的信息技术手段、方式及资源来辅助教学与学习活动。因此,如何有效使用及管控相应的技术方式与资源,便成为学校教育信息化发展的重要议题。校长如何通过信息技术的应用,提升教师教学成效和学生学习成效,并持续创造新的知识或技术,这个问题值得诸多教育人士以及研究人员审慎思考。

　　校长信息化领导力研究的基本出发点是学校变革的需要。学校变革以追求有效和卓越为目标,但自上而下的变革一直收效甚微。因此,作为一种促进学校信息化发展与变革的策略,校长信息化领导力的研究尤为重要。我国关于校长信息化领导力研究的文献较少,还处于介绍和翻译西方有关文献的阶段,特别是全面、系统的大样本校长信息化领导力研究专著极少,这方面的研究水平尚待提升。

　　本书在文献研究、理论梳理及实证研究的基础上,对中外校长信息化领导力理论和实践的系统化探究。作者试图从文献梳理和现象解构入手,分别借助领导学、社会学、教育学的相关理论,对基础教育阶段校长信息化领导力实践进行分析和批判,并在此基础上,全面地剖析基础教育阶段校长信息化领导力的来龙去脉。概括来说,本书主要研究内容如下。

　　第一章,探讨国内外基础教育信息化领导力研究进展。数字技术的发展直接影响并改变了学校领导者的作用和肩负的责任。教育信息化领导力成为影响学校信息化建设与长期发展的关键因素。国内教育信息化领导力研究主题主要有教育信息化背景下校长领导力研究、学校管理者教育信息化领导力研究。国内教育信息化领导力研究发展趋势集中体现在校长信息化教学领导力的影响因素研究、教育现代化背景下教育领导者信息素养研究等方面。国外教育信息化领导力研究主题主要有 STEM(Science, Technology, Engineering, Mathematics,科学、技术、工程和数学教育)背景下教育信息化领导力的变革研究、指向教学管理创新的信息化领导力策略研究、在线学习背景下信息化领导力的支持体系研究等。国外教育信息化领导力研究发展趋势集中体现于指向学校信息化领导力提升的标准与政策研究、基于学习分析技术的教师信息化领导力提升研究等方面。

　　第二章,探究校长信息化领导力的缘起与内涵。有关校长信息化领导力价值、生成过程等方面的研究极为匮乏。在本研究中,我们以中小学校长为主要关注对象,以信息化领导力为主要论题,对核心概念和问题进行了界定。据此,我们认为,校长信息化领导力是在综合考虑技术方式与领导实践的基础上,根据具体的领导情境,在规划设计、组织实施、评价推动等领导过程中形成的一种复合型领导能力。本研究对校长信息化领导力的价值、理论基础、生成过程、发展过程和发展阶段方面作了较为细致的内涵诠释。基于以往研究较为忽视校长信息化领导力的建设背景,本研究同时关注校长信息化领导力的建设背景,尝试对校长信息化领导力建设的起点、困境、目标及定位予以分析。

　　第三章,着重从技术整合视角解读校长信息化领导力建设的理论基础。国内外教育信息化领导力研究的对象广泛,校长、教师、管理人员均属于其研究对象。针对不同的对象,技术整合的方式、目标、路径等均有可能存在较大差异。校长信息化领导力具有一定程度的独特性。作为学校管理的核心人物,校长在技术整合方面的实践举措有利于从战略全局的角度促进学校的信息化发展。本研究从技术整合的角度探讨校长信息化领导力的建设,针对校长信息化领导力建设的若干关键议题,从技术整合的层次、能力、方向三个维度思考如何在技术整合中推动校长信息化领导力建设。

　　第四章,探析校长信息化领导力的影响因素。校长信息化领导力的影响因素必然涉及内外两个层面,因而有必要从内外联动的角度来分析校长信息化领导力的影响因素。一方面,从外在影响的角度来说,校长信息化领导力的发展本质上是一种技术接受的过程。本研究对技术接受与校长信息化领导力的关系进行了分析,并探究了技术接受视角下校长信息化领导力的培养路径。

另一方面,从内在影响的角度来说,心理资本是影响校长信息化领导力发展的主要内在力量。本研究对心理资本与校长信息化领导力的关系进行了分析,提出了指向校长信息化领导力培养的心理资本开发建议。

第五章,探讨校长信息化领导力与校长专业发展的关系。一方面,领导效能是校长专业发展不可忽视的关键议题。本书采用问卷调查、建模分析的方法,对校长信息化领导力与校长专业发展的关系进行全方位的梳理,通过设计校长信息化领导力及校长领导效能的测评指标,对校长信息化领导力及校长领导效能的现状予以解读,并针对校长信息化领导力对校长领导效能的预测效应进行分析。基于数据分析,本研究提出了指向校长领导效能提升的校长信息化领导力发展建议。另一方面,工作绩效提升是校长专业发展的基本目标。本研究对校长信息化领导力与校长工作绩效的关系进行了分析,并尝试提出了指向校长工作绩效提升的校长信息化领导力建设路径。

第六章,探究校长信息化领导力与学校效能的关系。作为学校领导团队的核心人员,校长肩负着领导学校成员共同进步并实现学校目标的领导使命,其信息化领导力是破解学校信息化发展困境、推动学校信息化发展的关键所在,更是决定其学校能否安然地在信息化浪潮中昂首挺进的关键性因素,同时将决定信息技术在学校教育中的渗透力度和实际功效。关于学校效能的权衡,本研究主要从学校领导效能及学校信息化效能两个方面予以考量。一方面,对校长信息化领导力对学校领导效能的作用关系予以分析,并提出指向学校领导效能提升的校长信息化领导力发展建议;另一方面,针对校长信息化领导力对学校信息化发展的作用关系进行分析,提出指向学校信息化发展的校长信息化领导力培育策略。

第七章,阐述校长信息化领导力的核心要素。一方面,校长信息化领导力需作用于课程教学本身,方能有效促进师生发展,由此,教学层面的校长信息化领导力成为当下校长信息化领导力研究的关注热点。本研究对校长信息化教学领导力的概念、影响因素、提升路径予以分析,以期为教学层面的校长信息化领导力剖析提供价值参照。另一方面,通过假设与分析校长信息化教学领导力对教师 TPACK(technological pedagogical and content knowledge,整合技术的学科教学知识)的作用关系,探究校长信息化教学领导力的作用机制。为应对人工智能给教育教学带来的冲击与挑战,校长应具备智能教育领导力,这也是校长信息化领导力的研究趋势。本研究从校长教学规划、校长教学环境建设、校长教学管理方面提出了校长信息化教学领导力视角下教师专业发展的路径和建议。

第八章,介绍了人工智能＋教育:校长信息化领导力变革的新背景。人工智能技术在智能导学、沉浸式学习、图像识别、情绪辨别等方面的教育应用,为教育发展提供了更多的可能性与路径。人工智能赋能教育教学已成为我国教育信息化发展不可忽视的关键议题。一般而言,校长信息化领导力是指校长在推进学校教育信息化发展过程中,规划、建设信息化发展愿景,并影响和带领全体师生员工共同实现这个愿景的能力与智慧。作为学校教育的核心管理人员,校长利用人工智能技术推动校园建设与教育发展极具意义。人工智能时代,中小学校长信息化领导力的实践取向值得诸多学者及教育人士关注。

第九章,探讨校长信息化领导力培育机制的构建研究。此部分是对如何在实践中培育校长信息化领导力的归纳与总结。本章从校长信息化领导力培育困境挖掘、校长信息化领导力培育路径探寻、校长信息化领导力培育方案设计三个方面入手,基于校长培训实践过程,针对不同层次学校、不同年龄、不同性别的中小学校长开展校长信息化领导力培训,并以有针对性的个案研究为抓手,开展纵向研究,探索一定时期内校长信息化领导力的变化情况,从而了解校长信息化领导力培育的困境,并归纳与总结校长信息化领导力的培育路径与模式。

本研究完成的过程,既是学习共同体合作开展研究的过程,也是集体贡献智慧、汇聚成果的过程。江南大学马玉菲同学、张黎同学在研究过程中协助做了大量的基础性工作(如问卷的收集和数据的处理),表现出超凡的刻苦和勤奋精神,以及对学术的热忱和投入;在统稿过程中,协助笔者通读书稿、排版、校对、订正错误等,极为严谨和认真。在此,感谢他们的辛苦付出。全书由笔者提出思路和框架,确定观点和结论,并经最终反复修订后定稿。限于精力和研究能力,本书的不足之处还有很多,恳请读者予以批评与指正。

赵磊磊

2021 年 9 月

目　　录

第一章　基础教育信息化领导力研究进展

《教育信息化"十三五"规划》明确指出,深入推进管理信息化,对于全面提升教育治理能力具有关键意义,要推动管理信息化与教育教学创新的深度融合,在提高教育管理效能的基础上,实现决策支持科学化、管理过程精细化、教学分析即时化。在《教育信息化"十三五"规划》具体实施的背景下,如何合理发展教育信息化领导力应成为国内教育领域的重要议题。教育信息化领导力与校长信息化领导力都具有复杂的特征,涉及教育各利益相关者的职责和学校信息技术发展的全过程,并受内外部环境因素的影响。校长信息化领导力研究与教育信息化领导力研究具有很强的相关性,并且校长信息化领导力研究是教育信息化领导力研究的重要组成部分。目前,我国教育信息化领导力研究已经取得了一定的进展,而本章重点在于梳理国内外教育信息化领导力的发展现状,以期为校长信息化领导力研究的后续开展提供价值参照。

第一节　国内教育信息化领导力研究现状

随着新技术革命在各个国家和领域的影响逐渐深入,关于信息技术与教育的融合研究逐渐兴起,虽然国内对中小学校长信息化领导力的研究起步较晚,但也取得了一些重要的理论成果。在中国知网(CNKI)上,以"信息化领导力"为检索主题词,截至 2020 年,获取搜索结果共计 932 条,其中最早的研究开始于 1996 年。以"中小学校长信息化领导力"为检索主题词,获取搜索结果共计 110 条,其中最早的研究开始于 2007 年,如图 1-1 所示。从图 1-1 中可

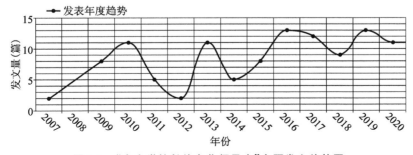

图 1-1　"中小学校长信息化领导力"主题发文趋势图

以看出,截至 2020 年,第一,关于中小学校长信息化领导力的研究成果数量大体呈增长趋势;第二,有关"信息化领导力+教育"的研究有待重视。中小学校长信息化领导力的研究在教育信息化领导力的研究中占比很小,在教育领域特别是在中小学校长的信息化领导力方面的相关研究不多,中小学校长信息化领导力研究尚待进一步深化。

一、国内教育信息化领导力研究主题类别

本研究使用的数据来源于中国知网的学术文献。本研究以"教育信息化领导力"为主题在中国知网中检索,统计时间段不限,检索日期为 2020 年 5 月23 日,通过筛选排除会议、报告,以及与本研究主题不相关的文献后,共得到文献 383 篇。在研究方法方面,本研究主要运用共词聚类分析法和社会网络分析法,对国内教育信息化领导力研究进行可视化分析,从而归纳国内教育信息化领导力的研究现状,并对其发展趋势进行推测。共词聚类分析法既可以探明研究领域包含的主题,也能够清晰地判别研究主题之间的关系,可用于挖掘相关研究领域的热点、研究现状和发展趋势。社会网络分析法是由社会学家根据数学方法、图论等发展起来的定量分析方法,是对社会网络的关系结构以及属性加以分析的一套规范和方法,目前也被广泛应用于文献综述、研究领域发展趋势研判等。

在研究工具方面,为了明晰国内教育信息化领导力的研究现状和发展趋势,本研究使用 SATI 3.2 软件进行关键词词频统计、高频关键词筛选和共词矩阵生成,再运用相关算法,将高频关键词共词矩阵转化为高频关键词相异矩阵,并利用 SPSS 19.0 软件进行系统聚类分析,得到国内教育信息化领导力研究主题类别。在此基础上,本研究还运用了 UCINET 6 软件的 NETDRAW功能绘制国内教育信息化领导力研究社会网络图谱,从而更好地判别相关研究领域的热点及发展趋势。

高频关键词可以在一定程度上表征相关研究领域的研究热点,对高频关键词的梳理有利于厘清某一研究领域的热点和发展脉络。本研究利用 SATI3.2 软件提取相关文献的关键词,通过关键词的整理合并,筛选出出现频次大于或等于 4 次的关键词作为高频关键词,共计 35 个。高频关键词如表 1-1 所示,高频关键词共词矩阵如表 1-2 所示。

表 1-1 **国内教育信息化领导力研究高频关键词**

关键词	频次
信息化领导力	103
教育信息化	64
校长信息化领导力	52
校长	33
领导力	31
学校信息化	27
中小学	19
中小学校长	14
校长领导力	12
信息化	11
教师信息化领导力	11
信息素养	8
提升策略	8
基础教育信息化	8
信息技术	7
学校信息化领导力	7
信息化建设	6
影响因素	6
教师	6
教育信息化建设	6
教育信息化 2.0	5
提升	5
教学领导力	5
信息化教学领导力	5
教师领导力	5
数字校园	5
信息化教育	5
基础教育	5
信息化环境	5
信息化教学	5
信息技术环境	4
高峰论坛	4
策略	4
管理者	4
教育现代化	4

表 1-2　　　　　　　国内教育信息化领导力研究高频关键词共词矩阵

	信息化领导力	教育信息化	校长信息化领导力	校长	领导力	学校信息化	中小学	中小学校长	校长领导力
信息化领导力	103	21	0	18	3	10	3	11	0
教育信息化	21	64	8	8	13	8	1	3	2
校长信息化领导力	0	8	52	0	1	12	13	1	8
校长	18	8	0	33	9	1	1	0	0
领导力	3	13	1	9	31	2	0	0	0
学校信息化	10	8	12	1	2	27	4	0	5
中小学	3	1	13	1	0	4	19	0	4
中小学校长	11	3	1	0	0	0	0	14	0
校长领导力	0	2	8	0	0	5	4	0	12

　　通过运用共词聚类分析法和社会网络分析法,对国内教育信息化领导力的研究进行可视化分析,得到国内教育信息化领导力研究共词聚类树状,如图 1-2 所示。当前关于国内教育信息化领导力的文献较少,本研究基于对高频关键词的聚类分析,得到国内教育信息化领导力研究的两大主题类别,如表 1-3 所示。

　　(一)教育信息化背景下校长领导力研究

　　中小学教育信息化领导力评价指标的研究是在其已有结构的基础上进行的进一步细化研究,即将中小学教育信息化领导力分解成许多可量化的指标进行研究。在我国,这些指标的设计依据往往以政府政策文件为主,以学者研究为辅。在政策文本类评价指标研究方面,2014 年 12 月,教育部教师工作司印发了《中小学校长信息化领导力标准(试行)》,对校长信息化领导力提出了引领发展、协同创新、提升素养三条基本理念,以及规划设计、组织实施、评价推动三项基本要求;2018 年 4 月,中共中央、国务院印发了《教育信息化 2.0 行动计划》,标志着我国的教育信息化从 1.0 时代向 2.0 时代正式转变,同时意味着校长的工作将面临更多、更大的挑战;2019 年 2 月,中共中央、国务院印发了《中国教育现代化 2035》,提出了八大教育发展理念,为研究校长信息化领导力的发展提供了最新的政策导向。在政府政策文本为校长信息化领导力确立评价标准的同时,学界对其评价指标也进行了许多相关研究。这些研究一般都是政策文本的一种延伸和演变。

　　对学校领导力的理论研究首先产生于 20 世纪出现的特质领导理论。该理论对学校领导力的研究主要集中在校长的个人能力上,更关注的是具有何

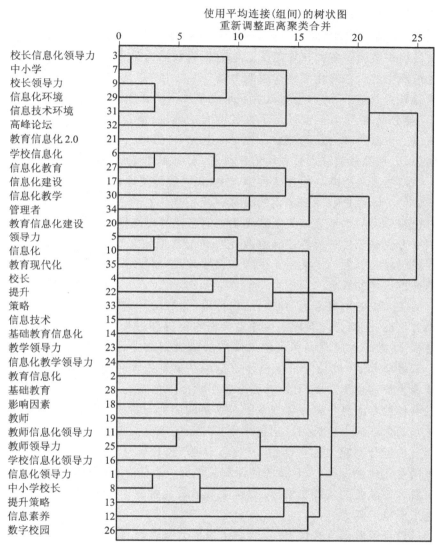

图 1-2 国内教育信息化领导力研究共词聚类树状

表 1-3 国内教育信息化领导力研究主题类别结构表

序号	主题	关键词
A	教育信息化背景下校长领导力研究	校长信息化领导力、中小学、校长领导力、信息化环境、信息技术环境、高峰论坛、教育信息化2.0
B	学校管理者教育信息化领导力研究	学校信息化、信息化教育、信息化建设、信息化教学、管理者、教育信息化建设、领导力等

种特质的校长具有领导力。20 世纪 80 年代,以团体动力学理论为导向的学校领导力理论逐渐发展起来,研究者们认为该理论为"群体论",即他们关注的是学校组织或组织中的领导团队。他们认为领导力是多种力的组合,是一种通过组织中的人和文化发挥作用的力量。王修和①在其发表的会议论文中将学校领导力归结于"一群力",认为它是由多种不同领导机制共同组合的力量。杜萍②则认为领导力不仅是某个人的能力的体现,更是组织中的成员与环境相适应产生的一种力量的综合。教育信息化不仅是信息技术对教育领域冲击的结果,更是教育领域通过利用信息技术,实现高效管理、高效办公、高效学习的一条新的发展道路。但在这种结合中,我们要清楚地认识到,校长、教师、学生等教育主体才是教育信息化的关键。校长作为教育过程中的关键角色,其信息化领导力的水平直接关系到其学校信息化的建设程度。那么对校长信息化领导力应该怎样进行界定和解读呢?通过对相关文献的收集和梳理发现,当前我国对其概念的定义由于视野和领域差异,出现了"能力说"和"过程说"这两种不一样的界定。

从能力说的角度来说,孙祯祥、任玲玲、郭旭凌③提出,教育管理者信息化领导力是指,在制订发展规划到计划管理实施再到过程监督评估的信息化建设过程中,教育人员或组织表现出来的战略规划能力、组织能力和评估能力等。宋晨菲④认为校长信息化领导力是指在信息技术环境下,校长制订和规划学校教育信息化发展愿景,并激励和引领全体师生员工共同实现这一愿景,促进学校教育信息化发展和变革所应具备的能力与素质。赵磊磊⑤从信息技术融入的角度得出校长信息化领导力实际上是在校长实施领导过程中逐渐形成的一种复合型能力这一结论。卢琰⑥认为,校长信息化领导力就是校长在教育信息化建设过程中,具备的能深刻认识到教育信息化的重要性,能够规划本校教育信息化的发展愿景,在实现这个愿景的过程中,不断修改、发展和完善这个愿景的能力。

从过程说的角度来说,校长信息化领导力强调教育人员通过自己的意识

　　① 王修和.谈领导与领导力[C]//中国领导科学研究会.构建和谐社会与领导科学创新——中国领导科学研究会学术研讨会论文集.北京:中国领导科学研究会,2006:132-137.
　　② 杜萍.校长的高绩效领导力:课程改革的重要保障[J].教育发展研究,2004(11):28-31.
　　③ 孙祯祥,任玲玲,郭旭凌.学校信息化领导力的概念与评价研究[J].电化教育研究,2014,35(12):34-40,62.
　　④ 宋晨菲.中小学校长信息化领导力现状调查与提升策略研究[D].开封:河南大学,2016.
　　⑤ 赵磊磊.校长信息化领导力:概念、生成及培养[J].现代远距离教育,2017(3):19-24.
　　⑥ 卢琰.宁夏中小学校长信息化领导力绩效评价研究[D].银川:宁夏大学,2018.

和态度,运用信息化的知识和技能,将学校的信息化资源加以整合利用,并对管理和实施后的结果进行评价和总结的过程。董艳、黄月、孙月亚等[1]认为校长信息化领导力强调教育人员运用自身具备的信息化素养和能力,通过计划、组织、协调、控制等方法,实现学校信息化建设的一个完整过程。刘晓杰[2]认为校长信息化领导力是组织层面的领导力,强调校长与学校成员进行信息化互动的一个过程。贺丹[3]从教师的视角出发,认为校长具备一定的信息技术能力是非常关键的,在学校的信息化发展中,必须由校长牵头,运用信息技术,整合学校资源,组织全校师生为了共同的目标而奋斗,最终带领师生实现学校信息化建设目标。这个过程就是校长信息化领导力的一种表现。

综上,信息化领导力是指在信息化发展背景下,领导者与追随者和利益相关者持续实现群体或组织目标的能力。教师要进行教育教学创新,中层管理者要有效推进信息化的应用,而学校的整体变革依靠学校的管理团队。不管是"能力说"还是"过程说",从本质上来说都以教育人员的信息化素养为出发点,把教育人员的信息化影响作为落脚点,突出能力不代表否定过程的重要性,突出过程不代表不需要信息化能力的加持。"能力说"认同的是教育人员自身拥有的技术素养和技术能力,侧重研究教育人员如何最大化发挥这种能力,是从理论上去探讨信息化领导力。"过程说"强调的是教育人员带领全校师生共同进行信息化建设的过程。强调一个过程,更符合我们理解校长信息化领导力的逻辑,它揭示了校长信息化领导力作为一种实践能力的本质属性。

随着教育信息化由 1.0 时代向 2.0 时代的转变,人工智能和大数据等信息技术与教育的融合将会越来越紧密。因此,笔者在总结相关专家对领导力、学校领导力、教育信息化领导力概念界定的基础上,结合教育信息化 2.0 时代背景,将教育信息化领导力定义为:中小学教育人员通过利用以人工智能、大数据分析为代表的新兴技术,提升认知、加强整合、微观治理、积极评价和开拓创新,从而实现学校信息化建设目标的复合型能力。在学校教育中,必须将校长信息化领导力放在教育大环境中来论述,因此通常情况下,我们认为校长信息化领导力表现为信息化大背景下,学校为实现各自的愿景和目标表现出来的一种合力,即校长信息化领导力是各种能力的总和,它不单是某

①　董艳,黄月,孙月亚,等.校长信息化教学领导力的内涵与结构[J].现代远程教育研究,2015(5):55-62.

②　刘晓杰.信息技术学科核心素养培养策略探析——以卓越课堂融合翻转课堂为例[J].中国教育技术装备,2018(21):74-76.

③　贺丹.大数据背景下高校教育教学改革研究[J].教育现代化,2018,5(49):101-103.

一个成员信息化领导力的体现,同时也是其和组织内外环境相结合而产生的一种建设能力。因此,应该先从其具有的特殊化概念及内涵入手,进行具体的研讨。

在校长信息化领导力结构维度研究方面,化方、杨晓宏[①]指出校长信息化领导力主要由校长的信息素养、规划能力、指导能力、管理评价能力、沟通协调能力和规制建设能力六部分构成。霍国庆等[②]以领导力为变量,建立起相关的研究模型,并在该模型的基础上将信息化领导力进行分析框架构建,创新性地提出了一种新的研究方法和模型。王永军[③]认为校长信息化领导力发展应关注创新发展规划、系统转型推动、变革教学引领和主动学习示范四个方面。卢琰[④]将校长信息化领导力的构成维度分为六个方面,即信息化决策与规划能力、信息化环境建设能力、信息素养、信息化执行能力、信息化评价和信息化教学指导能力。通过梳理文献可知,国内关于校长信息化领导力的维度研究主要集中在以下方面:校长自身的信息化技术水平、校长制定战略规划的能力、校长对信息技术的应用与管理、学校信息化建设中校长和师生扮演的角色、校长对信息化建设成果的评价等。

在校长信息化领导力与学校绩效关系研究方面,卢春、尉小荣、吴砥[⑤]认为教育信息化绩效评估应当主要评估校长信息化能力的发挥与学校绩效之间的关联性。杨晓宏、杜华[⑥]用层次分析法建立了宁夏基础教育信息化绩效评估模型,制定了在应用阶段校长信息化领导力与学校绩效之间的评估标准。香钰琳[⑦]通过对宁夏中小学教师信息化领导力与学校绩效关系的研究发现,校长同样应该提高其信息化领导力,且校长信息化领导力对学校绩效的影响更加直接。赵磊磊[⑧]指出:"校长的信息化领导力会对校长的工作绩效产生直接的正相关影响,这种影响主要表现在信息化规划、信息化关系处理和利用信息技术完成目标的程度上。"不管是哪种绩效,实际上它代表的是校长的某种能力,比如战略绩效代表校长在战略规划和制订发展愿景方面的能力;关

①　化方,杨晓宏.中小学校长信息化领导力绩效指标体系研究[J].中国教育信息化,2010(4):7-10.

②　中国科学院领导力课题组,霍国庆,苗建明.信息化领导力范式[J].领导科学,2010(13):38-40.

③　王永军.面向教育4.0的创新发展:中小学校长信息化领导力框架之构建[J].远程教育杂志,2020,38(6):41-49.

④　卢琰.宁夏中小学校长信息化领导力绩效评价研究[D].银川:宁夏大学,2018.

⑤　卢春,尉小荣,吴砥.教育信息化绩效评估研究综述[J].中国电化教育,2015(11):62-69.

⑥　杨晓宏,杜华.国内基础教育信息化绩效评估研究综览[J].电化教育研究,2015,36(4):28-34,61.

⑦　香钰琳.宁夏中小学教师信息化领导力绩效评价研究[D].银川:宁夏大学,2018.

⑧　赵磊磊.校长信息化领导力建设:提升校长工作绩效的路径选择[J].现代教育管理,2018(4):67-71.

系绩效代表校长在协调人力、物力和财力方面的能力;任务绩效代表校长在履行职责、完成任务方面的能力。这三种绩效分别与本研究中信息化领导力中的信息化整合、管理和评价这三个维度相对应。从理论层面上讲,校长信息化领导力直接影响其工作绩效,因此我们需要更加注重校长信息化领导力的提升。

（二）学校管理者教育信息化领导力研究

当学校作为一个整体处于社会中时,它就可被看成社会组织,它的发展需要多层面的、共享的领导力的支持。张爽[①]认为学校领导力归根到底就是一个过程和结果。学校领导力是学校组织成员在与学校内外环境互动的过程中,为实现学校组织愿景和目标、推动学校发展与变革,影响他人并由此与学校组织结构相互作用的一种结果。董君武[②]在其论文中将学校领导力视为一种能力的体现。他更倾向于将其定义为指定成员在共同愿景的基础上和共同目标的驱动下,能够充分发挥自己或者组织内其他成员的力量,共同策划、执行、沟通、协调,并且能够有效地促进学校教育思想和理念转变的一种能力的表现。学校领导力有很多种分类的标准,以表现的主体为分类标准,可以划分成校长、行政人员、教师和学生四个类别的领导力;以影响力范围为分类标准,可以划分成校级管理层面、中层部门、教研组、年级组、班级和其他学生团体方面的领导力。某种主体的建构研究即在界定这种主体的概念之后,从结构上对其概念和内容做进一步的分析。相对来说,国内关于学校领导力不同维度的建构研究已取得了较大的进步和突破,形成了不少有关的理论成果。

《中小学教师教育技术能力标准(试行)》对管理人员的要求包括意识与态度、知识与技能、社会责任、应用与创新。蒋志辉[③]提出在教育信息化发展的新阶段应该将个人层面的应用研究上升为对团队组织结构整体的研究,并重点指出在研究学校教育信息化领导力的过程中要侧重培育学校的信息化领导力团队,且此时的信息化领导力团队应该能够参与信息化发展目标的制订、信息化发展的规划、信息化应用的评估等工作。郭旭凌[④]提出团队领导者的日常工作基本上集中在对学校各种事务的管理上,团队领导者需要协助更高层领导者制订信息化愿景,并进一步实施,保证其顺利实现。

①　张爽.校长领导力:背景、内涵及实践[J].中国教育学刊,2007(9):42-47,54.
②　董君武.试论学校领导力的结构模型[J].上海教育科研,2008(11):67-69.
③　蒋志辉.教育信息化领导力研究的困境与转向[J].现代教育技术,2011,21(8):30-33.
④　郭旭凌.学校信息化领导力评价体系研究[D].金华:浙江师范大学,2013.

在学校教育信息化领导力的评价指标研究方面,比较有代表性的有:化方、杨晓宏[1]将信息化领导力评价指标进行细化,在信息素养、规划能力、应用能力和协调能力的基础上增加了信息化沟通能力,并在这些维度上构建了由"1个一级指标、6个二级指标和17个三级指标"组成的学校教育信息化领导力评价指标体系。许央琳、孙祯祥[2]在对国内外有关学校教育信息化领导力文献进行分析的过程中,博采众长,提出应当在分析教学过程和管理过程中构建中小学校的信息化领导力评价标准。王玥林[3]在对日本学校信息化水平认定方式的研究基础上,提出了从教学人员、管理人员、技术人员等多种角度对学校信息化领导力进行评价的策略。赵红娟[4]将技术领导力作为研究学校信息化领导力的核心词汇,她认为技术领导力的发挥就是要将信息技术融入教学管理活动中,学校的信息化建设主要是围绕师生之间的教学活动展开的。综合来说,应该从基本的信息技术掌握程度、对信息技术的理解和应用、信息化管理水平等方面来构建学校教育信息化领导力的评价体系。从上述维度的分析中可以发现,由于对学校教育信息化领导力结构的理解不同,不同学者制定出来的评价标准和评价指标也相去甚远,导致评价指标指向不明和重复化的现象产生。从整体上看,从指向性上来说,所有的学校教育信息化领导力评价指标可以总结为信息素养评价、信息化环境建设评价、校长信息技术管理与应用评价和校长信息化评估能力评价这几个方面。

在学校教育信息化领导力的提升策略研究方面,国内在校长信息化领导力提升策略研究这方面的成果相对还是比较多的。其中比较有代表性的有:杨昆[5]在实地调查的基础上,调查、分析了地区校长信息化领导力存在的问题和成因,针对校长信息化领导力的提升,分别从内部提升、外部支持和学校协助三方面提出了几点建设性意见。张宏权[6]认为校长信息化领导力的培养必须以自我提升为基础,通过考察学习或与其他校长进行经验交流等方式,加强相关方面的培训,从内部、外部共同推动。孙祯祥[7]采取问卷调查的方式,通

①　化方,杨晓宏.中小学校长信息化领导力绩效指标体系研究[J].中国教育信息化,2010(4):7-10.

②　许央琳,孙祯祥.基于信息共享的校长信息化领导力评价指标体系研究[J].中国电化教育,2013(4):40-45.

③　王玥林.多角度评价学校信息化建设情况——一种日本学校信息化水平认定方式的理解[J].教育与装备研究,2016,32(11):76-79.

④　赵红娟.中小学校长领导力研究[D].桂林:广西师范大学,2018.

⑤　杨昆.初中校长信息化领导力研究[D].银川:宁夏大学,2014.

⑥　张宏权.校长领导力现状与提升策略研究[D].成都:四川师范大学,2015.

⑦　孙祯祥.学校信息化领导力的理论与实践体系构建——《学校信息化领导力研究:理论与实践》简介[J].现代远距离教育,2017(6):32-39.

过与中东部几个省份校长的访谈,从信息化意识、能力、建设、团队管理等方面来讨论提升校长信息化领导力的策略。赵磊磊[①]从技术整合的角度进行研究发现,作为学校教育发展的核心管理者以及学校信息化推进的掌舵者,校长如何推动技术整合,将决定技术在学校教育中的渗透力度和实际功效。总体来说,和构建维度、评价指标研究一样,学者从多个角度对提升校长信息化领导力水平的策略进行研究,但存在某些方面研究重复或不够具体等问题,且并没有详细论述微观上的具体做法。

二、国内教育信息化领导力研究发展趋势

国内教育信息化领导力研究高频关键词社会网络图谱如图 1-3 所示。在社会网络图谱中,常用度数的中心性来衡量某一研究主题在当前研究领域中的关注度,这也可以清晰地判别某一研究领域的发展趋势。一般认为,点度中心度与接近中心度相对较低、中间中心度相对较高的关键词代表的研究主题将会成为未来该领域的研究方向。基于以上原理,对国内教育信息化领导力研究高频关键词进行中心度统计分析,统计结果如表 1-4 所示。

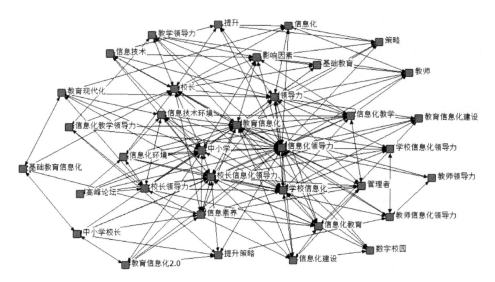

图 1-3　国内教育信息化领导力研究高频关键词社会网络图谱

---

① 赵磊磊.校长信息化领导力建设:提升校长工作绩效的路径选择[J].现代教育管理,2018(4):67-71.

表 1-4　　　**国内教育信息化领导力研究高频关键词中心度统计结果**

序号	高频关键词	1 点度中心度	2 接近中心度	3 中间中心度	4 特征向量
1	信息化领导力	82.353	85.000	21.744	47.496
2	教育信息化	79.412	82.927	16.786	49.284
3	校长信息化领导力	64.706	73.913	9.868	40.281
4	校长	44.118	64.151	5.361	28.918
5	领导力	50.000	66.667	5.598	33.154
6	学校信息化	50.000	66.667	2.698	38.305
7	中小学	41.176	62.963	2.474	30.870
8	中小学校长	20.588	55.738	1.022	15.537
9	校长领导力	32.353	58.621	1.350	24.019
10	信息化	20.588	55.738	0.622	13.275
11	教师信息化领导力	17.647	53.968	0.378	13.987
12	信息素养	32.353	59.649	1.980	25.650
13	提升策略	17.647	53.968	0.399	11.586
14	基础教育信息化	11.765	45.946	0.247	6.692
15	信息技术	20.588	55.738	0.369	17.203
16	学校信息化领导力	17.647	53.968	0.099	17.759
17	信息化建设	23.529	55.738	0.188	21.181
18	影响因素	29.412	58.621	1.133	20.727
19	教师	20.588	54.839	0.275	16.649
20	教育信息化建设	17.647	53.968	0.035	17.010
21	教育信息化 2.0	17.647	53.968	0.149	13.682
22	提升	17.647	53.968	0.178	12.300
23	教学领导力	20.588	54.839	0.243	16.403
24	信息化教学领导力	17.647	54.839	0.507	14.183
25	教师领导力	8.824	50.746	0.000	8.841
26	数字校园	14.706	53.125	0.009	15.687
27	信息化教育	29.412	58.621	0.473	25.625
28	基础教育	11.765	51.515	0.022	10.542

序号	高频关键词	1 点度中心度	2 接近中心度	3 中间中心度	4 特征向量
29	信息化环境	29.412	58.621	0.399	26.232
30	信息化教学	35.294	59.649	1.395	28.258
31	信息技术环境	26.471	57.627	0.390	23.823
32	高峰论坛	17.647	53.968	0.037	17.414
33	策略	17.647	53.968	0.190	14.066
34	管理者	26.471	57.627	0.214	24.681
35	教育现代化	20.588	53.968	1.422	13.737

从表 1-4 所示的高频关键词的中心度统计数值可以看出,信息化教育、信息化教学领导力、校长领导力、信息素养、影响因素、信息化教学、教育现代化、教师信息化领导力、提升策略的点度中心度与接近中心度相对较低,中间中心度相对较高,因此以上关键词可以在一定程度上表征国内教育信息化领导力研究的发展趋势。由社会网络图谱可知,信息化教学领导力与校长领导力具有共现关系,影响因素与信息化教学具有共现关系,信息化教育与校长领导力具有共现关系,信息化教育与信息素养具有共现关系。结合高频关键词社会网络图谱和中心度统计结果,本研究认为,国内教育信息化领导力研究趋势如下所示。

(一)校长信息化教学领导力的影响因素研究

部分学者对于教育信息化领导力的研究已经有了自己的界定,但从整体来说,以前的学者基本上都是对其构成、性质和作用给予界定。随着教育信息化领导力研究的不断深入和社会的不断进步,现在的学者对其研究不仅仅只是局限于对某个人的研究上,而是聚焦教育信息化领导力研究的某一方面,尤其关注学校教育的核心层面——课程教学,由此产生了一种较为具体的教育信息化领导力,即信息化教学领导力。校长信息化教学领导力是校长根据当前学校发展现状共同建立学校发展愿景,并有效执行、共同进步的一种影响力。在这里,我们需要强调的是:其一,校长信息化教学领导力会随着学校环境的变化而不断地变化,学校环境对校长信息化教学领导力的发展起到重要的作用。其二,校长信息化教学领导力体现出一种影响力,这种影响力既包括行政方面的影响力,也包括非行政方面的影响力。行政方面的影响力主要指校长扮演的社会角色将要承担的社会责任和被赋予的权利,非行政方面的影响力主要表现在管理者本身的魅力、基本素养等方面。

具体来看,信息化教学领导力的研究正处于起步阶段,当前研究者的关注点主要集中在校长和教师身上。教师信息化教学领导力是由信息化教学目标的引领力,信息化教学内容的规划力,信息化教学资源的开发力,信息化教学实施的组织力、执行力和指导力,信息化教学效能的评价力,信息化教学的沟通力以及信息化教学的影响力等构成的综合能力[①]。校长信息化教学领导力是指学校校长影响和引导其领域范围内的教师有效开展信息化教学,持续实现信息时代学校教学发展目标的特定能力[②]。聚焦于影响因素研究,赵磊磊[③]基于技术接受视角的实证研究发现,感知易用性、感知有用性、使用态度和领导行为意向是影响校长信息化教学领导力的四个因素,且感知易用性对感知有用性、使用态度具有直接正向作用效应;感知有用性对使用态度、信息化教学领导力具有直接正向作用效应;使用态度对领导行为意向具有直接正向作用效应;领导行为意向对信息化教学领导力具有直接正向作用效应。基于问卷与访谈的结果,杨鑫[④]认为校长信息化教学领导力存在校长自身与外部环境两大影响因素,涉及教育观念陈旧、个人专业发展规划不足、管理工作行政化、社会唯成绩论、学校信息化建设重硬偏软、校长绩效考核制度不完善、学习培训不足和校长长效机制不健全八大因素。可以看出,虽然有关影响因素的研究较少,但研究者均比较强调质性研究与实证研究,并借鉴一定的理论框架探究影响因素。综合来看,已有研究还未形成体系,其提出的影响因素缺乏一定的系统性。

(二)教育现代化背景下教育领导者信息素养研究

教育现代化背景下教育领导者信息素养研究主要集中在以下几个方面。

一是新技术支撑下的教育领导者信息素养的独特性。如倪闽景[⑤]认为,在数据与技术时代,校长的信息素养与此前存在较大不同:为学生学习和教师教学提供更多样的选择,激发学生内在的学习驱动力,生成并分析学习的动态数据将成为核心。二是现代化教育理念下教育领导者信息素养提升模式。譬

---

① 孙祯祥,刘小翠.教师信息化教学领导力:概念、内涵与调查分析[J].现代远距离教育,2015(4):28-36.

② 董艳,黄月,孙月亚,等.校长信息化教学领导力的内涵与结构[J].现代远程教育研究,2015(5):55-62.

③ 赵磊磊.农村校长信息化教学领导力的影响因素及提升路径——基于技术接受视角的实证研究[J].湖南师范大学教育科学学报,2018,17(5):25-32.

④ 杨鑫.小学校长信息化教学领导力提升策略研究[D].曲阜:曲阜师范大学,2016.

⑤ 倪闽景.DT时代校长最重要的信息化素养[J].人民教育,2019(Z3):50-53.

如,田阳等①从教育均衡的角度出发,构建了中小学校长信息素养提升模式整体架构。基于问卷调查,卢诗华②重点关注现阶段校长数据素养的现状,并经调查研究发现,大部分校长虽然都具备对数据的敏感性,但还缺乏对学校数据情况的整体把握;校长们虽然在思想上认可数据使用,但还未在学校具体教育教学及管理中落实教育数据的使用。三是新政策背景下教育领导者信息素养现状。比如王威③从信息化认知能力、信息化整合能力、信息化管理能力、信息化评价能力和信息化创新能力五个维度探讨了教育信息化2.0背景下中小学校长信息化领导力,提出了全面提升技术素养,提高信息化认知能力;构建信息保障机制,增强信息化整合能力;优化学校内部系统,强化信息化管理能力;制定技术评估标准,培养信息化评价能力;结合"新时代"要求,发挥信息化创新能力;优化学校外部环境,采取政策和财政双重驱动等优化措施。

(三)教师信息化领导力的提升策略研究

教师信息化领导力在国家、组织和个人层面均具有价值,其是践行教师引领型发展战略的需要,是促进师生与学校协同发展的需要,也是强化教师自主发展内动力的需要。④　与此同时,教师信息化领导力在信息技术能力、信息化教学领导力、信息化专业发展领导力、学校信息化文化领导力等方面均存在不少问题。赵磊磊等⑤的研究认为,教师信息化教学领导力的提升可以从有效应对设备、网络等环境资源的限制问题,合理化调控学生的网络学习时间,着力提升自身的融合式教学管理能力三条路径着手。张玉茹⑥认为教师信息化领导力的提升策略包括系统的学校培训、知识管理工具的运用、学习共同体和活动创设四方面。孙祯祥等⑦从教师自身内在动力提升、变革学校制度结构、外在因素刺激三方面共提出了十三个激发点。王忠政等⑧针对教师信息化课堂教学领导力提出了诸多开发策略:针对所授课的班级,在一定教育思想、理

---

①　田阳,徐晶晶,童莉莉,等.教育均衡视域下中小学校长信息素养提升研究——以"三区三州"培训为例[J].电化教育研究,2020,41(6):113-119.

②　卢诗华.中小学校长数据素养现状调查研究[D].重庆:西南大学,2018.

③　王威."教育信息化2.0"背景下中小学校长信息化领导力调查研究——以豫南地区为例[D].开封:河南大学,2019.

④　李运福,王斐.教师信息化领导力:内涵与价值分析[J].基础教育,2016,13(4):50-57.

⑤　赵磊磊,张蓉菲.教师信息化教学领导力:内涵、影响因素与提升路径[J].重庆高教研究,2019,7(3):86-97.

⑥　张玉茹.教育信息化背景下教师领导力研究[D].金华:浙江师范大学,2014.

⑦　孙祯祥,张丹清.教师信息化领导力生成动力研究——借助场动力理论的分析[J].远程教育杂志,2016(5):105-112.

⑧　王忠政,张国荣.教师信息化课堂教学领导力开发[J].广西教育学院学报,2013(1):134-137,165.

论的指导下,领导并建立课程教学愿景、构建学习共同体、实施科学合理的信息化课堂教学和师生共建信息化学习资源。可以看出,提升策略研究主要集中在两方面:一是教师信息化领导力方面,二是教师信息化教学领导力方面。这意味着研究者除关注教师信息化领导力之外,开始关注更为微观的层面。但对于提升策略来说,需要学者在实证性、体系化、微观层面做出进一步的努力。

第二节　国外教育信息化领导力研究现状

在国外学者对教育信息化领导力(educational informationization leadership)的研究中,他们常常选用教育技术领导力(educational technology leadership,ETL)这一概念进行研究。关于教育技术领导力的概念,P. Christie, B. Lingard 在《教育领导力的复杂性》一文中指出,教育技术领导力是"个人、机构或组织在社会、政治和经济背景下产生复杂的相互作用"[①]。因此,教育信息化领导力与教育技术领导力都具有复杂性的特征,涉及教育各利益相关者的职责和学校信息技术发展的全过程,并受到内外部环境因素的影响。通过文献梳理发现,事实上教育信息化领导力和教育技术领导力均为技术领导力,虽然表述略有不同,但其在教育领域的应用、内涵基本一致。与国外研究相比,目前我国有关教育信息化领导力的研究较少,且缺乏系统性,尚需进一步深化。在配套资金、政策计划以及专业机构等方面的支持下,国外在教育信息化领导力研究方面做出了较多探索,也在技术与领导力整合方面取得了较好成效。因此,对国外教育信息化领导力研究予以分析与梳理具有一定的必要性和价值性。本研究尝试利用共词聚类分析、共词网络分析等共词分析方法,将国外教育信息化领导力研究的主题及趋势进行可视化呈现,并结合具体文献的内容梳理,揭示国外教育信息化领导力的研究现状,以期为我国教育信息化领导力的研究与发展提供参照。

一、国外教育信息化领导力研究主题类别

本研究使用的数据来源于 Web of Science(WoS)。笔者以主题 = "education technology leadership" OR "education informationization

---

① CHRISTIE P, LINGARD B. Capturing complexity in educational leadership [C]// AMERICAN EDUCATIONAL RESEARCH ASSOCIATION. American Educational Research Association Conference. Washington DC:American Educational Research Association, 2001:1-27.

leadership" OR "principals technology leadership" OR "managements informationization leadership" OR "teachers information technology leadership"OR "schools informationization leadership"OR "higher education informationization leadership"OR "university informationization leadership",数据库＝Web of Science 核心合集,文献类型＝article,统计时间段不限,检索日期为 2018 年 1 月 23 日,通过筛选排除会议、报告以及与本研究主题不相关的文献后,共得到文献 383 篇。

　　在研究方法方面,本研究主要运用共词聚类分析法和社会网络分析法,对国外教育信息化领导力的研究进行可视化分析,从而归纳国外教育信息化领导力的研究现状,并对其发展趋势进行推测。

　　在研究工具方面,为了明晰国外教育信息化领导力的研究现状和发展趋势,本研究使用 SATI 3.2 软件进行关键词词频统计、高频关键词筛选和共词矩阵生成,再运用相关算法,将高频关键词共词矩阵转化为高频关键词相异矩阵,并利用 SPSS 19.0 软件进行系统聚类分析,得到国外教育信息化领导力研究主题类别。在此基础上,运用 UCINET 6 软件的 NETDRAW 功能绘制国外教育信息化领导力研究社会网络图谱,从而更好地判别相关研究领域的热点及发展趋势。

　　利用 SATI 3.2 软件提取相关文献的关键词,得到关键词共计 1302 个。通过关键词的整理合并,筛选出出现频次大于或等于 4 次的关键词作为高频关键词,共计 20 个。高频关键词如表 1-5 所示。

表 1-5　　　　**国外教育信息化领导力研究高频关键词(部分)**

序号	关键词	频次	序号	关键词	频次
1	leadership(领导力)	49	6	professional development (专业发展)	12
2	education(教育)	41	7	learning(学习)	11
3	technology(技术)	29	8	transformational leadership (变革型领导)	8
4	higher education(高等教育)	20	9	management(管理)	8
5	innovation(创新)	12	10	teaching(教学)	7

　　利用 SATI 3.2 软件生成 21×21 高频关键词共词矩阵,部分数据如表 1-6 所示。利用 Equivalence 系数算法将高频关键词共词矩阵转化为相似矩阵,接着在 Excel 中用 1 与全部数值相减,得到高频关键词相异矩阵,部分数据如表 1-7 所示。

表 1-6   **国外教育信息化领导力研究高频关键词共词矩阵(部分)**

	leadership（领导力）	education（教育）	technology（技术）	higher education（高等教育）	innovation（创新）
leadership(领导力)	49	4	7	7	1
education(教育)	4	41	4	0	3
technology(技术)	7	4	29	0	5
higher education(高等教育)	7	0	0	20	3
innovation(创新)	1	3	5	3	12

表 1-7   **国外教育信息化领导力研究高频关键词相异矩阵(部分)**

	leadership（领导力）	education（教育）	technology（技术）	higher education（高等教育）	innovation（创新）
leadership(领导力)	0	0.992	0.9655	0.95	0.9983
education(教育)	0.992	0	0.9865	1	0.9817
technology(技术)	0.9655	0.9865	0	1	0.9282
higher education(高等教育)	0.95	1	1	0	0.9625
innovation(创新)	0.9983	0.9817	0.9282	0.9625	0

通过运用共词聚类分析法和社会网络分析法,对国外教育信息化领导力的研究进行可视化分析,得到国外教育信息化领导力研究共词聚类树状,如图 1-4 所示。对高频关键词进行主题类别的划分,得到国外教育信息化领导力研究的四大主题类别,如表 1-8 所示。

(一)STEM 背景下教育信息化领导力的变革研究

STEM 教育致力于以跨学科课程知识融合的理念来培养学生的科学探究能力和问题解决能力,它具备广泛参与、积极创新的特点,为当前教育技术领导力存在的领导主体单一、过分依赖工具以及缺乏创新等问题提供了解决思路,能够有效助推教育信息化领导力的变革。国外已有研究将教育技术领导力的变革置于 STEM 教育的理念之中,呼吁教育技术领导力朝着分布式、变革式的方向发展,以便促进教育信息化领导效能的提升。其中,广受关注的两种教育技术领导力变革趋势如下所示。其一,从中心式领导(leader-centered)转向分布式领导(distributed leadership)。许多学校在信息化建设中忽视了学校共同体的力量,领导方式传统、低效,教育技术领导力亟须转向

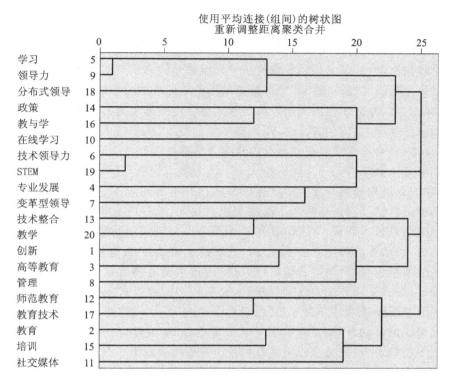

图 1-4　国外教育信息化领导力研究共词聚类树状图

表 1-8　　　　　**国外教育信息化领导力研究主题类别结构表**

序号	主题	关键词
A	STEM 背景下教育信息化领导力的变革研究	STEM、技术领导力、专业发展、变革型领导
B	指向教学管理创新的信息化领导策略研究	教学、创新、管理、高等教育、技术整合
C	在线学习背景下信息化领导的支持体系研究	在线学习、学习、领导力、分布式领导、政策、教与学
D	基于媒体技术的教师信息化领导力提升研究	社交媒体、培训、教育、教育技术、师范教育

以分享与交往为特点的分布式领导。从知识创造和组织绩效等不同方面来看，相关研究提出了共享愿景、分权协作、多方决策等分布式技术领导的建构策略，认为分布式领导能够有效促进组织内成员在运用新媒体技术时的知识创造，同时通过构建分布式的领导组织结构还能够提升组织绩效。其二，从交

易型领导（transactional leadership）转向变革型领导（transformational leadership）。方慧、何斌、张倩[①]认为交易型领导一般是指多采用奖惩的方式来影响组织成员行为的领导方式，其不利于信息化时代的学校重构。因此，许多学者提出，教育信息化领导力应从交易型领导转向变革型领导，以便推进学校信息化建设。变革型领导能够鼓励他们的追随者为复杂的问题提出创造性的解决方案，并促使他们为达成信息技术整合付出最大努力，也能够通过促进教师团队学习、生成创新文化，规划技术整合愿景，提升技术整合能力。

（二）指向教学管理创新的信息化领导策略研究

M. Li，A. L. Porter，A. Suomiren[②]认为教学管理创新即为了达到组织目标，在实践过程和结构变动中产生的新的优化措施和方案。信息技术的发展为学校的教学管理创新带来了新的契机。目前，众多研究者关注教学管理创新中的信息技术创新，寻求信息化领导策略以促进教学管理的有效创新。他们认为，教学管理的创新应从提升校长的技术领导力、促进教师专业领导力的可持续发展以及以"消费者需求"为导向的技术资源整合策略入手，基于柔性管理、分布式管理和民主管理的理念，实现教学管理模式的转型和质量提升。在提升校长的技术领导力方面，在学校已然成为一个被"泛在网络"覆盖的信息化组织的背景下，校长应承担起学习领导者、学生参与权的捍卫者、学校能力资本的建设者、社区合作引领者以及资源管理者这五大角色的责任和义务，改变传统的教学管理方式，积极探索基于信息技术整合的高效管理手段。在促进教师专业领导力的可持续发展方面，已有研究普遍认为教学管理的创新必须以教师群体的支持和参与为关键路径，而提高参与度的前提在于给予教师充分的、可持续的专业发展空间，使教师成为信息化时代的专业领导者；鼓励教师参与信息技术教学和管理决策，提高教师参与学校管理的积极性，用深度浸润式信息化能力培训取代简单的计算机操作培训，让教师成为学校信息化建设管理专家团队中的一分子。在以"消费者需求"为导向的技术资源整合策略方面，最重要的是制订基于"消费者需求"的信息化管理与决策的方案。首先要精准考量"消费者"群体的需求，采用专家评价与利益相关者（教师、学生、家长）评价相结合的评价方式，根据已有经验和信息技术，提升信息资源积累和筛选水平，并在建立决策模型时引入多样化的备选方案，促进管理和决策

---

① 方慧，何斌，张倩. 领导对创造力及创新绩效的影响机制研究综述[J]. 华东经济管理，2017（12）：62-68.

② LI M, PORTER A L, SUOMIREN A. Insights into relationships between disruptive technology /innovation and emerging technology： A bibliometric perspective [J]. Technological Forecasting & Social Change,2018(129)： 285-296.

过程中的知识获取、共享和创造。

（三）在线学习背景下信息化领导的支持体系研究

在线学习作为信息化背景下的教学方式最为深刻的变革成果之一，一直以来都受到国外研究者的广泛关注。在线学习背景下的信息化领导对于学习成效的保障具有关键的推动作用。如何构建在线学习全过程中各方利益主体信息化领导的支持体系成为研究者关注的焦点，无论是支持方式，还是支持政策，均属于相关研究的核心关注点。R. Boelens，B. D. Wever，M. Voet[①] 指出了在线学习背景下促进学生信息化领导力发展的四个关键挑战：过度灵活与随意、线上和线下学习的配合不足、学习过程低效以及缺乏情感交流。基于这四个挑战，本研究将相关学者提出的支持方式进行如下归纳：第一，给予学生充分的选择权，使学生自由选择采用线上或线下的学习方式，并对其在线学习的时间和内容予以适当的监控；第二，在学生进行在线学习时，为学生小组配备面对面答疑解惑的指导教师，以及时满足学生的学习需要；第三，指导教师需针对不同学生的特点拟定基于计划、监督、调节和评价四个环节的学习过程方案；第四，采取项目制的小组合作方式，定期展示、汇报、共享学习成果，帮助学生形成深度学习，并弥补在线学习的社会交往不足这一缺陷。从支持政策出发，阮士桂、郑燕林[②]以美国为例，指出 K-12 在线学习项目已形成单学区、多学区、联盟在线、州立虚拟高中等多种形式，以州为主体、学区为单位、联盟教育机构为补充，在资金投入、政策支持、质量评估等方面形成了完善的政策保障体系。还有一些学者关注核心素养中的信息素养维度，指出核心素养的国家标准为在线学习提供了重要的政策支持框架。诸多国外学者的研究表明，政策支持是促进在线学习良性发展、提升在线学习中各方利益主体技术领导力的关键性因素，应不断加大对在线学习的政策支持力度，尤其是对教师等专业人员的资助，完善相关法律法规，并对在线学习的监控和评价做进一步的政策调研，建立起一套完善的在线学习全过程政策支持和监控系统。

（四）基于媒体技术的教师信息化领导力提升研究

在信息技术席卷学校时，受到最大冲击的群体即教师群体。为了适应教与学方式的变革，帮助学校进行技术创新，教师要不断提高自己对新媒体技术的适应能力。基于媒体技术的教师信息化领导力提升研究成为当下的研究热

---

① BOELENS R，WEVER B D，Voet M. Four key challenges to the design of blended learning：A systematic literature review[J]. Educational Research Review，2017(22)：1-18.

② 阮士桂，郑燕林. 美国 K-12 在线学习发展现状与趋势探究及其启示[J]. 现代远距离教育，2015(1)：74-80.

点,相关研究主要围绕信息化时代教师的专业成长目标和技术支持下的教师教育策略两个方面进行。在信息化时代教师的专业成长目标研究方面,国外学者 E. J. Instefjord,E. Munthe[①] 认为,信息化时代的教师应具备为了实现教育目的而整合多种知识技能和技术资源的能力,在复杂的教育情境中,能应用信息技术手段进行教学是专业发展的第一步,而最终具备 TPACK 能力,将学科知识、教学知识和技术知识整合于以学习者为中心的课程中是专业发展应追求的核心目标。在技术支持下的教师教育策略研究方面,相关学者在转变教师态度、优化工作场所、改进教师教育模式等方面做了大量研究。从转变教师态度的角度来说,国外学者 W. Admiraal,M. Louws,D. Lockhorst 等[②]基于对 1062 名教师的问卷调查,按信息技术背景下教师对技术的态度,将教师分为五类:其一,以学习者为中心的技术教学热爱者;其二,对技术应用持批判态度的参与者;其三,技术应用的旁观者;其四,未掌握基本信息技术应用能力的初学者;其五,拒绝使用信息技术的抵制者。他们认为,针对以上五类教师应采用不同的培训手段,重点从转变教师对信息技术使用的态度出发,加强后三类教师与前两类教师的互动,提高教师群体对信息技术的认可度。从优化工作场所的角度来说,基于对教师培训环境和场所的优化研究,相关学者认为应加强"泛在网络"建设,使信息技术融入教师的日常工作环境,打破教师工作场所的"隔离带",使教师之间的合作、交流能够随时随地发生。从改进教师教育模式的角度来说,基于教师信息化领导力提升的诉求,在教师培训中应多采用工作坊、创客社团、技术整合教学的主题汇报等学习方式,在团队学习中探索SDL(self-directed learning,自我导向学习)的学习方式,鼓励教师运用技术手段来独立设计、执行和评价一个教学项目,并进行团队分享和研讨,以便实现教师培训的观念变革、操作变革和评价变革。

二、国外教育信息化领导力研究发展趋势

国外教育信息化领导力研究高频关键词社会网络图谱如图 1-5 所示。对国外教育信息化领导力研究高频关键词进行中心度统计分析,部分统计结果如表 1-9 所示。

---

　　① INSTEFJORD E J, MUNTHE E. Educating digitally competent teachers: A study of integration of professional digital competence in teacher education[J]. Teaching & Teacher Education, 2017(67):37-45.

　　② ADMIRAAL W, LOUWS M, LOCKHORST D, et al. Teachers in school-based technology innovations: A typology of their beliefs on teaching and technology[J]. Computers & Education, 2017 (114):57-68.

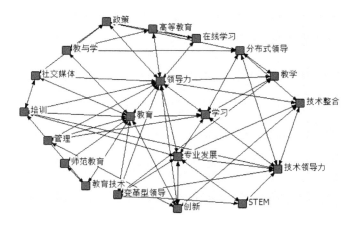

图1-5　国外教育信息化领导力研究高频关键词社会网络图谱

表1-9　**国外教育信息化领导力研究高频关键词中心度统计结果(部分)**

序号	高频关键词	点度中心度	接近中心度	中间中心度
1	leadership(领导力)	20.301	76.000	29.279
2	education(教育)	12.782	67.857	21.823
3	higher education(高等教育)	6.767	48.718	0.546
4	innovation(创新)	3.759	57.576	1.559
5	professional development(专业发展)	7.519	59.375	5.458
6	learning(学习)	8.271	61.290	4.883

从表1-9所示的高频关键词的中心度统计数值可以看出,培训、政策、专业发展、创新、变革型领导、技术整合、教育、社交媒体等关键词的点度中心度与接近中心度相对较低,而中间中心度相对较高,则说明以上关键词可以在一定程度上表征国外教育信息化领导力研究的发展趋势。结合高频关键词社会网络图谱和中心度统计结果,可以得出国外教育信息化领导力研究的三大趋势。

(一)指向学校信息化领导力提升的标准与政策研究

随着技术整合在美国中小学校的逐步深入,指向学校信息化领导力提升的标准与政策研究越来越重要。在国外,相关机构十分重视对学校信息化的意识更新及敏锐度的要求和评估,很多学术团体和机构设立了专门的学校管理人员评估标准,并不断更新,借以约束管理人员的信息化领导行为。在应对学校信息化变革的挑战中,必须不断地调整与制定相应的政策标准,以充分挖掘学校的群体领导力,因为相关标准以及战略定位有助于从制度层面保障学校工作开展的有效性和可持续性。美国于 2001 年制定《学校管理者技术标准》(*Technology standards for school administrators*),技术标准委员会的主席 Bosco 等[①]指出,学校管理人员不仅应具备一定的知识技能,更应清楚领导者在技术的有效运用上所要承担的责任。国际教育技术协会《面向管理者的国家教育技术标准》(*National educational technology standards for administrators*,简称 NETS-A)提出,学校管理人员应高效地使用技术规划、实施合理且有效的评估系统,并且熟知与技术相关的法律和道德问题。美国学校管理者技术标准协作委员会对此表示认可,并在此基础上作了补充,强调学校管理人员应以实际的言行来证明对技术整合的支持,并且应努力提供充足的技术以使技术运用更加多元化。不断扩充的信息化领导力内涵必然会对标准与政策制定提出新的要求,标准与政策的不断更新和完善也将在一定程度上促进信息化领导力朝着更加合理的方向发展。在教育信息化的政策背景下,解决如何革新信息化领导力标准,使相关政策法规更加完善,从而有效地规范和提升学校管理人员的信息化领导力的问题,不仅是相关政策法规变革的着力点,也有利于推动信息化领导力理论与实践的可持续发展。

(二)基于学习分析技术的教师信息化领导力提升研究

学习分析是运用相关工具与技术收集并分析课堂活动的学习表现、学习参与和学习过程中产生的一系列数据,并对其作出实时评价的方法,这种方法可有效发挥教育数据的功效,将杂乱的数据转化为可以利用的知识与信息,为教育决策和学习过程优化提供依据,其同样适用于教师信息化领导力提升和培训领域。基于学习分析技术的教师信息化领导力提升研究,其主要关注如何利用学习分析技术的智能化、可视化等特征,真正在"知其所需"的基础上,提高教师的信息化技能,培养教师的信息化素养,使教师养成使用信息技术工具解决问题的习惯,最终提升教师群体的信息化领导力。D. Clow[②] 将学习分析技术应用到教师论坛中,结果发现,学习分析技术可以更加方便地提取教师的社会网络特征,从而对不同的学习者类型进行划分,以便做出决策干预。学习分析作为教育中技术与管理的要素,可为教育领域收集、分析与运用教育培训过程中产生的数据提供技术支撑与方法指导。美国作为全球较早致力于技

---

① BOSCO T,BACA M. School library media specialists and school administrators as allies![J]. Multimedia Schools,2001,8(4):48-51.

② CLOW D. The learning analytics cycle:Closing the loop effectively[C]∥ DAWSON S, HAYTHORNTHWAITE C. Proceedings of the 2nd International Conference on Learning Analytics and Knowledge. New York:Association for Computing Machinery, 2012:134-138.

术领导力研究的国家,具有许多针对信息化领导力提升的教师教育培训或研修的项目,如教育技术领导力高级研究中心(Center for the Advanced Study of Technology Leadership in Education,CASTLE)就尝试将基于大数据的学习分析技术应用到学校管理人员的领导力提升项目当中,从根本上变革教师教育培训模式,提升培训效果。学习分析技术的不断引入,必然会对针对传统教师领导力所进行的提升与培训的变革提出新的要求,力求在达到一定提升与培训效果的基础上突出"个性化"的因素。如何实现提升与培训效果的"个性化"已然成为基于学习分析技术的教师信息化领导力提升研究的重要关注点。只有将以优化学习为根本特征的学习分析技术真正地应用到学校管理人员的培训之中,才能使教师的信息素养、技术领导能力从根本上得到提升。在大数据的时代背景下,解决如何在教师信息化领导力提升项目中充分发挥学习分析技术,以及数据挖掘技术具有的学习优化、教育决策等功能的问题,既是教师教育培训变革的侧重点,也是教育大数据的价值所在。

(三)媒体技术推动下的校长信息化领导力变革研究

媒体技术推动下的校长信息化领导力变革研究,为学校管理创新提供了契机与机遇。随着 Web 2.0 技术的应用,各种适合移动学习的硬件设备和"教育云"也应运而生,媒体技术成为校长信息化领导力变革不可忽略的推动力。美国圣迭戈州立大学教育管理中心的 J.J.Corbett[1] 等曾建议并敦促校长运用其领导力将这种新技术投入教育中,他们认为校长才是这项变革的关键因素。另外,美国罗得岛教育领导力学会兼执行会长 C.Mojkowski[2] 也曾提出:"校长们现在所做的关于使用技术的决策,对他们成长为领导者和管理者以及学校的发展有着极为重要的作用。"随着媒体技术的不断发展,教育信息化领导力的内涵与结构也将不断地变革和发展,这对校长的信息化领导力提出新的要求,即校长不仅需要关注软硬件信息化设施的建设,还应该关注学校组织人员的信息化过程。如何实现管理人员、教师、学生的"信息化",必然会成为媒体技术推动下的校长信息化领导力变革研究的关注重点。以大数据、人工智能、云计算、智慧终端为代表的媒体技术只有具体作用于管理人员、教师、学生等学校办学的核心力量,教学资源建设、教师教学观念、教师教学方式、学生学习方式、学习评价等方面才有可能产生真正的质变。从推进技术整

---

① CORBETT J J, DUNN R C, LATTA R F. Call for leadership:Principals are key to effective use of computer technology[J]. NASSP Bulletin, 1982,66(454):109-115.

② MOJKOWSKI C. The principal and technology: Beyond automation to revitalization [J]. Educational Leadership, 1986(43):45-48.

合的角度出发,在整合媒体技术与学校教育的背景下,校长如何通过敏锐的技术觉察力去有效把握技术的发展动态,如何带动与引领学校组织人员转变技术使用的意识、观念与态度,促进学校组织人员的信息化发展,不但是其信息化领导力变革的一大要点,而且是学校信息化发展的关键所在。

第三节　国内外教育信息化领导力研究述评

数字技术的发展对学校领导者所起的作用和肩负的责任产生了重大影响和改变。信息通信技术引发了从工业时代向知识经济时代转变所必需的公立学校系统变革。教育信息化领导力成为影响学校信息化建设与长期发展的关键因素。国外的教育信息化领导力研究的对象广泛,校长、教师、管理人员均属于其研究对象。针对不同的对象,诸多学者从角色的差异出发,基于技术整合的视角分析其信息化领导力的发展障碍、目标以及路径。教育实践中的技术整合障碍性问题较为常见,相关障碍也对教育信息化领导力的发展提出相应的要求。国内外关于教育信息化领导力的诸多研究对于技术整合障碍的关注,目前主要集中于一般教师的技术整合层面,特别是基于媒体技术的教师教育培训研究这一方面,教师在技术与学科教学方面的障碍与问题成为关注热点,而关于校长技术整合障碍的相关研究则较少。

我国关于教育信息化领导力的研究并不多,相关研究也主要关注校长、管理人员等人在技术整合方面的领导与实践。相关学者调查了超过 1000 名工作在不同学校的教师,教师们谈到,自己一般会使用电脑处理文字或练习,但很少"使技术完全融入学习活动"。虽然现在师生能够更加便利地使用计算机设备和软件,但师生并未将现存的技术完全应用于教育活动中,因此只依靠技术本身,很难普及技术并将其融入教师和学生的日常使用中。虽然有一些技术被用来支持学生学习并促进学校的积极变革,但计算机将彻底改革公共教育的预言尚未实现,仅在学校里安装计算机和网络不足以有效推进教育改革。那么,学校管理人员可以从限制教育教学和信息技术一体化的障碍研究中学到什么呢?通过梳理文献发现,技术整合障碍可归纳为四个主题,即教学问题、公平问题的争议、教师专业发展不足以及缺乏有效领导。

面对技术整合障碍,校长、教师和管理人员面临诸多压力与挑战,教育信息化急需找到实现技术整合的有效方法。成功的技术整合须具备五个共同要素:学生参与度、共享愿景、公平的参与渠道、有效的专业发展以及无处不在的网络(泛在网络)。因此,不同角色的学校人员均需有效地激励和引导其他人员在教学管理、课程教学中整合技术,并在这个过程中致力于自身的专业发展。STEM 背景下教育信息化领导力的变革研究、基于学习分析技术的教师信息化领导力提升研究和媒体技术推动下的校长信息化领导力变革研究正是对技术整合障碍的有效回应,也为不同角色的学校人员的技术整合提供了目标与方向。相关研究表明,技术整合的成功经验可为信息化领导力的发展提供重要参考。在某些条件下,信息技术和教育教学一体化能够对学生的学习产生积极影响,并有助于学校管理变革。

　　基于技术整合目标,学校人员的技术领导力应如何发展、遵循何种发展框架成为国外教育信息化领导力研究的重中之重,而指向教学管理创新的信息化领导策略研究、在线学习背景下信息化领导的支持体系研究和指向学校信息化领导力提升的标准与政策研究均为学校信息化领导力的发展提供了路径支持与参照。尤为关键的是,校长应在整个教育信息化领导力研究中占据核心地位,并发挥关键作用,因此出现了卡尔加里市教育局领导发展计划提供的校长技术领导框架等较多指导性文件。教育信息化领导力发展路径的明晰,需基于具体的角色责任。角色责任是教育信息化领导力发展的起点,其与实现信息技术和教育教学一体化的目标有关(学生参与度、共享愿景、公平的参与渠道、有效的专业发展以及泛在网络),具体包括五个方面,即学习领导者、学生权利领导者、能力建设领导者、社区/共同体领导者和资源管理领导者。

　　虽然我国与国外在教育信息化领导力研究方面存在国情与背景的现实差异,但国外在技术与教育领导整合方面的理论与实践探索可为我国中小学教育信息化领导力的提升提供理论框架与方法策略。国外在 STEM 背景下教育信息化领导力的变革研究、指向教学管理创新的信息化领导策略研究、在线学习背景下信息化领导的支持体系研究、基于媒体技术的教师信息化领导力提升研究等方面的研究成果在一定程度上可为我国教育信息化领导力研究提供佐证与借鉴。国外教育信息化领导力的研究趋势(指向学校信息化领导力提升的标准与政策研究、基于学习分析技术的教师信息化领导力提升研究和媒体技术推动下的校长信息化领导力变革研究)也为我国未来教育信息化领导力研究的前沿发展提供了基本关注方向:政策创新、学习分析以及媒体技术理应成为未来中小学教育信息化领导力培训的重要手段与工具。无论是校长、管理人员,还是教师,均应在专业发展过程中思考技术整合障碍、目标与路径,不断理解、探索、分析与反思如何将信息技术应用于领导过程,完善教育信息化领导力结构,这将有助于我国中小学校教育信息化进程的有效推进。

第二章　校长信息化领导力的内涵及建设背景

　　教育信息化在一定程度上可被视为"信息化＋教育"，但这并不是两者的简单相加，而是利用信息技术以及互联网平台，让信息技术与教育领域进行深度融合，创造新的发展生态①。顺应信息化潮流是教育领域的必然选择，但是必须认识到，教育参与人员才是教育的根本，技术只是工具和手段，因此，"人"的信息化才是关键。作为教育参与过程的重要引领者，校长如何利用好技术，对于学校教育教学改革具有极大的推动作用②。信息技术的兴起与发展为校长的教育领导实践带来诸多机遇与挑战，校长的教育领导实践亟须以新的能力框架作为理论支撑。在教育信息化背景下，将技术能力与教育领导能力相融合，形成教育信息化领导力，俨然已成为我国中小学校长探索教育信息化发展的必然要求。由此，我们尝试对校长信息化领导力作出分析与探讨，以期能为校长信息化领导力的发展提供参考。

第一节　校长信息化领导力的内涵诠释

　　由于信息技术被广泛引入学校，其对学校的行政运作机制、教学模式及课程均产生重大的影响。为迎接信息时代的来临，教育部推出许多有关教师信息技术素养与学生信息技术能力培养的政策与计划（例如：信息教育、信息融入九年一贯制课程、媒体素养教育政策白皮书、教师网络进修等）。因此，身为学校领导者的校长必须及早适应知识经济、信息技术等的变迁。校长除了提升自身的信息素养外，亦须增强信息化领导的效能，才能带领学校、教师及学生共同面对信息时代的挑战。在中小学的教育场域中，校长、行政人员和教师都扮演了信息领导者的角色。学校校长与教育行政人员若能成为使用信息技术的促进者，将能为学校师生设计合适的专业发展计划，进而正面影响学生学业成就。

　　相关研究指出，校长信息化领导和教师在教学中使用信息技术具有高度

　　① 胡乐乐.论国际视野中的"大数据与教育"[J].比较教育研究,2015,37(7):70-77.
　　② 赵磊磊,代蕊华.校长的信息化领导力与领导效能:内涵、特征及启示[J].教师教育研究,2016,28(5):49-56.

的相关性。^①而在信息化领导的相关研究逐渐受到重视之前,领导理论的演进由素质理论、行为理论、权变理论发展到新领导理论,为了顺应学校领导范式的转变,学校领导的相关策略也发生了改变,包括信息化领导、道德与转型领导、人力资源领导、策略领导等,同时校长亦应培育信息化领导力以顺应学校领导范式的转变。因此,校长信息化领导的主要责任在于确认技术与学校发展的愿景。换言之,校长必须意识到,在信息与知识社会中计算机科技对学生的重要性,并且能安排学生在此方面进行学习,除了必须具备的基本信息技术知识外,也必须能授权和鼓励他人使用信息技术与设备。

随着智慧教室(交互式电子白板并搭配一台计算机及一台投影机)融入教学,教师可以利用电子白板进行书写,在书写的过程中电子白板会将所有数据传入计算机进行运算,并通过投影机将计算机荧幕的画面投射于电子白板上。从智慧教室与智慧校园的发展经验来看,如果校长有高瞻远瞩的目光以及有效的信息化教学领导策略,将能够带领学校建构富有效能的教学环境,引导教师发展创新教学,逐步指引学生进行自主学习,发展出自己学校的特色。基于上述研究背景可知,信息化领导已成为学校领导的新范式,亦为校长之必备能力,具有此能力将有助于推动学校的变革与发展。

一、校长信息化领导力的概念

一般而言,校长信息化领导力这一概念存在多种说法,也有部分学者将其等同于技术领导力和信息化领导力这两个概念。较多研究者认为,科技领导是指领导者结合科技和领导,运用技术的软硬件提升成员信息素养,塑造应用信息技术的环境及文化,使成员善用信息技术,并增进组织的效能。领导者必须运用技术增进教学实践,完善发展策略,以帮助教师在班级中使用技术。除此之外,领导者还需组建一支信息化团队,以产生一个支持学校信息化发展的人员系统。本研究将统一使用信息化领导力这一说法,拟从信息化领导角度阐述校长信息化领导力的基本概念。作为一种领导方式,信息化领导方式具体体现为:校内任何拥有影响力并愿意去引导的人,能支持与示范使用信息技术,扮演促进者与管理者的角色,并使用必要的领导技巧,运用人际关系整合信息技术资源,以营造有利于使用信息技术的文化与环境,促使该组织成员能持续学习并运用信息技术,将信息技术落实于教学实践与行政工作中,致力于实现组织美好愿景与促进组织效能。通过梳理文献发现,不少学

①　ANDERSON R E, DEXTER S. School technology leadership: An empirical investigation of prevalence and effect[J]. Educational Administration Quarterly, 2005, 41(1):49-82.

者指出,信息化领导是指领导者具备一定信息素养和整合资源的能力,能运用领导技巧协助教师与学校行政人员适切地将信息技术运用在教学实践和行政工作中,并能塑造一个共享、支持的学校情境,以促使教学和行政的成效达到最大化。

例如,R. D. Lumley 与 G. D. Bailey[①] 指出信息化领导是在教育变革的历程中将信息技术当作核心资源,学校领导者运用必要的领导技巧,在他们的学校中使用前沿的信息技术,并引导学校革新或改善。有研究者指出,信息化领导就是领导者为支持有效的教学实践,通过个人的人际关系,有效整合、运用目前信息技术的多种知识,预见未来技术发展的趋势,以达成教育的愿景。D. T. Murphy 与 G. A. Gunter[②] 认为,信息化领导应该是领导者能够支持和示范信息技术的使用,使得教师能更有效地将信息技术融入课程中。D. Deryakulu 与 S. Olkun[③] 认为,信息化领导是指领导者善用领导技巧,使所属成员运用信息技术,并致力于组织目标的达成。就学校信息化领导所需的知识而言,领导者应当利用个人的人际关系,有效整合、运用目前信息技术的多种知识,亲自支持、学习与示范相关的信息技术[②]。归纳来看,信息化领导的主要责任在于确认信息化领导与学校愿景、教育目标与教育政策之间的关系,使学校领导者能掌握学校发展的优势,改善其教学品质,提升其行政效率,完成学校的教育目标与任务。因此,为了实现信息化领导所要达成的目标及学校教育愿景,学校领导者应当将信息技术运用在有益的方向上,将信息技术转换成有一定效能的教学情境,促使教师将信息技术融入课程中[④]。

综上所述,信息化领导是指具有技术权力的领导者,通过塑造技术愿景、制订技术目标与引进信息技术来规划和实践信息技术计划,并建立完善的科技环境与沟通平台来进行成员互动、资料收集,帮助领导者进行决策与执行,以达到提升行政与教学绩效的最高目的。根据这个定义,以下将从信息化领

① LUMLEY R D, BAILEY G D. Planning for technology: A guidebook for school administrators[M]. New Jersey: Scholastic Inc. , 1993:19-22.

② MURPHY D T, GUNTER G A. Administrative support: A key component of technology integration[C]//WILLIS J, PRICE J, MCNEIL S, et al. Society for Information Technology & Teacher Education International Conference. Waynesville: Association for the Advancement of Computing in Education, 1997:252-254.

③ DERYAKULU D, OLKUN S. Technology leadership and supervision:An analysis based on Turkish computer teachers' professional memories[J]. Technology Pedagogy & Education, 2009, 18 (1):45-58.

④ 王淑华,王以宁.人格特质与校长信息化领导力的关系:组织氛围的中介效应[J].现代远距离教育,2021(1):89-96.

导的维度、信息化领导的技巧、信息化领导的任务和信息化领导的角色方面探讨信息化领导的各项内涵。

（一）信息化领导的维度

Aten 在其博士论文中阐述：信息化领导应包含分享领导（shared leadership），其是指领导者应与成员共同合作、一起决定，同时能够根据成员能力的不同分配适宜的任务；额外补偿（extra compensation），是指除了应负的学校责任外，对于在运用信息技术方面表现优异的成员应给予奖赏；技术整合（technology integration），是指通过将信息技术整合于课程中、支持学校运作与教导使用信息技术来预判未来的趋势；人际关系技巧（interpersonal skills），是指学校能够持续和其他群体产生联系，包括家长、社群组织和支持学校信息化发展团体等。还有研究者在综合分析相关信息化领导文献后，认为科技领导应包含七个层面[①]：愿景、计划与管理（vision, planning and management），在职培训（in-service training），人际关系与沟通技巧（interpersonal and communication skill），伦理与法律议题（ethical and legal issues），信息技术整合于课程教学（integration of technology into the curriculum），信息技术支持与基础设施（technological support and infrastructure），以及评估与研究（evaluation and research）。中国台湾研究者高上伦认为：校长信息化领导应包含愿景计划与管理，成员发展与训练，人际关系与沟通技巧，社会、伦理与法律议题，整合信息技术于课程与教学，信息技术与基本设施的技术支持，评估与研究，实际操作与示范，以及社区关系九个层面。

（二）信息化领导的技巧

信息化领导是现代组织领导者顺应快速变迁环境的一种领导类型，学者与专家一致认为领导者需要运用具体、实用与纯熟高超的技巧，才能确实发挥信息化领导的功能，带动组织不断革新进步，完成组织的目标和任务，并实现组织愿景。缺乏信息化领导技巧将衍生诸多问题，例如：缺乏使用科技的相关知识，缺乏使用信息技术的时间和资金，为使用技术而使用，撷取技术的途径不公正，使用设计不良的设备，因对信息技术持有负面态度而产生的低效指导，对部分有潜能的信息技术的使用产生明显抵抗情绪。[②] G. D. Bailey 与

---

① CHANG I H, CHIN J M, HSU C M. Teachers' perceptions of the dimensions and implementation of technology leadership of principals in Taiwanese elementary schools[J]. Journal of Educational Technology & Society, 2008, 11(4): 229-245.

② KEARSLEY G, LYNCH D. Educational technology: Leadership perspectives [M]. New Jersey: Educational Technology Publications, Inc., 1994: 1-12.

R. D. Lumley[①] 在其名称为《技术人员发展计划：学校管理者的领导力资料手册》(*Technology staff development programs*：*A leadership sourcebook for school administrators*)的专著中阐述：信息化领导者需具备的领导技巧应包含信息技术技巧、人际技巧、课程技巧、人员发展技巧、领导技巧和教学技巧六项。J. I. Ford[②] 在其主题名称为《识别内布拉斯加州 K-12 技术领导者的技术领导能力》(*Identifying technology leadership compentencies for Nebraska's K-12 technology leaders*)的博士论文中阐述：信息化领导者最需要的信息化领导技巧应包含描述与确认成员的发展资源的技巧，评估学校或确认、描述和分析问题解决历程的技巧，学校和学区决策者制订成员发展计划的技巧等。

（三）信息化领导的任务

D. Moursund[③] 认为：信息化领导者承担多项任务，包含领导、财务、资源中心、资源伙伴、在职进修技术、软硬件获取、软硬学区的信息化计划；规划与设计成员的发展课程；接受资讯和传递讯息等，以支持信息化研究和教学；评估、安置和维持教室与实验室的电脑运作系统及解决相关问题；确认、使用国家和地方性有关融合信息技术于中小学环境的课程发展计划准则；运用多媒体工具和使用电脑设计系统；确认和描述教室中和行政方面的软件使用（包括产出工具、资讯通信工具、多媒体工具、学校管理工具、评估工具和电脑教学）；软件发明、研究与评估、资讯扩散、社区关系、用人政策、资金筹募、改进教育、信息技术能力等。董同强[④] 认为：校长信息化领导的任务主要有五项，即领导与愿景，教导和学习，生产力和专业实务，支持、管理和运作，以及量化和评估。张虹[⑤] 认为：信息化领导的任务可以归纳为学校技术愿景的沟通与领导、成员技术能力的发展与训练、完善规划信息化基本设施、营造信息技术使用氛围和落实信息化评估与研究五项任务。也有研究者指出，校长是学校的领导人，其需要执行的信息化领导任务包含推广正确的信息融入教学观念、释放权力协助创建信息化委员会或资讯小组、促成非正式的教师社群关系、提供行政的支持、建立跨校合作关系以及寻求社会资源的支持六项任务。综上，校长在信息

---

①　BAILEY G D, LUMLEY R D. Technology staff development programs：A leadership sourcebook for school administrators[M]. New York：Scholastic Inc. , 1994：35-256.

②　FORD J I. Identifying technology leadership competencies for Nebraska's K-12 technology leaders[D], Lincoln：The University of Nebraska-Lincoln,2000：1-24.

③　MOURSUND D. Education for the information age[J]. Bulletin of the American Society for Information Science & Technology,1990,36(5)：43-50.

④　董同强. 高职院校校长信息化领导力模型研究[J]. 现代教育技术,2020,30(11)：77-83.

⑤　张虹. 组织变革视域下高校领导者信息化领导力模型实证研究[J]. 电化教育研究,2020,41(11)：48-55.

化领导层面上的任务可以归纳为：做教师的支持者、规划学校愿景的引导者、沟通协调者、促进学习的领导者。校长应协助教师使用信息技术分析学生的表现，改进教学，合作设计、试行、支持和参与教师有效整合技术，建立对使用信息技术的共享愿景；充分应用既有的信息化管理系统处理和保存人员和学生的资料；同时也应使用不同类型媒体与他人进行沟通，以促进学生的学习与教师的专业发展。

（四）信息化领导的角色

R. D. Lumley 与 G. D. Bailey[①] 认为：增强校长信息化领导角色意识的方法有发展技术运用，促使信息技术成为学校重建或转型的重要工具，认清并促使学校人员养成使用信息技术的习惯，并能使信息技术发展发挥出最大的边际效益，校长更多地被视为足以领导学校改善或重建，且能够将信息技术视为教育革新重要资源的信息化领导者，其应当多参与能够促使学校人员使用信息技术的活动。美国国际教育技术协会（International Society for Technology in Education，ISTE)认为：能在学校有效引导技术领导的校长，通常可以在领导与管理，愿景与目标设定，学生学习、教学、专业发展与训练，操作与基本设施支持，评估等过程中取得较好的成效。此外，ISTE 在《国家教育技术标准》（*National educational technology Standards*，NETS）中指出：在完整的教育环境中，技术使学生成为有能力的信息技术使用者，信息的采集者、分析者及评估者，问题解决者及做决定者，有创造力与有效率的生产工具（productivity tools）使用者，传播者（communicator）、协作者（collaborator）、发表者（publisher）与生产者（producer），消息灵通（informed）、有责任感（responsible）与有贡献的（contributing)公民。郑禄红等[②]认为：校长信息化领导的角色应包含改变教师抗拒心理，为教师提供必要的资源、环境与适切性配合条件的支持者；对建立学校技术愿景，能有清楚、长远的目标与方向，规划学校愿景的引导者；通过积极、民主的对话，使学校成员、家长、社区及支持团体能够积极参与学校信息化的过程，促进团体达成共识的沟通协调者；持续感知新技术在教育应用上的潜能，不断地实现自身专业成长，从实践中增长经验，维持学习的领导者。

综上所述，探讨"信息化领导"相关"维度""技巧""任务""角色"方面的重

① LUMLEY R D, BAILEY G D. Planning for technology: A guidebook for school administrators[M]. New Jersey: Scholastic Inc., 1993:41-42.

② 郑禄红,程南清.智慧校园视野下学校信息化领导力的建设及培养路径[J].中国远程教育, 2020(8):55-61.

要内容,可以发现信息化领导的内涵非常丰富与多元,这对于进一步了解信息化领导具有重要的帮助。2016 年 3 月,人工智能 AlphaGo 击败韩国顶尖棋士,次年又完胜世界棋王柯洁,由此宣告了信息技术的巨大应用潜力。技术工具的高效率演算已可取代须耗费大量人力才能完成的决策任务,精简人事负担,故任何一个组织要提升其竞争力,必须充分掌握信息技术的优势,以提升组织效能。信息技术的应用虽然已深入教学领域,但对于行政管理,信息技术的运用仍偏狭于文本流程的数字化,尚未引发领导范式的转移。信息化领导必须借助系统化的方法进行改善,达成不同层次的领导目标,以达成学校技术整合的目标,这样方能让组织成员感受到信息技术在行政决策上的巨大效用,进而接受校长信息化领导带来的正向支持。B. Brown 与 M. Jacobsen[1] 指出,信息化领导是学习理论、领导与教学法的枢纽,可促进专业学习,带动教学领导,并引领学校改变。因此,校长可借助信息技术领导进行变革,引发教职同事思维上的转变,以促进创新思考的多元开展及行政效能的提升。学校领导者决定了大部分技术统整的效能,如果校长不懂信息技术,就很难要求他们完全或有效地支持信息化建设,因此校长需更进一步与时俱进,才能扮演好信息技术领导者的角色。[2] 因此,校长必须具备一定程度的信息技术应用能力来作为实施信息化领导的基础。

　　探讨信息化领导的意义,可从领导者本身的作为及旨在达成的目的进行分析。综合研究者相关论点,一方面,信息化领导者必须能够支持、学习、示范信息技术,通过领导技巧、群众魅力或个人长处,组建合作团队,鼓励使用信息技术做决定及用于解决问题,强化信息技术与教育教学的整合,以催化目标、政策和预算的决策与行动;另一方面,信息化领导的目标是将信息技术融入课程之中,培养基于信息技术进行学习的能力[3],使师生能广泛地运用信息技

　　① BROWN B, JACOBSEN M. Principals' technology leadership: How a conceptual framework shaped a mixed methods study[J]. Journal of School Leadership, 2016, 26(5):811-836.

　　② WEBSTER M D. Philosophy of technology assumptions in educational technology leadership [J]. Educational Technology & Society, 2017, 20(1):25-36.

　　③ JAIPALJAMANI K, FIGG C, COLLIER D, et al. Transitioning into the role of technology leaders: Building faculty capacity for technology-enhanced teaching [C]//RUTLEDGE D, SLYKHUISLAS D. Society for Information Technology & Teacher Education International Conference. Las Vegas: Association for the Advancement of Computing in Education, 2015:3264-3271.

术,学校能更有效能地使用信息技术,紧随技术潮流[①],成为革新的一环,以增进有效的教学实践和发展策略,达成美好的教育愿景[②]。

W. K. Hoy 与 C. G. Miskel[③] 指出,领导者是重要的,因为他们扮演着锚(anchors)的角色,在组织变迁时提供方向引导,并且为组织效能负责。校长身为学校领导者,肩负做出统筹规划与关键决定的责任与任务,必须带领校内成员善用信息技术,以应对数字化时代中的挑战,而其最终目的是提高学校效能。本研究之对象为校长,其影响范围以学校成员为主,故信息化领导定义如下:信息化领导是指校长能够推动校内信息技术之使用,促使学校成员开始并持续学习信息技术、运用信息技术,形成互助的信息化团队,以实践有效的发展策略,进而引发革新,达成学校教育愿景。校长必须借助一套可依循的测量标准,分清各项信息化任务的轻重缓急,以发挥最大效能,从而检视其信息化领导的执行成效与运作现况,为调整与改善规划和决策提供依据。由于研究对象不同,相关研究在信息化领导涵盖的层面方面存在较大差异性,研究者尝试从学者在各层面表述的内容中抽取出共同的概念,作为实施信息化领导行为表征的重点,或是建议校长身为一个良好的信息化领导者所需拟定并采取的必要措施。

一是建立愿景以彰显明确方向。C. D. Inkster[④] 指出,愿景在评鉴校长信息化领导的效能上是非常重要的,一个有效能的信息化领导者必须规划出信息技术如何引发学校变革的愿景,即技术愿景是驱动学校进行变革的重要推力。L. Flanagan 与 M. Jacobsen[⑤] 亦指出,校长必须塑造积极、正向的技术展望,并指出未来的走向,方能坚定组织成员的信念。二是筹措资金以确保计划可行。徒具愿景却没有行动依据是相当空泛的,D. Fisher 与 L. Waller[⑥] 认

① LESISKO L J, WRIGHT R J. School based leadership for instructional technology [C]// AMERICAN EDUCATIONAL RESEARCH ASSOCIATION. American educational research association annual meeting. Washington D. C. :American Educational Research Association, 2007:1-10.

② KEENGWE J, KYEI-BLANKSON K L. Faculty and technology: Implications for faculty training and technology leadership[J]. Journal of Science Education & Technology, 2009, 18(1):23-28.

③ HOY W K, MISKEL C G. Educational administration: Theory, research, and practice[M]. New York: Random House, 1987:10-11.

④ INKSTER C D. Technology leadership in elementary school principals: A comparative case study[D]. Minnesota: University of Minnesota, 1998.

⑤ FLANAGAN L, JACOBSEN M. Technology leadership for the twenty-first century principal [J]. Journal of Educational Administration, 2003, 41(2):124-142.

⑥ FISHER D, WALLER L. The 21st century principal: A study of technology leadership and technology integration in Texas K-12[J]. The Global E-learning Journal, 2013(2):1-44.

为,拟订不同进程的计划能让学校成员有所依循,并朝预设的目标迈进。然而,计划的拟订需有配合的经费支援,即对内要制定学校技术投入预算,对外要争取补助款,这样才能支持计划顺畅执行。三是安排训练以提高操作技巧。计划执行者的能力是相当重要的,若其不具备该有的能力,将导致计划滞碍难行。诚如 R. E. Anderson 与 S. Dexter[①] 所言,校长应持续精进信息技术操作能力,并与时俱进,习得新的应用技巧,这样才能展现科技领导的效能。另外,必须促进学校成员的专业成长,以积累足够的知识。四是重视伦理以保障公平正义。L. Flanagan 与 M. Jacobsen[②] 认为,组织中的每个成员都有公平使用信息技术工具的权利,故校长必须重视每个成员的需求,不能因个别差异给予差别待遇。另外,有研究者认为,师生应通过"合理使用规范"来使用信息技术,且在不违背相关法律的前提下使用信息技术。五是整合信息技术以支援教学。学校的主体是学生,信息化领导强调技术整合,以促成教学最大化的技术使用[③],提升教师教学的信息技术创新能力。此外,信息技术工具可用于监控学生进步情形,通过系统性与结构化的分析来挖掘影响学习成效的因素。

　　领导力这一概念来源于企业界,随着领导特质相关研究的深化,其俨然成为领导学领域的热点研究主题。教育界关于领导力的研究整体上呈现出逐年增加的趋势,这些研究为本研究讨论领导力的内涵奠定了基础。美国著名学者詹姆斯·库泽斯·巴里·波斯纳修订的《领导力(第3版)》指出:领导力是领导者如何激励他人自愿地在组织中做出卓越成就的能力。任真等[④]认为,领导力是指鼓舞和引导他人树立并实现共同愿景的能力。李春林[⑤]认为,领导力是领导者素质、能力及其影响力等各个方面的总和。陈建生[⑥]认为,所谓领导力,就是领导激发员工跟随自己一起工作以实现共同目标的能力。综合领导力的不同定义,可以发现,对于领导力的界定有很多,诸多学者倾向于将领导力作为一种能力,并视领导力为支撑领导行为的各种领导能力的总称,其着力点是领导过程。换言之,诸多学者认为,领导力是为确保领导过程的进行而服务的一种综合性能力。然而,相关的领导力定义通常从"领导"的内涵出发,

　　① ANDERSON R E, DEXTER S. School technology leadership: An empirical investigation of prevalence and effect[J]. Educational Administration Quarterly, 2005, 41(1):49-82.

　　② FLANAGAN L, JACOBSEN M. Technology leadership for the twenty-first century principal [J]. Journal of Educational Administration, 2003, 41(2):124-142.

　　③ FISHER D, WALLER L. The 21st century principal: A study of technology leadership and technology integration in Texas K-12[J]. The Global E-learning Journal, 2013(2):1-44.

　　④ 任真,王登峰. 中国领导心理与行为实证研究二十年进展[J]. 心理学探新,2008,28(1):67-71.

　　⑤ 李春林. "领导理论创新与领导力提升"理论研讨会综述[J]. 领导科学,2007(19):38-39.

　　⑥ 陈建生. 企业领导如何提高领导力[J]. 领导科学,2003(17):53.

对领导力予以界定,忽视了领导者对被领导者的作用力,对"力"的阐述与分析也较少。

为充分理解领导力概念的内涵,按照纲领性定义中"被定义对象二种差＋属"的定义方式,笔者认为,对于领导力的内涵解读,可以从"领导"和"力"两个名词入手。领导是领导力研究的起点。迄今为止,学者们已经对"领导"这个术语提出了诸多定义。综合关于领导的不同定义,笔者认为,领导是为实现组织的目标而向其他个体施加影响力的一种行为或行为过程。"力"决定了领导力这一概念的属性,其蕴含着力量与能力。因此,本研究认为,领导力是在实现组织目标的领导过程中,领导者影响其他个体的能力。教育信息化领导力属于技术能力、教育领导能力二维融合的产物。

《义务教育学校校长专业标准》对校长的信息化素质能力要求不多,如对普通高中校长的相关要求有三点,且分散在专业职责要求之中:一是"掌握课堂教学以及教育信息技术应用的一般原理与方法";二是推进信息技术在教师专业发展中的应用;三是"建设绿色健康的校园信息网络"。显然,这些要求远远不能使校长成为符合信息化时代要求的学校带头人。由于校长信息化领导力的研究始终伴随着信息技术以及教育信息化的发展而发展,因此对校长信息化领导力内涵的认识必然要与技术的发展密切联系在一起。因此,基于教育信息化领导力的概念诠释,本研究拟从技术融入的角度来阐述校长信息化领导力的发展过程,以期加深对校长信息化领导力内涵的认识。

信息化领导力属于技术能力、领导能力二维融合的产物。从融合论的视角来看,在领导情境下,技术能力、领导能力可通过相互作用转化成校长的信息化领导力。为深入剖析校长信息化领导力的本质,可从技术能力、领导能力两个方面予以解读与分析。

技术能力包括校长对于技术方式的感知能力、应用能力、反思能力等方面。在技术能力方面,校长需了解技术方式(包括传统技术和数字技术)的功效与价值,比如信息化管理平台技术、多媒体教学技术、家校沟通平台技术等技术的价值和意义,需尝试将技术应用于教育领导过程中,并及时针对技术的应用细节予以反思。校长通过对信息技术知识的了解与掌握,提升相应的技术能力,有利于其将技术能力深度融合于教育领导过程中,进而有利于提升学校管理效率和教育信息化水平。

领导能力是指校长在领导过程中解决教育问题、促进教育发展的能力,其由教育素养与领导能力双向互动产生。基于相关的教育理论,为完成特定教育目标或教育任务、解决教育问题以及促进教育发展,校长在规划设计、组织实施、评价推动等教育领导过程中,通过选择与应用领导手段、领导方式、领导策略以及领导模式而形成的个体能力,即领导能力。

　　校长是学校信息化工作的带头人,是学校信息化工作的组织者,也是学校信息化工作的践行者。中小学校长应该履行学校信息化工作在规划设计、组织实施、评价推动三个方面的专业职责,此三个方面分别体现了三个基本理念,即引领发展、协同创新、提升素养。引领发展、协调创新与提升素养覆盖了校长信息化领导实践的三个核心领域。由此,校长在其信息化领导过程中必然涉及规划设计、组织实施、评价推动三个维度,此三个维度又可划分为众多具体的子维度。然而,此三个维度仅代表校长信息化领导力的权力性成分,校长信息化领导力还包括一些非权力性成分,此类成分涉及因素较多,比如信息技术能力、道德影响力等因素,其中因技术的变革性力量,信息技术能力属于校长信息化领导力结构中变动性较大且较为关键的非权力性成分。

　　基于上述分析,我们认为,从本质上来说,校长信息化领导力是校长根据具体的领导情境,在综合考虑技术方式与领导实践的基础上,在规划设计、组织实施、评价推动等领导过程中形成的一种复合型领导能力。具体而言,校长信息化领导力涉及信息技术素养、信息化规划能力、信息化管理能力和信息化评估能力多种形态,虽然其具体的结构维度划分具有灵活性,但其本质上是技术能力与领导能力的二维融合。其中,信息技术素养涉及信息技术意识、信息技术道德、信息技术感知、信息技术能力等方面,而信息化规划能力、信息化管理能力、信息化评估能力分别属于规划设计、组织实施、评价推动三个方面的能力。至于在具体研究中,可尝试从特定维度出发,对校长信息化领导力与其他变量之间的关系进行量化分析,以期重点挖掘校长信息化领导力的某些特质成分的现实价值与战略意义。

　　在信息技术素养方面,校长的信息技术素养体现在信息技术意识、信息技术道德、信息技术感知、信息技术能力等方面,而且信息技术能力是信息技术素养的核心成分。信息技术能力包括信息技术理解能力、信息技术操作能力、信息技术反思能力等。其中,信息技术理解能力是指校长对信息技术的价值、功能、方式、伦理等众多方面的理解能力,信息技术操作能力是指校长对信息技术的使用方式、使用技巧等方面的操作能力,信息技术反思能力是指校长对信息技术的使用方式、使用过程以及使用价值等方面的反思能力。

　　在信息化规划能力方面,其主要体现在制订信息化发展规划、信息技术与学科教学融合的计划、教师信息技术应用能力的培训研修计划以及信息化规章制度体系四个方面:其一,校长需依据有关标准、目标与要求,结合学校实际情况,组织编制学校信息化发展规划;其二,校长需遵循课程改革的理念、原则与规律,以转变教育理念、优化教学模式为突破口,组织制订信息技术与各学科教学融合的具体办法与计划;其三,校长需组织制订教师信息技术应用能力培训研修计划,提高教师信息素养和信息技术应用能力;其四,校长需依据有关政策、规章与制度,组织制订与完善学校的信息化规章制度体系,建立人事、财务、资产管理等信息化工作保障机制。

在信息化管理能力方面,其主要体现在推动教师信息化教学、组织教师信息化培训、优化信息化学习环境、建设信息化发展规章制度和推动信息化管理五个方面:其一,推动教师运用信息技术,开展多样化、个性化的信息化教学,创新教学模式,以提升教育教学质量;其二,组织教师参加培训,引导教师通过网络自主学习方式有效使用网上优质教育资源,搭建网络研修社区以及网络学习共同体,促进教师专业成长;其三,以教育规律和学生身心发展规律为出发点,不断改善信息技术学习环境,引导学生健康上网,满足学生的个性化发展需求,以提升学生运用信息技术发现问题、分析问题和解决问题的能力;其四,组织建立学校信息化发展规章制度,引导、规范广大教职工积极、有效应用信息技术;其五,组织运用信息技术对人事财务、资产后勤、校园网络、安全保卫与卫生健康等进行管理,并逐步加强对教学过程的监测,提高利用信息技术服务师生的水平。

在信息化评估能力方面,其主要体现在评估学科信息化教学水平、评估学生信息化学习水平、评估学校信息化环境建设水平和评估学校信息化制度体系四个方面:其一,组织评估教师的教育技术能力、信息技术与学科教学的融合程度等信息化教学的诸多方面,并依据评估结果调整学科教学的发展策略;其二,组织评估学生的信息素养以及信息化学习能力,不断提高学生利用信息技术发现问题、解决问题的综合性能力;其三,组织评估学校信息化环境的建设水平,以发现终端设备、工具平台、软件资源等方面的使用问题,提升软硬件资源的使用效率;其四,组织评估学校的信息化制度体系等方面的不合理性及无效性,并依据评估结果制订相应的整改措施。

二、校长信息化领导力的价值

21 世纪可谓"数字时代"(digital age),随着人工智能、大数据等技术的快速发展,世界各国无不重视以信息技术与媒体来支持其教育的变革与创新活动。受信息技术快速发展的影响,在学校中使用计算机、多媒体网络、人工智能等相关设备与技术来辅助教学和学习等活动的机会也大幅增加,同时数字化、网络化、智能化的学习也受到了大众的瞩目和喜爱。而由于可获取的信息愈来愈多,且更趋于多元化,因此如何有效使用和管控这些信息技术与媒体,就成为学校教育革新的首要议题。

事实上，随着时代的演进，"信息化教学"已被定义为：一种通过创造、应用及管理适当的信息技术和资源，来协助学习和提高绩效的教学实践。① 即在学校中，教师已不再是主要的知识和学习机会的来源，而是逐渐成为引领学生以信息技术探索这个世界的良师益友（mentor or coach）。因此，美国国际教育技术协会提出且持续更新其《国家教师教育技术标准》（*National educational technology standards for teachers*，NETS-T）及《国家学生教育技术标准》（*National educational technology standards for students*，NETS-S），期望能借此带领教师和学生使用信息技术与媒体逐步探索数字时代的多元化知识内涵。

承上所述，在数字化学习潮流的驱动下，学校如何提供有用且易用的信息技术与媒体、建立系统化的信息化管理模式与营造优质学习环境、提升技术使用的有效性以促进学生知识学习，将是学校领导者需要面临的挑战。在学校中，校长肩负着领导学校成员大步向前且只许成功的使命。也就是说，除了扮演学校管理者和资源提供者的角色外，校长更需要扮演课程与教学领导者和信息领导者的角色。而在面临前述数字时代革新的浪潮与冲击时，校长能否以身作则，且具有较强的信息技术专业素养和领导能力，是决定其学校能否安然在数字化浪潮中挺进的关键。事实上，整合前述，校长应具备的信息技术素养和领导能力，即为校长信息化领导的核心意涵。既有研究显示，校长信息化领导不仅对于能否有效地运用信息技术具有关键性影响力，其亦与教师能否在其教学中有效地运用信息技术有高度的关联性。校长若能运用信息技术领导与管理措施带领行政团队与教师们充分利用信息技术，则能够有效提升教育教学成效。而在国外，为能有效培养校长的信息化领导能力与信息技术素养，多采取执行相关政策或设立标准的措施。

美国 *A handbook for principals* 指出，为使当代校长能有效解决所面临的课题与挑战，校长需具有信息化领导的专业能力，以期能通过信息技术的使用来达到强化教育功能和促进学习成效的目标，这也正是其中所列"Title Ⅱ，Part D Enhancing education through technology"的核心内涵。此外，ISTE亦提出了"行政人员国家教育技术标准"，希望学校行政人员能够拥有信息技术的相关专业素养；其中，校长身为一个学校行政团队的领导者，当然必须扮演领头羊的角色。其后，美国非营利教育组织"明天计划"的执行长 Evans 更

---

① JANUSZEWSKI A, PERSICHITTE K A. A history of the AECT's definitions of educational technology[M]. London: Taylor & Francis Group, 2008:66-70.

在 2011 年针对学校行政人员身处数字化时代所面临的挑战与机会,进行批判性的调查,并提出希望以信息技术的影响力来降低学生学习成就落差的目标。

在信息化时代,信息科技与媒体技术迅速发展,以信息科技与媒体技术来支持教育改革与创新发展成为诸多国家的重要战略选择。在信息技术的影响与冲击下,学校能够使用信息技术手段、方式及资源来辅助教学与学习活动的机会也大幅增加,如何有效使用及管控相应的技术方式与资源便成为学校教育信息化发展的重要议题。如何通过信息技术的应用提升教师教学和学生学习的成效,并持续创造新的知识或技术,这个问题值得诸多教育人士及其他相关人员审慎思考。面对相关问题,我们的学校准备好了吗? 我们的学校成员能沉着面对信息技术浪潮带来的冲击吗? 相关问题的解决与回应在一定程度上呼唤学校教育信息化领导力的研究与建设。

三、校长信息化领导力的生成过程

信息化领导力是领导力概念及其内涵在信息化背景下的延伸,其内涵随着信息化环境的变迁与发展不断丰富。校长信息化领导力并非一成不变,而是不断生成的。校长信息化领导力促进学校信息化发展是一个由内而外逐渐外显的过程,而校长信息化领导力的生成过程则是一个由外至内逐渐内化的过程,即领导行为影响内部要素,进而实现领导力本体结构与功能逐渐更新的循环过程。概括而言,校长信息化领导力的生成过程大致需要经过"认知""接受""探索""提升"四个阶段。从技术融入的角度出发,结合校长信息化领导力的生成过程,我们构建了校长信息化领导力的生成模型,如图 2-1 所示。

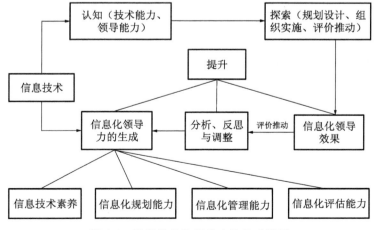

图 2-1　校长信息化领导力的生成模型

基于校长信息化领导力的生成过程,本研究作出如下具体阐述。

在认知阶段,校长对技术产生的感知有用性和感知易用性属于影响信息化领导力形成与发展的基础性因素,其中感知有用性和感知易用性取决于技术本身的特点、领导对象的需求、技术本身的经济费用等外部因素。这些外部因素往往能通过表象渗入中小学校长的意识中,从而促使中小学校长形成对技术手段的感知效果能力,进而影响校长对信息技术方式的使用态度,具体表现为校长赞同或者不赞同在领导过程中使用某种技术手段。然而,校长对某种技术手段产生积极的使用态度只可在一定程度上表明校长愿意在领导实践过程中使用信息技术,并不意味着校长具有在领导实践中使用技术的行为意向。

在接受阶段,校长如何真正实现技术能力与教育领导能力的融合至关重要。在技术能力提升方面,校长可通过网络学习、线下培训等多种形式了解技术知识、技术应用方法、技术评价策略等多种理论与实践型能力。在教育领导能力提升方面,校长应基于国家政策要求、学校发展需求、师生成长诉求等多个方面,尝试合理推动教学管理、教学方式、教学内容、教学评价等方面的知识学习与实践反思,并着重对多样化决策方式、领导方式、规划方式、沟通方式等方面的知识进行学习,从多元视角关注不同领导理论的学习,以便促进自身领导方式的情境化变革。综上,作为复合型能力,校长信息化领导力与其信息技术能力、教育领导能力密切相关,如何促进校长在教育领导过程中有效且合理地利用信息技术,对校长信息化领导力的生成具有直接的影响作用。

在探索阶段,校长在领导实践中使用信息技术,并尝试在领导实践中将技术运用于规划设计、组织实施、评价推动等诸多方面。在此阶段,行为意向和领导情境属于影响校长信息化领导力发展的两个关键因素。校长的行为意向受其对技术使用态度的直接影响,校长可根据使用态度选择使用或拒绝使用某种技术。在领导情境下,校长积极地在教育领导过程中运用适当的技术手段,并生成相应的技术使用经验。此阶段的领导情境因素(如学校环境、教育需求等因素),将会在领导能力的基础上影响技术手段与特定领导主题活动的有机融合,从而影响技术能力与领导能力的融合。

在提升阶段,校长对信息化领导效果予以评估,并对信息化领导效果进行分析、反思与调整,从而促使自身的领导力结构变革,并进一步促进校长信息化领导力的生成。校长信息化领导力主要可划分为信息技术素养、信息化规划能力、信息化管理能力和信息化评估能力四方面。其中,信息技术素养的范畴涉及信息技术意识、信息技术道德、信息技术感知、信息技术能力等多个方面,信息化规划能力属于校长规划设计能力的范畴,信息化管理能力属于组织实施能力的范畴,信息化评估能力属于评价推动能力的范畴。校长信息技术知识水平的提升可直接促进其信息技术素养的提升,因此信息技术可促进校长信息化领导力发展的说法便存在一定的合理性。校长的信息化规划能力、信息化管理能力以及信息化评估能力的发展需依托于校长将信息技术应用于领导过程中的实践探索与经验反思。

四、校长信息化领导力的理论基础

美 国 SouthEast Initiatives Regional Technology in Education Consortium(SEIR-TEC)的研究结果显示,“领导力”是影响一个学校是否能成功整合与运用信息技术的重要因素;其研究结果更进一步指出,在参与该组织和计划的学校中,技术整合和运用成效最显著的学校一定有一位积极主动且坚定付出的热忱的领导者(即校长)。也就是说在学校中,校长若能积极主动地带领校内教师充分整合与运用信息技术,则能为学生提供良好的学习环境,以应对信息技术时代的冲击。然而,校长应采取何种领导措施才能完成上述任务呢?“信息化领导”可以为校长提供重要的行动参照。

自 1990 年起,诸多美国学者开始讨论并呼吁重新思考教育改革的可能性,他们认为整个教育系统都必须随着时代演进而改变[1][2];毫无疑问,“信息化”在这波改革浪潮中扮演着重要的角色。根据学者们的定义,“信息化领导”就是校长能在学校的目标愿景和校务推动策略的设定及学校经费预算的争取与使用上,积极地展现其对在学校中使用信息技术的支持。[3] 即领导者(校长)能够以身作则,通过亲身示范如何整合与运用信息技术于学校管理工作之中,为全校师生提供一个以信息技术为支持架构的学习环境和系统,以便跟随技术发展的趋势,主动应用各种技术发展的成果以达成其教育目标和愿景。[4] 另外,依据此定义,领导者(校长)若能善用其领导技巧,秉持科学研究的态度和精神,同时运用科学研究的方法,以激励其校内教师共同使用信息技术,共

---

① FULLAN M A. What's worth fighting for in your school? revised edition[M]. New York: Teachers College Press, 1996:42-45.

② SENGE P. The fifth discipline: The art and practice of learning[M]. New York: Currency/Doubledaly, 1990:1-10.

③ ANDERSON R E, DEXTER S L, ANDERSON R E, et al. School technology leadership: Incidence and impact[R]. Southen California: Center for Research on Information Technology & Organizations, 2000:45-49.

④ MURPHY D T, GUNTER G A. Administrative support: A key component of technology integration[C]//WILLIS J, PRICE J, MCNEIL S, et al. Sociely for Information Technology & Teacher Education International Conference. Waynesville: Association for the Advancement of Computing in Education,1997:252-254.

同营造优质的技术学习环境和文化氛围,便可增进教师教学的成效。此外,有研究者认为,领导者应妥善运用其人际资源和沟通技巧,将信息技术(包含使用知识和软硬件等)整合应用于学校的课程和教学之中,以便为学习者提供更有效能的学习情境。同时,领导者本身也需要具备信息技术素养,带领师生一同进入运用信息技术来协助学习的殿堂。而这一切的作为都是为了提升学校行政组织的效能,以达成领导者设定的目标和愿景。在信息化领导的理论基础部分,除教育变革理论与关切导向采用的模式理论外,在这里简要介绍下列两项与本研究相关的理论。

(一)技术接受模型

F. D. Davis 于 1986 年根据理性行动理论(theory of reasoned action, TRA),开发了技术接受模型(technology acceptance model, TAM)。该模型能更具体地处理信息系统可接受性的预测,其目的是预测技术工具的可接受性,并识别影响用户技术接受的主要因素,以便用户能够接受。该模型表明,信息系统的可接受性取决于两个主要因素:感知有用性和感知易用性。感知有用性是指一个人认为使用系统将改善他的表现的程度。感知易用性是指一个人认为使用系统将毫不费力的程度。若干因素分析表明,感知有用性和感知易用性可被视为两个不同的维度。

正如理性行动理论所证明的,技术接受模型假设信息系统的使用是由行为意向决定的,但实际上行为意向是由人对系统的使用态度以及对其效用的感知决定的。F. D. Davis 认为,个人的态度并不是决定他是否使用系统的唯一因素,系统对他的表现产生的影响也是重要的影响因素之一。因此,即使用户不喜欢信息系统,但如果他认为信息系统会改善他在工作中的表现,那么他使用信息系统的概率也很高。此外,技术接受模型假定感知有用性和感知易用性之间存在直接联系。由于两个系统提供相同的功能,用户会发现更有用的一个往往更容易使用。根据 F. D. Davis 的说法,感知易用性已通过两个主要机制(自我效能和工具性)对个人的态度产生重大影响①。自我效能是班杜拉于 1982 年提出的概念,他认为系统使用越容易,用户的自我效能感就越强。此外,一个易于使用的工具会使用户感觉他能够控制自己正在做的事情。效能是内在动机的主要影响因素之一,即感知易用性和态度之间存在直接联系。感知易用性也有助于提升一个人的绩效。由于用户在使用易于使用的工具时会消耗更少的精力,因此他将能够不遗余力地完成其他任务。

然而有趣的是,F. D. Davis 在验证他的模型的研究中,发现使用信息系统

---

① 高芙蓉,高雪莲.国外信息技术接受模型研究述评[J].研究与发展管理,2011,23(2):95-105.

的意向与感知有用性之间的联系比与感知易用性的更强①。因此，根据此模型，我们可以预计影响用户最多的因素是工具的感知有用性。虽然最初技术接受模型通过了经验验证，但根据 D. J. McFarland 和 D. Hamilton② 2006 年的数据，它只解释了结果变量差异的一小部分（从 4% 到 45%）。因此，许多研究者完善了最初的模型，试图找到潜在的因素背后的感知易用性和感知有用性。例如，有研究者发现，社会影响过程（主观规范、自愿性、形象）和认知工具过程（工作相关性、产出质量、结果可预测性）影响了感知有用性和使用意向。技术接受模型显著的再定义是由麦克法兰和汉密尔顿提出的③。他们的模型假设 6 个环境变量（经验、他人使用、计算机焦虑、系统质量、任务结构和组织支持）通过 3 个中介变量（技术效用、感知易用性和感知有用性）影响技术系统的使用。该模型还假设外部变量和技术系统使用之间的直接关系，其通过感知易用性和感知有用性进行调节。也有研究结果表明，技术使用受到任务结构、经验、他人使用、组织支持、计算机焦虑和系统质量的直接和显著的影响，其调节效果也如预期一般显现出来。然而，初始模型或其扩展模型并不能够完全说明技术在使用中观察到的差异性。然而，相关模型均同意技术效用会影响感知易用性，这反过来又与感知有用性密切相关。舍勒、西迪克和汤德进行的元分析表明，技术接受模型仍然是解释教师在教育中采用信息技术的一个不错的解释模型④。

技术接受模型认为，感知有用性和感知易用性决定了个人使用技术的意向，并调节实际中的技术的使用。感知有用性被视为直接受感知易用性的影响。有研究者通过去除技术接受模型中的态度变量来简化 TAM。具体而言，修正 TAM 的尝试通常包括三种方法：从相关模型引入变量，引入其他或可替代的信念变量，以及检查主体的感知有用性和感知易用性⑤。D. Gefen 和 K. Larsen⑥ 的研究表明，TAM 的构建关系主要来自其问卷项目之间的语义关系。TAM 有很强的行为元素，其假定当某人形成技术行为意向时，他们

---

① 鲁耀斌,徐红梅.技术接受模型的实证研究综述[J].研究与发展管理,2006(3):93-99.

② MCFARLAND D J, HAMILTON D. Adding contextual specificity to the technology acceptance model[J]. Computers in Human Behavior, 2006, 22(3):427-447.

③ 陈渝,杨保建.技术接受模型理论发展研究综述[J].科技进步与对策,2009,26(6):168-171.

④ 高芙蓉.信息技术接受模型研究的新进展[J].情报杂志,2010,29(6):170-176.

⑤ 鲁耀斌,徐红梅.技术接受模型及其相关理论的比较研究[J].科技进步与对策,2005(10):178-180.

⑥ GEFEN D,LARSEN K. Controlling for lexical closeness in survey research: A demonstration on the technology acceptance model[J]. Journal of the Association for Information Systems, 2017, 18(10):727-757.

可以不受限制地自由行动。在技术使用实践中,能力、时间、环境或组织以及无意识的习惯等限制因素将限制行动的自由。

　　如前所述,F. D. Davis[①] 根据 Fishbein 与 Ajzen 的理性行动理论发展出技术接受模型,他认为影响个体使用信息技术的感知有用性和感知易用性是使用(usage)行为意向的主要决定性因素。技术接受模型在提出后就被持续地研究与延伸,V. Venkatesh 与 F. D. Davis[②] 也提出了修正模型,增加了四个与社会影响历程相关的变量及三个与认知有用性历程相关的变量,以期能提升模型对使用者行为的预测与解释能力。当将技术接受模型应用于学校系统之中,领导者(校长)则需考量各种内、外在因素对于学校教师感知易用性与感知有用性的影响及其对教师态度和信念的影响;这些内、外在因素包含校长本身的信息技术素养和对技术使用的态度、亲身示范和以身作则的决心与能力、技术相关的行政措施的实施、信息技术设备的建构、教师同侪间的影响、学生的刺激与压力等。例如:学校内部成员(含教师及学生)若能体验到使用信息技术或媒体的便利性、有效性,产生愉悦感,他们将能够感知到运用信息技术的易用性和有用性,进而拥有更高的使用意向且能够提升接受度以及规范使用行为。而这样的过程,正是校长信息化领导效能的展现。

　　(二)创新扩散理论

　　创新扩散理论试图解释新思想和技术如何、为什么以及以什么速度传播。美国学者埃弗雷特·罗杰斯在他的《创新的扩散》一书中推广了这一理论。这本书于 1962 年首次出版,现已出版至第五版(2003 年)。罗杰斯认为,扩散是一个在社会系统参与者之间通过时间传播创新的过程。创新扩散理论的起源是多种多样的,且跨越了多个学科。罗杰斯提出,影响新理念扩散的有四个主要因素:创新本身、沟通渠道、时间和社会制度。这个过程严重依赖人力资本。为了自我维持,必须广泛采用这种创新。在采用率内,创新达到临界质量。采用者可分为创新者、早期采用者、中期采用者、晚期采用者和迟钝者。扩散以不同的方式表现出来,并高度受制于采用者类型和创新决策过程。采用者分类的标准是创新性,其定义为个人采用新想法的程度。[③]

　　扩散的概念最早由法国社会学家加布里埃尔·塔德提出。19 世纪末,德国和奥地利的人类学家和地理学家,如弗里德里希·拉策尔和利奥·弗罗贝

　　① DAVIS F D. Perceived usefulness, perceived ease of use, and user acceptance of information technology[J]. Mis Quarterly, 1989, 13(3):319-340.

　　② VENKATESH V, DAVIS F D. A theoretical extension to the technology acceptance model: Four longitudinal studies[J]. Management Science, 2000,42(2):108-204.

　　③ 常向阳,戴国海. 技术创新扩散的机制及其本质探讨[J]. 技术经济与管理研究,2003(5):101-102.

纽斯对创新扩散进行研究。20 世纪 20 年代和 30 年代,创新扩散研究在美国中西部农村社会学的子领域开始进行。由于农业技术发展迅速,研究人员开始研究独立农民如何选择杂交种子、设备和技术。Ryan 和 Gross 于 1943 年在艾奥瓦州采用杂交玉米种子的研究巩固了先前的扩散工作,并成为一个独特的范式,这种范式在将来被不断地引用。自农村社会学研究开始以来,创新扩散已应用于许多领域,包括医学社会学、传播学、市场营销学、发展研究、健康促进学、组织研究、知识管理学、保护生物学、复杂性研究等,其对药物、医疗技术和健康通信的使用影响特别大。

1962 年,新墨西哥大学教授埃弗雷特·罗杰斯发表了他的开创性著作《创新的扩散》(*Diffusion of innovations*)。罗杰斯综合了超过 508 个扩散研究,这些研究最初涉及许多领域,包括人类学、早期社会学、农村社会学、教育学、工业社会学和医学社会学。罗杰斯利用他的综合扩散研究,提出了创新的理论。《创新的扩散》和罗杰斯后来的书籍是扩散研究中最常被引用的书籍之一。虽然扩散研究领域已经扩展并受到社会网络分析和通信等其他方法的影响,但罗杰斯的方法在该领域研究中仍然受到密切关注。元评论已经确定了在大多数研究中常见的几个特征。这些都符合罗杰斯最初在评论中引用的特征。潜在采用者根据创新的相对优势(创新相对当前工具或程序获得的感知效率)、与现有系统的兼容性、复杂性或难以学习性、可试性或可测试性、再造潜力(将该工具用于最初无意的目的)及其观察到的效果来评估创新。这些品质相互作用,并被判断为整体。例如,创新可能极其复杂,因此会降低其被采用和扩散的可能性,但与当前工具相比,它可能与大优势非常兼容。即使有这种高学习曲线,潜在采用者也可能采用这种创新。[①]

还有不少研究确定了创新的其他特征,但这些特征并不像罗杰斯上面列出的那么常见。[②] 例如,创新边界的模糊性会影响其采用。具体来说,小核心和大外围的创新更容易被采用,风险较低的创新也更容易被采用,因为失败后果的潜在损失较低。再如,对日常任务具有破坏性的创新,即使它们拥有巨大的相对优势,也可能因为额外的不稳定性而无法被采用。同样,使任务更容易的创新也有可能被采用。与相对复杂性密切相关的是,知识要求是使用创新的能力障碍。与创新一样,采用者也被确定具有影响其采用创新可能性的特征。诸多学者已经探索过个人人格特征对采用创新的影响,但关于此几乎没有达成一致。能力和动机因人格特征而异,且其对潜在采用者采用创新的可

①　段茂盛.技术创新扩散系统研究[J].科技进步与对策,2003,20(2):76-78.
②　王珊珊,王宏起.技术创新扩散的影响因素综述[J].情报杂志,2012,31(6):197-201.

能性的影响很大。毋庸置疑,有动力采用创新的潜在采用者可能会做出采用创新所需的调整。动机可能受到创新意义的影响,创新具有鼓励(或阻止)采用的象征价值。最后,有权或代理创造变革的潜在采用者,特别是在组织中,比选择拥有较少权力的人更有可能采用创新。

　　与创新扩散框架相辅相成的行为模型,如技术接受模型、技术接受和使用统一理论(UTAUT),经常被用于更详细地理解单个技术采用决策。扩散通过五步决策过程进行。在一段时间内,它通过一系列沟通渠道在类似的社会系统的成员之间发生。罗杰斯的五个阶段(步骤)(意识、兴趣、评价、试验和采用)是这一理论不可或缺的一部分。个人可能会在技术采用过程中或技术采用后随时拒绝创新。有研究者对这个过程进行了批判性的审查,提出了这样的问题:技术效率低下的创新是如何扩散的? 是什么阻碍了技术高效的创新扩散? 亚伯拉罕森就组织科学家对如何更全面地评估创新的扩散提出了建议。在后来的《创新的扩散》中,罗杰斯将他的术语改为:知识、说服、决策、实施和确认。然而,这些类别的描述在整个版本中仍然相似[①]。

　　扩散是一个社会过程,它发生在人们中,以回应对创新的了解,例如一种新的循证方法,以扩大或改善医疗保健。在其经典表述中,扩散涉及一种创新,这种创新通过某些渠道在社会系统成员之间进行交流。扩散研究中典型的依赖变量是采用时间,但当采用者是复杂的组织(如政府、医疗保健保险公司等社会组织或城市等大型集体组织)时,后续的技术实施是更有意义的变革衡量标准。扩散也可以在个人之间进行评估。当采用时间数据累积绘制时,通常呈现出一种 S 形曲线,最初的缓慢采用速度会让位于快速加速的速率,然后随着未接受者在有关社会系统中停留的时间减少而减慢。并非所有的创新扩散情况都是这样进行的,特别是在政策扩散方面——由于国家对一个问题的关注偶尔趋同,受各种激励措施、变革意愿、政治权威等因素的影响,某项创新扩散的时间可能更短。

　　创新能否扩散通常通过三组一般变量来进行解释:每个创新的利弊、属性和采用者的特点,特别是潜在采用者对组织领导反应或社会影响的看法,以及更大的社会和政治背景,包括与创新相关的问题的支持者和反对者如何界定创新的意义以及创新的推出时机。鉴于扩散的概念涉及许多领域,扩散研究有助于为其他一些研究领域建立基础,如健康科学的传播与实施。当一个人了解他们认为可能对他们或他们所服务的创新产生重要后果的东西时,如何回应的不确定性通常会导致搜索进一步的信息,因此潜在采用者可以更好地

　　①　刘超,王君祥,宋海荣.创新扩散模型的研究综述[J].科技管理研究,2007(5):125-127.

评估创新的属性,判断其是否值得进一步探索。具体而言,主要包括采用和实施创新的成本或感知到的资金、时间或其他资源成本,有效性或相对优越性,简单性或者创新被容易理解和使用的程度,兼容性或创新与既定实现相同目标的方法的契合程度,可观察性或可以看到结果的程度,可审判性或创新使用过程可以分阶段管理的程度[①]。

根据人的创新程度,人们的需求和动机各不相同。根据埃弗雷特·罗杰斯对实证研究的元回顾,第一个采用者(创新者)往往是因为新奇和感觉不受社会规范的约束;下一个采用者(早期采用者,其中一些是意见领袖)是因为有分寸的评价,即该创新的优势大于缺点;随后多数采用者(中晚期采用者)通过创新,因为他们迫于社会压力。与创新者一样,迟钝者也不太容易受到社会压力的影响,他们随时可以采用创新。传播循证创新的运动往往根据形成性评价的数据,针对潜在采用者的创新程度(或准备改变)形成特定信息。

罗杰斯在其《创新的扩散》一书中,通过对教育、农业推广、社会公共政策、医药卫生等各领域之数百个个案的研究,提出他关于创新的传播(或扩散)与接纳的历程的理论与模式,旨在解释一种新的事物如何在群体之间被扩散。他将此扩散的过程分为五个阶段:知识(knowledge)、说服(persuasion)、决策(decision)、实施(implementation)和确认(confirmation)阶段;其后又在此创新决策历程的模式(阶段论)之外,提出了影响创新接纳的因素,即决策者的特质等理论[②]。事实上,罗杰斯提出的创新扩散相关理论的重点在于其如何被应用于学校教育之中,特别是新的信息技术在教学上的应用。若将此概念用于校长的信息化领导过程中,即为校长有意且能够系统地通过信息流通与扩散的方式,使学校内的成员(师生)深切感知(知觉)到信息技术的发展与运用。此外,通过这种创新扩散的过程,能够使得创新的信息技术被学校组织成员所接纳,甚至能够有效推动学校计划的革新或改变。因此,校长若能进行有效的信息化领导与扩散,将能在学校中推动技术变革运动,并且能够促使教师理解且妥善运用信息技术为其教学历程带来的显著优势,进而促进学习者(学生)充分接触与使用信息技术,以协助提升其学习成效。再者,校长信息化领导的成效和创新扩散理论中的各项元素间具有密切联系。因此,校长在执行信息化领导的过程中,必须以创新思维为基石,妥善运用相关理论和策略,发挥其最大功效。

---

①　赵正龙.基于复杂社会网络的创新扩散模型研究[D].上海:上海交通大学,2008.

②　ROGERS R W, CACIOPPO J T, PETTY R. Cognitive and physiological processes in fear appeals and attitude change: A revised theory of protection motivation [M]. Ann Arbor: Univ. Microfilms Internet, 1983:153-176.

五、校长信息化领导力的发展过程

校长信息化领导力的发展过程其实是将技术灵活地运用于教育领导实践的过程,其最关键的部分在于技术方式与教育领导实践的相互作用。在教育领导实践中,校长通过对技术的认知、取舍和使用,获得对技术和教育领导两者关系的深刻认知,并根据具体教育领导情境中出现的问题进行合理反思,积极探索技术在教育领导领域中运用的优势和不足,促进技术能力在校长能力结构中的自我升华。教育信息化领导力的发展过程大致需要经过"认知""接受""探索"和"提升"四个不同阶段,且其强调技术能力融入教育领导能力这一本质特征。这在一定程度上为采用技术接受模型阐述与分析信息化领导力的发展过程提供了理论方面的可行性。

技术接受模型是 F. D. Davis 运用理性行为理论研究信息系统可接受性时提出的一个模型①,他提出技术接受模型最初的目的是对计算机被广泛接受的决定性因素作一个解释,后来逐渐被用于对某一信息技术方式被用户广泛接受的影响因素作解释。技术接受模型认为系统使用是由行为意向决定的,而行为意向由使用态度和感知有用性共同决定,想用的态度由感知有用性和感知易用性共同决定,感知有用性由感知易用性和外部变量共同决定,感知易用性由外部变量(比如用户感知形式、任务特征、组织结构等)决定。借鉴技术接受模型,结合校长信息化领导力的发展过程,我们构建了校长信息化领导力的发展模型,如图 2-2 所示。

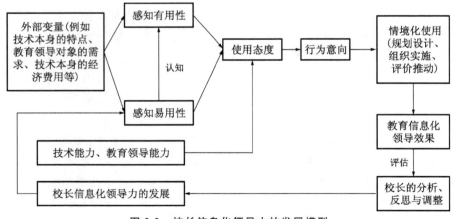

图 2-2　校长信息化领导力的发展模型

---

① 李毅,廖琴,吴思睿,等.中小学教师信息技术使用行为的量化模型建构[J].电化教育研究,2016,37(6):97-105.

　　基于校长信息化领导力的发展模型,本研究对校长信息化领导力的发展过程作出如下探讨。校长对技术所产生的感知有用性和感知易用性属于信息化领导力发展过程的"认知"阶段,其中感知有用性和感知易用性取决于技术本身的特点、教育领导对象的需求、技术本身的经济费用等外部因素。这些外部因素往往能通过表象渗透到中小学校长的意识中,从而促使中小学校长形成对技术手段的感知效果。

　　"使用态度"属于校长信息化领导力发展过程的"接受"阶段,此阶段的主要特征表现为校长赞同或者不赞同在教育领导过程中使用某种技术手段。在此阶段,校长的技术使用态度不仅受技术感知有用性和感知易用性的影响,而且校长在对某种技术手段形成某种价值偏向的过程中,往往会受自身已有的技术能力、教育领导能力等因素的影响。

　　"行为意向"和"情境化使用"属于校长信息化领导力发展过程的"探索"阶段。校长的行为意向受其对技术使用态度的直接影响,校长可根据使用态度选择使用或拒绝使用某种技术。"情境化使用"的主要特征表现为校长积极地在教育领导过程中运用适当的技术手段,并生成相应的技术使用经验。此阶段不仅着重考虑教育领导的情境因素(例如学校环境、教育需求等因素),而且将会在教育领导能力的基础上实现技术手段与特定教育领导主题活动的有机融合,从而促进技术能力与教育领导能力的融合。

　　"教育信息化领导效果""校长的分析、反思与调整"以及"校长信息化领导力的发展"属于校长信息化领导力发展过程的"提升"阶段。在此阶段,教育信息化领导效果属于校长在教育领导情境中"情境化使用"技术的成效。校长需对教育信息化领导的成效予以评估,并针对评估结果予以分析、反思和调整,审视技术与教育领导融合过程中出现的现实问题,生成合理的教育领导诊断方案,并有效实现校长信息化领导力的科学提升。

六、校长信息化领导力的发展阶段

　　基于以上分析,可以发现,校长信息化领导力的发展与教育领导对象需求、技术能力、教育领导能力、情境分析能力、技术反思能力等因素密切相关,并可划分为"认知""接受""探索"和"提升"四个阶段。由此,我们分别从此四个阶段来具体阐述校长信息化领导力的发展策略。

　　(一)认知阶段:提升校长对教育领导对象需求的分析能力

　　在认知阶段,校长对教育领导对象需求的分析能力可有效影响其对技术的价值判断和功效判断。信息化领导力是中小学校长适应教育信息化需求理应具备的专业知识。对于广大中小学校长而言,校长亟须形成与发展能够适应教育信息化需求的信息化领导力。在校长信息化领导力发展过程中,校长若想真正满足教育领导对象的个性化需求,其必须着重对教育领导对象的需求进行分析。由此,需提升校长对教育领导对象需求的分析能力,以便在深入了解教育领导对象相关需求的基础上,改善校长对信息技术手段的使用态度,推动校长灵活选择能够有效满足教育领导对象个性化需求的技术方式,进而有利于校长在实际教育领导实践中灵活化使用信息技术手段,从而促进信息化领导力的有效提升。

（二）接受阶段:提升校长的技术能力以及教育领导能力

在接受阶段,校长的专业基础能力对其技术接受具有一定程度的影响作用。作为复合型能力,校长信息化领导力一般由技术能力与教育领导能力交互转化而来,因而着重提升校长的技术能力与教育领导能力,有利于校长信息化领导力的有效提升。在技术能力提升方面,校长可进行一系列技术知识的理论学习活动以及技术信息化应用的体验活动,通过理论知识学习以及信息化体验提升自身的技术能力;在教育领导能力提升方面,校长需深入了解信息化背景下教育改革、教学方式、教学内容、教学评价等方面要求的知识内容,深入思考如何对教育变革以及师生发展等方面的知识进行理论批判及理论反思[1],并着重对多样化决策方式、领导方式、规划方式、沟通方式等方面的知识进行学习,可从多元视角关注不同领导理论的学习,以便促使自身领导方式能够满足教育领导对象的多样化需求[2]。

（三）探索阶段:提升校长的情境分析能力

在探索阶段,教育领导情境对于校长信息化领导力的形成与发展具有极大的影响作用。校长需综合考虑信息通信技术应用于学校系统所面临的情境因素（比如学校物理环境、学校人文环境、领导主体与领导客体的沟通氛围、中小学生心理素质、教育经费以及社会文化等）,以便提升校长的情境分析能力。关于校长情境分析能力的提升,可尝试分别从增强情境分析意识、培养情境分析思维以及构建情境分析观念三个方面着手:其一,感知教育环境,理解与技术相关的社会、法制和道德问题,体验校园优良育人氛围,反思学校建设成效,以增强校长的情境分析意识;其二,尝试主动培育优良育人文化,通过信息化沉浸培养校长的情境分析思维;其三,充分尊重不同教师和学生的信息化价值观,尝试融合不同价值取向的技术应用观念,并逐步构建可促进学校优质发展的情境分析观念[3]。

---

① 褚宏启.校长专业化的知识基础[J].教育理论与实践,2003(23):27-32.
② 沈书生.中小学校长信息化领导力的构建[J].电化教育研究,2014(12):29-33.
③ 任冬梅.徐州地区中小学校长信息化领导力调查分析[J].中国教育信息化,2009(6):20-24.

（四）提升阶段：提升校长的技术反思能力

在提升阶段，技术反思有利于校长及时总结技术应用的优势及不足，且有助于校长总结技术应用的实践经验。在校长技术反思能力的提升方面，可从技术理解能力、技术分析意识、技术评价素养和技术反思渠道四个方面入手：其一，加强校长对在教育领导过程中整合信息技术的理解能力，促使校长以服务全校师生的视角来审视学校的信息化发展；其二，提升校长在学校信息化发展方面的技术分析意识，促使校长不断发现与分析学校的信息化发展在规章制度、信息化管理体系等诸多方面存在的问题与不足；其三，提升校长的技术评价素养，尝试引导校长对技术应用于人事财务、安全保卫与卫生健康等方面的过程及成效进行合理评价，并逐步加强对教学质量的监控和学习过程的记录，以提高其服务师生的水平[1]；其四，组织建立家庭—学校—社会沟通机制，扩展技术反思渠道，尝试获取社会和家长方面对技术应用的意见与观点，以营造指向技术反思的和谐沟通氛围。

第二节　校长信息化领导力的建设背景

校长信息化领导力的形成与建设，主要涉及技术接受与技术扩散两个层面。在技术接受与扩散的过程中，校长通过与师生的互动与交流，践行其信息化领导实践，着力推进学校的信息化发展。因此，本研究认为，校长信息化领导力的建设背景主要涉及技术接受与技术扩散这两个层面。

从技术接受的角度来说，技术接受将在很大程度上影响技术在校长信息化领导过程中的应用与推广。校长在推进学校信息化发展时，应以技术接受模型为基础，先了解各种可能影响学校成员感知易用性与感知有用性的相关因素，通过沟通、示范，使学校成员了解信息技术在教育教学方面的有用性及易用性，为学校成员信息化素养的提升提供成长平台与通道，营造信息化学习文化，进而提升学校师生的信息化素养，鼓励并支持学校成员在课程教学、课程学习等方面应用信息技术，并促进教育人员之间的交流与合作，进而影响其在教育教学中应用信息技术的信念与态度。

从技术扩散的角度来说，创新扩散是新事物或新观念通过传播管道，在某个社会环境里寻求社会成员接受的一种过程，其通常需要一段相当长的适应时间。创新可以是一种观念、活动或具体的事物。创新扩散理论指出，

---

① 赵磊磊，赵可云.校长信息化领导力对校长领导效能作用机制的实证研究——基于结构方程模型的调查分析[J].现代远距离教育，2016(3):68-73.

当一种创新在刚起步时,其被接受程度比较低、使用人数较少,其扩散过程也就相对迟缓;当使用者比例达到临界值后,创新扩散过程就会加快。依据创新扩散理论,在社会系统中,由具有影响力的人提供资讯与建议,更容易正式或非正式地影响他人的态度和行为。作为学校组织中较有影响力的领导者,校长应通过信息化领导的实施,激励学校教师进行信息化教学创新,并搭建适当的沟通平台与管道,将信息技术运用于教育教学,并将其重要性扩散于学校组织中,以寻求学校成员的技术价值认同。学校成员在感知校长推动信息化领导时所带来的观念与环境之改变后,将改变其应用信息技术的观念与态度。

　　基于技术接受、技术扩散与校长信息化领导关系的分析与阐述,本研究认为,校长信息化领导力的建设须着重关注如何更为有效地将技术元素融入其教育领导力结构之中,这主要涉及"技术感知有用性""技术感知易用性""技术观念及价值的传递与扩散"三个关键的决定性因素,这也将是校长信息化领导力建设研究的重要议题。鉴于技术元素本身极具变化性,且领导能力随着时代的发展将被赋予更多新的内涵,因此校长信息化领导力结构并不是一成不变的。把握技术的有用性、易用性并实现技术观念及价值的传递与扩散,有利于及时发现何种信息技术能够真正有价值地运用于学校信息化发展中,也有利于推广真正适合学校发展及师生成长的信息技术方式,这也在一定程度上有利于校长信息化领导力在不断的沟通与交流中实现动态更新。概括来说,中小学校长理应在专业发展过程中不断理解、探索、分析与反思信息技术如何被自身及学校其他成员接受及扩散,完善校长信息化领导力结构,这将有助于我国中小学校教育信息化进程真正得以有效推进。

一、校长信息化领导力的建设起点

　　21世纪学校的变化和技术丰富的环境正在影响和重新定义校长的角色内涵。当前有关校长信息化领导力现状静态分析的研究较多,而有关校长信息化领导力是如何在实践中形成与发展的研究较少,因此从技术与领导过程整合的角度思考校长信息化领导力的建设起点很有必要。在美国实施的"通过技术增强教育"项目中,其利用技术整合矩阵,将技术整合划分为入门、采纳、适应、融合和创新五个过程。[①] 国外已经有学者关注到通过技术整合促进

---

① MOODY K B. Teacher perceptions of moving toward technology innovation: Does an enhancing education through technology grand lead to innovation and change[D]. Tuscaloosa: The University of Alabama, 2009:125.

校长信息化领导力建设。例如,南希·艾佛哈特(Nancy Everhart)等[①]学者的研究发现,校长在许多领域引领了学校技术整合,但仍有较多领域,例如为特殊需要的学习者提供服务,建立数字馆藏,参与学生评价,有待校长关注。L. R. Rivard[②]指出,校长只有了解并熟练掌握技术技能和技术整合,才能成为合格的学校信息化领导者。由此可见,技术整合将在很大程度上影响学校在信息化环境下的教学和学习质量,它理应成为校长信息化领导力建设的重要视角,校长也理应成为技术整合的领导者。

梳理已有研究发现,技术整合理论涉及技术接受理论和技术扩散理论。从技术接受理论视角而言,技术接受需初步认知感受技术与信息,感知有用性与感知易用性则是影响技术接受发生的关键因素。技术接受模型是学校信息化发展的基础,为学校师生构建基于技术接受模型的信息化平台,也是提升学校师生信息化素养的关键。如此一来,校长技术接受的过程在一定程度上也是其信息化领导力结构不断丰富和完善的过程。从技术扩散理论视角而言,技术扩散是新事物或新理念经社会成员长时间的适应而被接受的过程,校长身为学校最具领导力的管理人员,应通过信息化领导的实施,将信息技术运用于教育教学的观念扩散到学校教育教学的实践中,或者通过发挥自身的技术影响力,对学校其他成员的信息化教学发挥技术影响功效。技术扩散的方向、力度、障碍、目标均是校长信息化领导力在教育实践中不断体现生命力的关键,也是促进校长信息化领导力结构优化的关键。

基于技术接受、技术扩散的理论基础对校长信息化领导力的发展影响深远,研究校长信息化领导力的建设须格外关注校长的信息技术素养、信息化规划能力、信息化管理能力与信息化评估能力,有效地将技术背景融入校长信息化领导力的建设之中。

信息化领导力的变革与技术整合过程中的层次、能力与方向具有一定程度的关联性。在明确技术整合层次的前提下,若具备一定的技术整合能力,并遵循有效的技术整合方向,将有利于保障校长技术整合的有效推进,这也是校长信息化领导力建设的现实需要。本研究尝试探索技术整合视角下校长信息化领导力的"建设定位"(技术整合层次)、"建设内容"(技术整合能力)与"建设路径"(技术整合方向),以期有效回应当前信息化领导力研究中的

①　EVERHART N,MARDIS M A,JOHNSTON M. National board certified school librarians' leadership in technology integration: Results of a national survey[J]. School Library Media Research, 2011(14):18.

②　RIVARD L R. Enhancing education through technology: Principal leadership for technology integration in schools[D]. Detroit: Wayne State University, 2010.

重点趋势,进而为校长信息化领导力理论及实践的发展提供思路(具体研究框架见图 2-3)。

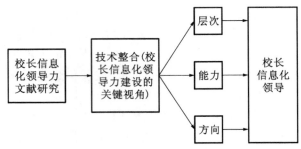

图 2-3　校长信息化领导力研究框架

二、校长信息化领导力的建设困境

教育信息化已成为提升学校竞争力的重要手段和途径,其是实现教育现代化的必然选择[1]。近年来,尽管我国中小学教育信息化事业取得较大进步,然而不少学校在信息化建设中仍存在薄弱和不足之处,如管理者重视不足、建设效率低下、专业人才缺乏等[2]。教育信息化的发展问题也在一定程度上呼唤"人的信息化",尤其是管理人员的信息化[3]。对于教育信息化来说,教育参与人员才是真正选择与使用技术的个人或群体,而技术本身只是理念、工具与方式。如果缺乏"人的信息化","硬件的信息化"无法真正驱动技术与教育有效整合[4]。作为学校教育发展的核心管理者以及学校信息化推进的掌舵者,校长如何推动技术整合将决定技术在学校教育中的渗透力度和实际功效。技术整合在教育实践中遇到障碍性问题较为常见,相关障碍也为校长信息化领导力的发展带来相应的新挑战。

R. McCormick,P. Scrimshaw[5] 调查了美国多所学校的教师后发现,基于技术的变革,教师知识的表征形式代表教师的多重身份:学科专家(学科知

①　赵磊磊.校长信息化领导力建设:提升校长工作绩效的路径选择[J].现代教育管理,2018(4):67-71.

②　唐烨伟,郭丽婷,庞敬文,等.区域教育信息化发展现状调查研究——以河源市为例[J].现代教育技术,2017,27(10):106-112.

③　赵磊磊.心理资本视角下校长信息化领导力的培养研究——基于 SEM 的实证分析[J].教师教育研究,2017,29(5):45-51.

④　赵磊磊.校长信息化领导力:概念、生成及培养[J].现代远距离教育,2017(3):19-24.

⑤　MCCORMICK R,SCRIMSHAW P. Information and communications technology,knowledge and pedagogy[J].Education,Communication & Information,2001,1(1):37-57.

识)、学科教师(学校知识)、教师(教学知识)和个人(基于技术的自我建构),即具备基本的技术素养成为教师身份的必然要求。教师利用信息和通信技术扩大教学范围,师生间的沟通交流以计算机设备与软件跨越距离的鸿沟,信息技术实现公共教育的有效发展。然而,在学校内配备计算机与网络,并不足以实现教育信息化的真正转型。由此,作为学校的最高管理人员,校长应从限制技术与教育一体化的障碍中获得什么启示,以及他们如何从中汲取知识转化为有效的领导方法呢? 换言之,校长信息化领导力的建设背景需充分考虑技术整合障碍。通过梳理技术整合的理论与实践研究,可将技术整合的障碍归纳为四个主题,即有效学习问题、公平问题的争议、教师专业发展不足以及缺乏有效领导,以下将一一概述。

(一)有效学习问题

随着电脑和网络在大部分学校普及,教师和管理者开始将他们的关注焦点从硬件、线路和技术获取转向更基本的问题,诸如技术在促进学生有效学习的过程中扮演的角色[①]。G. Kearsley[②] 呼吁教育工作者要培养应用技术的概念基础——关注如何思考并解决学习问题、做出决定并以计算机作为工具进行交互。教育者正在研究技术与学科教学整合的成功案例,以了解技术、教育学和学生学习之间的关系。学习者在使用数字技术进行学习时,有什么不同或更好的做法? 如何使用计算机和网络来满足不同学校、不同学习者的需要? 教师如何在技术的运用上得到支持? 如何以有意义、综合的方式丰富课程? 技术领先者面临的一个重大挑战是支持教师探索和试验各种方法,以有意义、富有挑战性和真实性的方式将技术整合到课程教学与学生学习过程之中。相关有效学习问题,正是技术与教学整合过程中存在的障碍性问题,与此问题相呼应,校长信息化领导力建设须从信息化教学领导的角度来思考技术为学习问题服务的可能性、方式与方案。

(二)公平问题的争议

学校的技术整合与公平问题密不可分。在当今社会,拥有技术素养意味着能进入高科技就业市场、参与全球经济竞争以及在新信息时代取得成功,而公立学校必须是所有学生都有机会获得这一新社会所需技能的地方。不幸的是,"数字鸿沟"经常体现在性别、社会经济地位、种族文化等不同的

---

①　赵磊磊.校长信息化领导力的影响因素及培养路径[J].现代远距离教育,2017(1):44-50.

②　KEARSLEY G. Educational technology:A critique[J]. Educational Technology,1998,38(2): 47-51.

学生群体中①。此种"数字鸿沟"现象为校长信息化领导力的建设带来较大挑战，也促使校长在技术整合方面反思公平问题。美国学校管理者协会的研究报告显示，在使用计算机教育孩子时，呈现出了越来越多的不公平现象。在贫困家庭、少数民族儿童、女童、低成就者、非英语母语的儿童、残疾儿童和居住在农村地区的年轻人中存在不平等现象。美国大学妇女协会一项为期两年的全国性研究报告指出，高中高级计算机课程女生入学率仅为17％。基于以上分析，可发现"数字鸿沟"在技术整合方面已成为影响教育公平程度的一大难题。在我国不均衡的教育信息化发展背景下，校长如何在提升教育信息化发展质量的基础上实现教育信息化公平的有效提升，属于校长信息化领导力建设中不容忽视的价值选择。

（三）教师专业发展不足

实现有意义的技术整合的一个重大障碍是教师持续性的专业发展不足，众多教师缺乏获得信息技术能力的有意义的机会。一方面，在许多区域，技术资助还没有扩大到包括工作人员的专业发展，教师大多是自己去寻求技术资助，以获得该领域的发展；另一方面，即使教师主动参与典型的培训服务，也仅集中于获取计算机应用技能，而不是技术整合策略和项目设计技巧，这导致教师很难有效地将技术整合于具体的教育教学环节。在许多情况下，教师在学校使用计算机以实践或实施他们所学的知识的机会有限。如果不经常将技术用于课堂实践，或在学习和教学设计中应用，经过单一的培训习得的计算机技能很快就会丢失。由于缺乏有意义的机会去学习如何做，许多教师抵制（主动或被动）将数字技术融入他们的教学实践的外部压力②。基于以上技术整合所面临的教师专业发展不足问题，作为技术领导者，校长亟须为教师专业发展提供即时性和灵活性的技术整合机会，须在教师专业发展的技术引导方面侧重于技术整合和设计，而不仅是获取计算机应用技能。

（四）缺乏有效领导

从校长自身角度来看，不少校长没有为其作为技术领导人的新角色做好准备。缺乏有效领导已成为诸多校长在学校信息化建设中不容忽视的一大困境。一方面，虽然不少校长努力开发用于在学校实现信息和通信技术成果的人力和技术资源，但很少校长有以有意义的方式使用计算机和学生互动的经

①　ADAMS O. Falling through the net: Defining the digital divide: A report on the telecommunications and information technology gap in America [J]. Journal of Government Information,2000, 27(2):245-246.

②　HODAS S. I-Technology refusal and the organizational culture of schools [J]. Computerization & Controversy,1996,1(10):197-218.

历,也缺乏指导教师的必要技术经验,因此在许多学校,学校其他管理人员出现在教室、图书馆和计算机实验室,以承担制定技术集成的艰巨任务,并支持教师的分布式和非范式化的工作;另一方面,不少校长的技术规划常常局限于获取硬件和软件,专注于购买设备、建立实验室和设置线路,而不考虑必要的组织和文化上的巨大变化(这些都是支持适当使用技术促进学生学习的必要条件),这在一定程度上导致许多学校都有昂贵的计算机实验室却只是用来打印、比赛和培训的现象。此外,由于缺乏对硬件选择和部署方案如何严重影响学生学习的理解,校长经常依赖技术人员的建议,为保护设备,选择了一种受限制的、被锁定的学校网络。限制性网络并不能促进开放学习,而是教师和学生使用技术进行教学与学习的障碍。基于以上分析,笔者认为,缺乏有效领导已成为影响校长有效解决有关信息和通信技术联网的复杂问题的关键因素。校长信息化领导力的建设应以有效领导为切入点,不仅关注有关技术的预算、财务、管理等方面的问题,也需考虑利用技术为师生提供便利这一关键问题。

三、校长信息化领导力的建设目标

技术整合的成功经验可以为致力于让自己学校取得同样成绩的教育领袖提供重要借鉴。越来越多的研究表明,成功的技术整合实践范例主要具有以下共同要素:提升学生学习有效性、拓展公平的参与渠道、实现有效的教师专业发展以及搭建基于信息共享的领导支持网络。

(一)提升学生学习有效性

学生是教育之本,提升学生学习有效性可被视为技术整合的基本目标,其也是校长信息化领导力建设的基本方向。技术整合应是一个符合学生学习需求的过程与方式,在此过程中,应始终追求信息技术在支持学生发展方面的实效性。[1] 通过线上合作、研究以及与该领域的专家交流,使学习的范围超越课堂的围墙,让学生提出自己的问题来指导研究。教师的角色从一个控制知识传播的人转变为一个聪明的导师,支持学生建构他们自己理解的意义。A. Collins[2] 总结了在有效使用技术手段的基础上教室里的教与学所发生的变化,并将这些变化置于从说教到建构主义教学观的更大改革的背景中:从传统的"满堂灌"到小组教学,从讲课到辅导,从关注好学生到与较弱的学生合作,

---

① 苗逢春.信息技术与中小学教学整合[J].北京师范大学学报(社会科学版),2003(4):87-96.

② COLLINS A. The role of computer technology in restructuring schools[J]. Phi Delta Kappan, 1991,73(1):28-36.

从竞争到合作。V. L. Cohen① 观察并分析了技术使用良好的教室与传统教室的不同之处：教师和学生之间的社会交往更为流畅，学习被看作一种更自然的过程，有天赋的学生试图在使用计算机时建立更深层次的联系，技术影响了学习内容的探索方式。从技术与校长领导整合的根本目标来说，学生发展必然是技术整合的核心所在。由此，校长信息化领导力的建设须以学生学习有效性的提升为基础，关注如何通过培养校长信息化领导力来推动学生学习变革与发展，其不仅需考虑如何将技术引入基于学生项目合作设计的跨学科学习，以提升学生在跨学科项目学习方面的参与度，也需思考如何在以学生为中心的环境中，增加学习者自身的学习动力和责任。

（二）拓展公平的参与渠道

拓展公平的参与渠道是技术公平及技术伦理的保障，其可被视为技术整合的核心目标，也是校长信息化领导力建设的核心方向。伴随着技术整合的推进，技术相关的不公平现象并不少见，技术公平成为影响技术伦理价值最大化的关键因素。相关研究表明，从传统意义上来说，电脑对男孩的吸引力大于女孩②。在高中计算机课、大专计算机设计和编程课程以及信息技术（IT）职业中，女生比例不足的现象可以在一定程度上说明存在性别不平等的现象。M. J. Marquardt 和 G. Kearsley③ 的研究表明，随着教育技术的发展，这种不公平的现象也出现在贫困家庭学生中，这与社会经济水平较低地区的学校无法筹集足够的资金购买新电脑有关。相关问题的出现对技术整合的伦理价值以及校长信息化领导力建设研究提出了更多的要求，拓展公平的参与渠道成为保障技术伦理的有效路径。成功的技术整合理应以尊重多样性和尊重差异的方式促进所有学生和教师参与进来，需尊重个人的学习风格并提供选择，同时鼓励学生选择能挑战定性思维的活动，消除性别、文化、能力和社会经济背景下有关数字技术的以往经验不同造成的潜在不公平感。与此同时，所有学生都有机会获得学习信息和通信技术的机会，而不是"男性"或是有才华的学生才能学习，学校的所有学生都应适当地、公平地获得技术，而不受教师的技能或兴趣的限制。

---

① COHEN V L. Learning styles in a technology-rich environment[J]. Journal of Research on Computing in Education,1997,29(4):338-350.

② BAIN A, HESS P T, JONES G, et al. Gender differences and computer competency: The effects of a high access computer program on the computer competency of young women [J]. International Journal of Educational Technology,1995,1(1):25-43.

③ MARQUARDT M J, KEARSLEY G. Technology-based learning. Maximizing human performance and corporate success[M]. Florida: CRC Press LLC, 1999.

（三）实现有效的教师专业发展

建设高素质的信息化团队，对学校信息化的发展有决定性的影响[①]。实现有效的教师专业发展可被视为技术整合的关键目标，其也是校长信息化领导力建设的关键方向。人力资源信息化建设属于校长信息化领导力建设的一个重要指标，也是利用技术实现有效的教师专业发展的关键所在。信息和通信技术的有效整合需要持续、及时的教师专业发展，重点是教学和学习，包括许多使用信息和通信技术的机会，教师不应在未经过充分训练的基础上使用信息技术工具。实现有效的教师专业发展成为技术整合的重点目标。其中，有效的专业发展包括辅导、现场指导、个别教学、在实践中观察信息和通信技术整合以及自我导向学习[②]。在我国的教育信息化建设进程中，利用技术促进教师专业发展的成效仍需进一步有效提升，校长需致力于在领导过程中通过技术整合实现对教师个人成长的有效支持，并为有相似目标的教师之间的合作创造机会。在此种情形下，教师的 TPACK 水平需予以着重考虑。此外，与城镇地区相比，农村地区的教育信息化投入较少，其技术无法有效支撑农村地区全部教师的现象较为普遍，相关问题成为我国校长信息化领导力建设面临的现实难题。

（四）搭建基于信息共享的领导支持网络

搭建基于信息共享的领导支持网络有利于实现信息资源的有效管理，其可被视为技术整合的重要目标，也是校长信息化领导力建设的重要方向。技术的引进伴随着教育人员、学生和家长创造共同愿景和共同目标的机会，这些机会包括但不限于数字技术的整合。共同愿景的创设以及共同目标的实现离不开基于信息共享的领导支持网络的有效支撑，校长的信息化沟通能力已成为校长技术整合能否成功且有效的关键影响因素。技术整合不仅仅是校长个人之事，也依赖于基于信息共享的领导支持网络。G. Kearsley 和 D. Lynch[③]建议技术用户具备这样的基本观念：缺乏创新和意识共享必然导致失败。校长必须与教师、学生等学校成员讨论他们使用信息和通信技术的感受，以便建立一个良好的信息技术支持氛围及健全的领导支持网络。如此一来，作为领

①　赵磊磊，代蕊华.校长的信息化领导力与领导效能：内涵、特征及启示[J].教师教育研究，2016，28（5）：49-56.

②　EISENBERG M, JACOBSON-WEAVER Z. The work of children: Seeking patterns in the design of educational technology[J]. International Association for Development of the Information Society,2018(3): 83-94.

③　KEARSLEY G, LYNCH D. Educational technology: Leadership perspectives [M]. New Jersey: Educational Technology Publications, Inc. ,1994.

导者,校长可通过了解师生的需求、愿景来协调利益相关者的价值观念并致力于达成目标。因此,校长信息化领导力的建设决不可忽视学校成员间的信息化沟通与交流,应致力于将创造性的技术方法应用于文件共享、资源传递、教学互助等多个教育环节,并带动教师、学生等利益相关者分享其技术适应经验与体会,以便校长通过技术反馈最大限度地调整技术整合模式。

四、校长信息化领导力的建设定位

角色责任是发展有效技术领导模式的起点,其与实现有效技术整合的目标有关(提升学生学习有效性、拓展公平的参与渠道、实现有效的教师专业发展和搭建基于信息共享的领导支持网络)。基于技术整合目标,笔者提出了我国校长信息化领导力建设的定位角色,即技术整合角色:学习领导者、学生权利的领导者、教师能力建设的领导者、信息资源管理的领导者。

(一)学习领导者

作为学习领导者,校长必须透彻理解技术与学习的关系,特别是如何通过技术应用培养学生的高级技能。作为教学领导者,校长必须不断地集中精力将技术应用于这些更高层次的成果(一般集中体现于学生的沟通、探究、决策和问题解决方面),而不仅仅是基本操作、知识和概念的培养。与之相对应,鼓励教师不断反思来引领实践,为所有教师、学生和家长提供有意义的学习机会,培养学生解决问题、互相协作和使用信息技术手段进行知识建构的能力,成为校长信息化领导力建设的学习领导目标。在鼓励教师不断反思来引领实践方面,校长需引导教师通过展示电子公报来发展个人信息与通信技术技能,致力于学生学习能力的有效提升。在为所有教师、学生和家长提供有意义的学习机会方面,校长需鼓励技术的创新应用,及时利用技术为教师和学生提供发展机会,并通过制订教师专业发展计划,鼓励协作开展行动研究项目,最大限度地提升教师的信息化教学素养,并致力于通过学生技术应用项目提升学生的问题解决能力、有效沟通能力以及信息技术技能。在培养学生解决问题、互相协作和使用信息技术手段进行知识建构的能力方面,校长需聚焦于信息化教学,并尝试在学生发展项目及教师培训项目中促进信息技术的有效应用,引导教师参观学习信息技术教学经验丰富的学校,尝试引进最大限度为学生提供学习机会的软件,并致力于在核心课程的技术应用中提升教师的信息技术与学科教学整合能力。校长信息化领导力建设应以学习领导者角色的塑造作为技术应用的首要取向,校长在技术与教学整合方面实现有效领导的尝试,有利于在学生学习能力、学习素养提升方面使技术的应用价值最大化,技术服务与学习过程的交互也需校长通过自身的技术领导实现价值观的引领与传递。

（二）学生权利的领导者

作为学生权利的领导者，校长应着重关注获得技术的公平性的重大问题，确保每个教师为学生提供学习适合其年龄发展技术技能的机会。校长应关注性别、经济背景等影响学生使用信息技术的因素，引导教师针对不同学生的特殊需要（如情感需求、社会需求等）与实际情况，制订个人发展计划，标注特定内容的修改和对教学方法的改动，与教师一起来反思这些计划，并鼓励信息技术的创造性运用以便满足学生特殊的学习需要。从校长信息化领导力建设的角度来说，作为学生权利的领导者，校长需保证为全体学生提供技术资源和能够公平参与学习的渠道，并引导师生运用民主原则使用技术工具。一方面，校长需确保全体学生具有丰富的技术应用经验及技术教育机会，避免出现挑选特定群体的学生接受信息技术教育的现象，并尝试为家里没有电脑的学生提供技术服务，购买吸引大多数学生的软件；另一方面，校长需尝试提高教师的技术公平意识，奖励为学生提供有意义的信息和通信技术经验的教师，扭转教师在技术应用方面的定势思维，引导教师基于学生需求制订学习计划，并致力于驱动技术开发商基于学生特点和需求开发程序，以便学生在需要时能够便捷地使用技术。

（三）教师能力建设的领导者

一般而言，许多学校的技术决策过程一般是从由个别"常驻专家"主导，延伸到随着教师参与信息化课程教学机会的日益增多，教师也开始共同参与技术决策过程。因此，校长成为支持全体教师技术与学科教学整合能力建设的领导者。作为教师能力建设的领导者，校长需充当一个积极的技术变革代理人，与学校管理人员、教师、技术委员会共同规划利用技术推动教师专业发展的愿景及具体目标，致力于提升教师的技术领导能力与信息化教学能力。从教师能力建设的领导者角色塑造来看，校长信息化领导力建设需关注如何在技术决策、采纳与使用中通过合作和分享实现技术领导能力的共同建设。一方面，在规划信息技术学习与应用的共同愿景方面，校长需鼓励教师参与愿景和目标的制定，鼓励教师更多地参与到技术决策制定中，并鼓励在工作人员中实施技术导师或教练合作制，引导教师在技术导师或教练的指导下共同参与技术整合过程，以便提升教师的信息化愿景规划能力；另一方面，在发挥全体教师的技术领导能力方面，要提高技术决策和信息化教学中的教学人员参与度，尝试构建技术委员会、信息管理委员会等技术领导组织，充分调动教师的技术领导积极性，并致力于提升教师的技术领导责任感。此外，在鼓励冒险、创造与合作的学校文化方面，校长需鼓励教师积极利用社区资源实施技术整合，支持与鼓励教师的冒险和创新意识，向教师群体介绍优秀且成功的技术应用案例,并支持和鼓励教师在技术整合中做到技术创新应用能力的有效提升。

(四)信息资源管理的领导者

作为技术整合的重要目标,搭建基于信息共享的领导支持网络在一定程度上要求校长成为信息资源管理的领导者。在信息资源管理的领导者角色塑造方面,校长的信息化领导力建设需关注技术集成所需信息资源的共享与建设,其不仅包括与技术整合方面的利益相关者进行信息沟通,而且涉及如何开发支持查询和协作的计算机网络、如何保障教师和学生的技术使用需要。一方面,校长需与其他利益相关者就技术整合的意见与想法进行信息沟通,确定技术应用的支出优先事项,致力于为学生和教师提供实现信息和通信技术成果所需的技术资源,保障学生和教师能够根据需要访问技术资源,并可以轻松地保存、下载和共享文件,例如可制订技术计划(包括购买、维护和更换设备的计划),鼓励安全上网,监控学生在电脑上的活动,开展所有设备的定期维修工作;另一方面,校长需关注如何开发支持查询和协作的计算机网络,确保网络设备运转良好,设置文件保存和文件共享权限,以便保障学生可以轻松地进行协作以及与教师之间的信息共享。此外,在保障教师和学生的技术使用需要方面,校长需致力于为每位教师提供联网计算机,签订采购协议和维修合同,并寻求高质量设备的捐赠,以便保障学生能够有效利用技术进行信息化学习以及教师能够利用数字技术进行记录、备课和交流。

第三章 技术整合:校长信息化
领导力建设的理论基础

教育信息化的推进为校长专业发展带来了机遇与挑战。在教育信息化背景下,校长信息化领导力的源起、发展与建设问题亟须被予以关注与深思。技术整合视角为校长信息化领导力的发展提供了新的思路与契机,通过梳理技术整合研究的文献,本研究提出了校长在技术整合领域的领导框架。信息通信技术引发了从工业时代向知识经济时代转变所必需的公立学校系统变革。不可避免地,教师和校长感到了变革的压力,校长的作用和责任也发生了重大变化与转向。如果将技术整合视为学校改革运动的一部分,那么校长亟须充分利用发展契机培养教育信息化所需的领导技能与能力[①]。换言之,中小学技术整合的有效推进亟须校长信息化领导力的建设与提升。在中小学校长的教育实践中,如何以技术整合为突破口,从思考技术与学校教育整合到思考技术与校长领导整合,促使在技术整合的范畴中将技术融入校长的领导力结构之中,将是校长信息化领导力建设研究的重要议题。技术的发展具有动态性,校长信息化领导力的建设也需以动态的视角予以审视[②]。在未来的校长信息化领导力研究中,如何不断基于技术的动态变革赋予校长信息化领导力建设新的目标与角色,将有可能成为校长信息化领导力研究的热点和趋势,而相关研究的完善将有助于我国中小学教育信息化进程的有效推进。

教育信息化是教育系统性变革的内生变量,作为学校的核心领导者,校长需积极发挥信息化领导力的作用,及时应对信息技术变革。2018 年 4 月 13 日,教育部出台的《教育信息化 2.0 行动计划》强调,身为学校关键成员,校长需及时应对人工智能、教育大数据、5G 等信息技术带来的机遇与挑战,在破解教育信息化发展困境方面发挥关键作用。[③] 校长信息化领导力是教育信息化领导力研究的核心议题。一般而言,校长信息化领导力可被视为校长引导组织成员学习与

---

① 赵磊磊,赵可云.校长信息化领导力对校长领导效能作用机制的实证研究——基于结构方程模型的调查分析[J].现代远距离教育,2016(3):68-73.

② 郅庭瑾,赵磊磊.校长的信息化领导力如何影响学校的信息化效能——基于结构方程模型的实证分析[J].现代远距离教育,2016(2):63-69.

③ 中华人民共和国教育部.教育部关于印发《教育信息化 2.0 行动计划》的通知[EB/OL].(2018-04-18)[2019-12-16].http://www.moe.gov.cn/srcsite/A16/s3342/201804/t20180425_334188.html.

应用技术,并借助技术团队的努力构建学校技术愿景、实现技术有效应用的领导能力。[①] 以往的校长信息化领导力研究主要涉及现状分析、影响因素、对策建议等方面[②],而有关破解校长信息化领导力在实际情境中遭遇的技术整合困境研究依然空白。《教育信息化"十三五"规划》也明确指出了这一问题·文件指出:须清醒地认识到,信息化与教育教学"两张皮"的现象仍然存在,广大师生和教育管理者的应用动力有待进一步激发[③],进而提出了校长应在信息技术与教育教学整合方面发挥领导作用。因此,本研究尝试从技术整合的视角出发,针对校长信息化领导力建设的若干关键议题,从技术整合的层次、能力和方向三个维度思考如何在技术整合中推动校长的信息化领导力建设。

第一节　技术整合层次:校长信息化领导力的建设层次

从技术整合的视角来思考校长信息化领导力建设,需要首先处理好信息化领导力建设的技术整合层次问题。因为从班级到学校再到社会,校长技术整合的实践空间不断发生层次变化,而如果技术整合的层次不同,校长信息化领导力的建设定位一般也不同。C. Dimmock[④] 主张,领导是广泛散布于整个学校的渗透过程。近年来,分布式领导在教育领导领域备受关注,成为许多学校、组织相当看重的领导形态。分布式领导的倡导不仅有助于校长信息化领导力的施展,也可作为校长信息化领导力建设定位的重要理论基础。实际上,校长信息化领导力已经越来越体现分布式特性。[⑤]

技术整合层次如何为校长信息化领导力的建设定位提供方向与参照? 此问题的解决需要厘清校长专业职能与信息化领导力建设之间的逻辑关系。也就是说,对校长信息化领导力的理解离不开对校长的技术角色与影响力的界定与审视,且校长信息化领导力层次的划分要基于对校长角色与影响力的理解。新专业主义理论强调学校领导者可与同事、学生及家长形成合作、密切的

①　孙祯祥,任玲玲,郭旭凌.学校信息化领导力的概念与评价研究[J].电化教育研究,2014,35(12):34-40,62.

②　WEBSTER M D. Philosophy of technology assumptions in educational technology leadership[J]. Educational Technology & Society,2017,20(1):25-36.

③　中华人民共和国教育部.教育部关于印发《教育信息化"十三五"规划》的通知[EB/OL].(2016-06-07)[2019-12-16]. http://www.moe.gov.cn/srcsite/A16/s3342/201606/t20160622_269367.html.

④　DIMMOCK C. Formulating a research agenda in school leadership and organisational change for school improvement in Singapore[J]. School Leadership & Management,2011,31(4):321-338.

⑤　TILLEY C L,CALLISON D. Preparing school library media specialists for the new century:Results of a survey[J]. Journal of Education for Library & Information Science,2001,42(3):220-227.

关系。① 换言之,校长如果想要变得更专业,就必须更开放,主动走出班级、学校,与他人进行互动连接而不是仅限于强调自身的专业。对应到信息化领导力建设上,无论是班级层面、学校层面还是跨校层面,校长在技术整合时需要形成不同层次的信息化领导力,并且思考如何在这些技术整合的不同层次上实现校长信息化领导力的有效建设。② 因此,校长作为学校的信息化领导者,应当根据领导对象的不同,形成不同的技术整合层次。③

　　早期国内外研究者在探讨校长信息化领导力的领导对象时,多聚焦于校长对班级管理、学校管理的技术领导。随后有学者提出,校长的信息化领导应走出学校,以产生更大的影响范围,比如可涉及班级层面、学校层面和社会层面。④ 本研究从上述观点中获得启发,试将校长信息化领导力的技术整合划分为三个层次(图 3-1):第一层次为班级内技术整合,指的是校长在班级运营、课堂教学、师生互动等方面的领导;第二层次为校内技术整合,指的是校长能走出班级,注重学校服务与影响力发挥;第三层次为校外技术整合,指的是校长的信息化领导力拓展至学校外,跨校或为社区及社会提供信息化服务并产生影响。

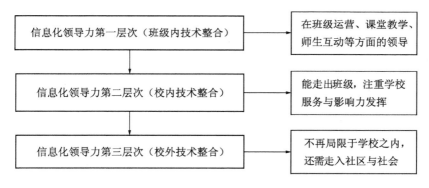

图 3-1　校长信息化领导力的三个层次划分

　　① HARGREAVES A. Inclusive and exclusive educational change: Emotional responses of teachers and implications for leadership[J]. School Leadership & Management,2004,24(3):287-309.

　　② HANSON-BALDAUF D, HASSELL S H. The information and communication technology competencies of students enrolled in school library media certification programs [J]. Library & Information Science Research,2009, 31(1):3-11.

　　③ BUCKLAND M K. Library technology in the next 20 years[J]. Library Hi Tech,2017,35(1):5-10.

　　④ CALVERT P. Technology and the school library: A comprehensive guide for media specialists and other educators[J]. Electronic Library,2011,29(1):153-154.

一、班级层面技术整合：校长信息化领导力建设的起点

对校长信息化领导力建设而言，班级层面的技术领导与影响是校长的本职工作，班级层面的技术整合是校长信息化领导力建设的起点。作为第一层次的校长信息化领导力，校长应把技术整合的"根"留在班级管理内，思考如何利用技术促进数字资源建设、公共服务平台建设、信息系统建设、学习支持系统建设，从而更好地服务全校的班级管理和课堂教学，并利用信息技术把班级管理做好，把课堂上的每位学生教好。于班级管理目标的校长信息化领导力技术整合而言，这一层次是较为常见且基本的技术整合层次，也是教育信息化背景下校长的基本职责。

二、学校层面技术整合：校长信息化领导力建设的支点

有研究指出，影响学生成就的校长角色主要是校长的校内技术领导角色。[①] 过往多数校长聚焦于班级管理、课堂教学等方面的技术应用或信息化建设，但随着智能技术、5G 技术等新技术的发展，校长还需要在数字资源建设、信息素养教育、教师专业学习、学习辅助、科研支撑等方面承担更多班级管理及课堂教学之外的领导责任[②]，这就要求校长除了在班级层面进行技术领导外，还要突破班级层面，进而从事更多的学校技术整合工作，这便是校长信息化领导力第二层次的概念。如此一来，校内技术整合成为校长信息化领导力建设的重要支点。在校内技术整合方面，校长可为师生、管理人员提供获取和利用各种信息资源的机会，提升师生信息素养，发展师生信息技术技能，并动员学校管理人员、教师将技术手段应用于教育教学及管理活动[③]。

三、校外层面技术整合：校长信息化领导力建设的突破点

学校并非封闭的孤立系统，校长应走出校园，以在教育上发挥更大的技术影响力。[④] 第三层次的校长信息化领导力指的是校长扮演参与教育改革、推

①　赵磊磊. 校长信息化领导力的影响因素及培养路径[J]. 现代远距离教育，2017(1)：44-50.

②　CALVERT P. Technology and the school library：A comprehensive guide for media specialists and other educators[J]. Electronic Library，2011，29(1)：153-154.

③　POWELL J M. School library media specialists' perceptions of collaboration，leadership and technology[D]. TamPa：University of South Florida，2013：230-257.

④　WENG C H，TANG Y. The relationship between technology leadership strategies and effectiveness of school administration：An empirical study[J]. Computers & Education，2014，76(8)：91-107.

动学校革新、建立跨校影响力的领导角色，弘扬社会责任，使校长的能量发挥不再局限于学校之内，而是走入社区与社会。① 因此，校长在信息化领导过程中需要担任学校与其他人员或机构沟通的桥梁，成为跨校技术整合领域的领头羊。这不仅是技术领导的愿景，也是学校信息化领导力的延伸和关键突破。校长信息化领导力与学校信息化环境、教师群体、学生群体和校外关联人员都存在紧密关联性②，校外技术整合对校长专业发展与学校教育信息化乃至学校教育教学资源的扩展至关重要，一方面，其有助于校长通过与外校、校外机构、社区等方面的互通互联发挥自身的技术影响力；另一方面，学校可以通过参与跨校虚拟学习社群、跨校网络资源建设等方式吸纳社会资源。

第二节　技术整合能力：校长信息化领导力的建设内容

技术元素本身极具变化性，随着人工智能、教育大数据、学习分析等教育技术方式的不断更新与发展，教育领导能力也被不断赋予新的内涵。在以信息为导向的社会中，校长信息化领导力的建设必须关注技术整合能力。首先，从技术整合行为方面来说，技术整合必须能够支持、学习、示范信息技术，组成合作团队，鼓励将技术用于解决问题及决策，将信息技术应用于与教育教学的整合，并进行目标规划、政策设计和预算控制等方面的行为活动。其次，从技术整合目标方面来说，技术整合的目标是将技术融入组织运行与管理之中，使信息技术有效能地服务于教学实践和发展策略，进而达成美好的教育愿景。③为了更清晰地剖析校长信息化领导力的建设内容，本研究将对技术整合行为、技术整合目标的分析置于校长技术整合能力的具体解读之中，尝试从学者在技术整合行为、技术整合目标各层面表述的内容中，抽取出共同的概念，并梳理出校长身为技术领导者需具备的技术整合能力，即校长信息化领导力建设应着重关注的基本内容，具体分为以下若干方面。

---

① JOHNSTON M P. School librarians as technology integration leaders: Enablers and barriers to leadership enactment[J]. School Library Research, 2012(15):1-33.

② 赵磊磊.农村校长信息化教学领导力的影响因素及提升路径——基于技术接受视角的实证研究[J].湖南师范大学教育科学学报,2018,17(5):25-32.

③ DEES D, MAYER A, MORIN H, et al. Librarians as leaders in professional learning communities through technology, literacy, and collaboration[J]. Library Media Connection, 2010(29): 10-13.

一、技术与教育发展规划的整合力

S. M. Adams 和 J. W. Weiss[①] 指出,学校领导者在推动技术领导时需要有明确的信息化发展规划,也需充分利用信息技术方式为学校教育规划提供决策支撑。为此,校长信息化领导力建设需有效提升技术与教育发展规划的整合力,明确技术应用方向,并构建技术发展与应用愿景。一方面,校长需制订技术发展及应用计划;另一方面,校长也需尝试利用舆情智能分析、在线建议采纳箱、管理互动平台等技术方式充分调动学校成员参与学校发展规划的积极性,收集学校成员对学校教育发展的态度、看法、愿景及建议,使得学校教育教学规划的制订能够充分满足利益相关者的实际需求,满足其教育期待,进而形成积极正向的教育发展愿景及方向。

二、技术与教育领导技巧的整合力

G. D. Bailey[②] 指出,信息化领导是领导者所必须使用的领导技巧,此种领导技巧需思考如何合理应用新兴的教育技术,以有效促进学校发展。校长需注重技术训练,提高技术操作技能,以形成技术与教育领导技巧的整合力。一方面,校长需注重学校信息化发展规划执行方面的领导技巧运用,为学校成员的技术应用提供方向及支持。为此,校长需在信息化领导的过程中注重激发学校成员的技术期待,引导学校成员根据学校信息化愿景树立自身技术应用的目标并确定方向,为学校成员提供技术应用方面的策略指导及资源支持。另一方面,校长需筹措资源,为信息化发展规划的有效落实提供资源保障。计划的拟定及落实需以配合的经费支援与数字资源作为基础支撑,校长既需要对内做好技术预算的相关工作,也需对外争取补助资金、技术资源、技术支持等,以便确保学校的支持应用计划顺畅执行。

三、技术与教育公共服务的整合力

校长需明确教育公共服务的核心关注点,在教育公共服务中整合技术,改善教育服务质量。一方面,师生服务是学校管理的核心环节,校长需促进信息技术与教学或学习的深度融合。校长可在数字资源共享、移动学习服务、智能

---

　　① ADAMS S M, WEISS J W. Gendered paths to technology leadership[J]. New Technology Work & Employment,2011,26(3):222-237.

　　② BAILEY G D. What technology leaders need to know: The essential top 10 concepts for technology integration in the 21st century[J]. Learning & Leading with Technology,1997,25(1):57-62.

教学服务等方面推动技术整合,并借由系统性与结构化的分析挖掘影响学习成效或教学成效的因子,以便通过技术使用及技术改善来实现教育公共服务质量的最大化提升。[①] 另一方面,校长应持续提升自身在技术感知、操作、应用等方面的能力,并思考如何通过技术引领提升学校成员的教育公共服务能力。校长不仅需要关注自身信息素养能力的培养与精进,也要思考如何通过技术培训、技术讲座、技术研讨等方式提升学校成员的信息素养,进而帮助管理人员、教师更好地利用技术来改善教育服务质量。

四、技术与教育教学评价的整合力

D. Deryakulu 和 S. Olkun[②] 指出,学校领导者在技术整合过程中需发挥如下作用:发展共同愿景,反思愿景的实现过程;提供支持,以便促进成员专业发展;发现学校发展问题,并思考如何改进技术。无论是愿景反思,还是学校发展问题的发现,均需要校长具备技术与教育教学评价的整合力。一方面,校长应注重智能监测、大数据分析、在线评测等方式在学校教育服务监测、评价及改进等方面的运用。技术本身具有两面性,若技术应用超越了相应的规范,则易引发盲目应用技术、过度应用技术、技术效能不高等问题。因此,校长应确保技术与教育教学评价的整合符合规范性和需求性,以便保障公共服务的规范性与合理性。另一方面,校长需重视信息化评价的伦理反思,以便保障公平和正义。虽然校长在学校信息化评价方面扮演领导角色,但其不可忽视师生数据隐私及网络安全,校长需确保在不违反相关法律与制度的基础上使用技术,也需思考信息化评价方式在具体环节的适用性和合理性。

第三节　技术整合方向:校长信息化领导力的建设路径

从技术整合层次到技术整合能力,均是对校长信息化领导力在理论层面的剖析与解读,至于校长信息化领导力如何从理论层面落地,并在实践中发挥成效,则需要关注校长信息化领导力的建设路径即技术整合方向。已经有学者尝试分析了影响校长技术整合的促进因素和障碍因素。促进因素有校长灵

---

① GIBSON I W. Leadership, technology, and education: Achieving a balance in new school leader thinking and behavior in preparation for twenty-first century global learning environments[J]. Journal of Information Technology for Teacher Education, 2002, 11(3):315-334.

② DERYAKULU D, OLKUN S. Technology leadership and supervision: An analysis based on Turkish computer teachers' professional memories[J]. Technology Pedagogy & Education, 2009, 18 (1):45-58.

活的技术整合策略、校园里和谐的技术制度、充足的资金、专业协会的支持以及功能性技术设备等,障碍因素包括缺乏教育资源需求分析意识、缺乏技术专长、师生信息素养较低、资金和设备有限等。[①] 基于技术整合促进因素与障碍因素的考量,本研究认为,校长信息化领导力的建设路径应关注以下方面。

一、拟定技术整合策略,构建智慧型校园

在经济全球化、高新技术迅猛发展的背景下,产业融合、信息和网络技术对校园变革提出了新的要求。从传统校园到数字校园再到智慧校园,信息技术赋能校园建设,实现了校园形态的进阶式变革。校长信息化领导力的建设应关注此背景,迎接信息技术带来的新挑战,拟定较佳的技术整合方案,以建设智慧校园,并推动校园形态迭代升级。[②] 新媒体、大数据分析、人工智能等信息技术通过赋能校园建设,促使校园在智慧服务方面实现有效发展,且不同技术赋能校园的方式存在差异。新媒体的应用促使校长的管理及沟通渠道得以拓展,也为管理服务提供了便利。大数据分析为了解与把握师生需求、喜好、行为提供了基本的服务支撑。人工智能在校园建设、教育资源整合、课程教学等方面提供了更多智慧型服务。为拟定技术整合策略,构建智慧校园,一方面,校长需要在制订技术整合策略前把握新媒体、大数据分析、人工智能等关键技术应用的实际价值,深入了解发展趋势,并根据学校实际需求引入与应用技术;另一方面,校长也需根据学校技术整合困境,调整技术应用思路。技术在学校中的应用适切性有可能因教育关系的变化而变化,校长在调整技术应用思路方面也需动态把握信息技术的当前价值与劣势,及时引入更具价值、更为适合的技术方式,方能不断满足智慧校园变革的动态技术需求。

二、关注师生教育资源需求,注重数字资源建设与共享

数字资源的建设与共享不可盲目而为,只有基于师生需求的资源建设与共享方能真正为教育发展提供人性化服务。关注师生教育资源需求,注重数字资源建设与共享,既是校长信息化领导力建设路径的主要关注点,也是校长技术整合力形成与发展的关键影响因素。第一,在数据资源生成方面,注重稳定的学校教育数据采集,以推动数据资源的智能生成。校长可借助大数据分

①   RODZVILLA J. A review of "technology and the school library" [J]. Journal of Web Librarianship, 2013, 7(1):118-119.

②   XU L. The Internet of things technology application and the intelligent library[J]. Applied Mechanics & Materials, 2014(571-572):1180-1183.

析、智能监测等方式提升师生数据资源采集及分析的准确性，以便精确了解师生的教育资源需求。第二，在资源共享方面，学校可通过对师生资源需求、资源使用行为等方面的智能监测及评量，动态地把握师生教育资源需求的变化轨迹，以便更好地进行资源传递及供给。可尝试通过云端存储、人工智能等技术将书面数据转码为常用的数字形式，实现资源的智能调取和快速共享。第三，在资源建设方面，学校应着重建立智能式的网络信息资源管理系统，具体包括学生资料库、数字资源资料库、学科资料库、信息检索课程库等部分。可基于知识管理理念，利用技术手段将教育资源的相关知识与信息进行联结与分享，也可在资料或资源整合的过程中，促使师生通过资料或资源的搜集与分析，选择最符合经济与时间效益的方式来解决教育教学问题。

三、打造智慧教育空间，加强师生信息素养培养

信息素养是影响学校信息化发展的关键因素，智慧教育空间是当前发展师生教育关系的新活动空间。一般而言，信息素养的培养需依托实践层面的信息技术环境。作为教育活动场域，智慧教育空间的场域影响可助力师生信息素养的培养。校长信息化领导力建设应考虑利用智慧教育空间建设的契机来加强师生信息素养的培养。第一，在学生网络学习环境方面，校长应利用大数据分析、人工智能等技术促进网络学习应用服务的优化，促使学生通过应用终端的体验来反思信息技术的优势、特征、问题及改进策略等，以此提升学生的信息素养；第二，在课程教学环境方面，校长需注重推动5G、人工智能等技术与课程教学环境的深度融合，尝试在基础设施、支撑平台等方面拓展智慧教育空间，并在教学资源呈现、课堂监测、学情分析等方面为教师提供智慧服务。校长可吸引社会单位及机构与学校进行技术合作，并组织专业的技术人员帮助教师排除技术困难，逐步提升教师在利用信息技术开发教学课件、实施教学评价等方面的信息素养。

四、注重制度约束，引领信息技术的教育应用方向

信息技术为教育教学打开了一个新的视野，然而也需承认目前技术的局限性和其双刃剑特征。为此，校长信息化领导力建设不可忽视技术制度体系的约束作用。强调技术制度的约束作用，是为了以制度建设确保信息技术教育应用方向的合人文性、合规范性和合伦理性，帮助学校管理者和应用技术的师生有效防止、识别及应对信息技术教育应用带来的伦理挑战和风险。第一，校长需建立信息技术教育应用方案的决议制度。技术应用的决议是集思广益的教育决策过程，不可将其简化为一套技术交付、控制和评估的程序。为避免

产生不符合师生利益的技术方案,校长应鼓励提出不同意见,并进行开放讨论。当对技术教育应用的自由讨论受到任何形式的压制时,校园建设便会因技术操纵和知识扭曲而影响教育进步。为此,校长需要同时解决好两个问题:一是通过恰当形式的投票与评价来产生最优决定,二是技术应用方案的选择需取决于决策空间的特殊性、备选方案集的大小、决策速度以及对可解释性和可复制性的需要。第二,校长应建立技术算法及伦理的监管制度。随着技术的应用,技术系统在为师生带来便利的同时也产生了众多隐私数据,技术会因算法的局限性产生一定的决策偏差。例如,智能教学决策支持系统因数据采集的不足可能有性别偏见(因为它们是基于对过去存储数据的分析)。为此,可由校长牵头,协同技术开发商、专业测试员等人制定有关技术算法测试及技术应用的伦理监管规范,以便能最大限度地保障技术服务的精确性、隐私安全性及伦理规范性。

综上,校长是教育教学服务的关键领航者,提升校长信息化领导力的目的不仅在于推动校长专业发展,更在于提升学校效能。[①] 从技术整合的角度来说,校长信息化领导力的建设需关注技术整合层次、能力与方向,尤其要关注如何通过实践路径作用于学校从而产生作用成效。因受学校管理制度、技术需求、学校成员技术接受程度、技术扩散力度等不同因素的影响,校长信息化领导力的实践过程极具变化性。因此,本研究提出的建设路径仅为一般性或基础性的实践路径,实际意义上的校长信息化领导力的建设路径需要根据具体环境进行选择和改变。在各中小学校,学校行政、教学管理、课堂教学、教学评价等校园建设板块在技术整合方面各有特殊性与差异性,这无疑增加了校长对技术整合过程的领导难度。因此,校长的信息化领导力建设应注重整合实践的具体环节和对技术细节的把握。校长要构建"宏观引导＋微观把握"的协调运作机制,让宏观制度和政策引领与对具体领导情境的把握成为技术整合视域下校长信息化领导力建设的"双保险"。随着技术整合与信息化领导实践的不断深化,关于校长信息化领导力的建设定位、建设内容、建设路径在未来将有可能实现更为精细的界定与分析。此外,在未来研究中,校长信息化领导力的建设路径优化也值得进一步探索。

---

　　① 赵磊磊,梁茜.技术整合:校长信息化领导力建设的新视角[J].教师教育研究,2018,30(5):107-113.

第四章 内外联动:校长信息化领导力的影响因素

校长信息化领导力的影响因素必然涉及内外两个层面,因此很有必要从内外联动的角度分析校长信息化领导力的影响因素。从外在影响的角度来说,校长信息化领导力的发展本质上是一种技术接受的过程。本研究对技术接受与校长信息化领导力的关系作出分析,并探究了技术接受视角下校长信息化领导力的培养路径。从内在影响的角度来说,心理资本是影响校长信息化领导力发展的主要内在力量。本研究对校长心理资本与校长信息化领导力的关系作出分析,提出了指向校长信息化领导力培养的心理资本开发建议。

第一节 技术接受:校长信息化领导力的外在影响因素

校长是学校信息化发展的重要决策者,其对教育信息化的理解与实践是信息技术在基础教育中得到有效应用的关键性影响因素[①]。校长作为领导者,其信息化领导力对学校的信息化发展至关重要[②]。为促进中小学校长专业发展,相关学者从课程、实践等多个方面提出中小学校长信息化领导力的发展策略,但相关策略缺乏统一性与系统性,且很少有学者从技术接受的角度来思考与分析校长信息化领导力的外在影响因素。从一定程度上来说,校长信息化领导力是信息技术融入教育领导过程中形成的一种复合型能力,并且技术融入的关键在于技术接受。因此,从技术接受角度分析校长信息化领导力的外在影响因素具有理论层面的合理性。

一、技术接受与校长信息化领导力的关系

以技术接受模型为分析视角,校长信息化领导力发展过程其实就是技术灵活地运用于领导行为的过程。在领导实践中,校长通过对技术知识的认知(包括感知有用性和感知易用性),决定是否接受技术(即使用态度),在决策的

[①] 康翠,王斌,常新峰.中小学校长信息化领导力提升现状的实证分析——基于江苏省三市177位农村中小学校长的调查[J].现代教育技术,2015(12):40-45.

[②] 郅庭瑾,赵磊磊.校长的信息化领导力如何影响学校的信息化效能——基于结构方程模型的实证分析[J].现代远距离教育,2016(2):63-69.

基础上将技术运用到何种具体的领导情境（即领导行为意向），并根据具体的领导情境中出现的问题进行合理反思，积极探索信息技术在学校领导领域运用的优势和不足。当信息技术、领导力整体呈现出二者关系的相对平衡性时，校长的信息化领导力水平就可以得到一定程度的提升。基于上述分析，本研究尝试将感知有用性、感知易用性、使用态度、领导行为意向纳入校长信息化领导力影响因素模型，分析中小学校长信息化领导力的影响因素，以便深层次解析信息技术融入领导力的具体过程。基于技术接受模型，本研究列出以下研究假设，以便通过结构方程模型分析和验证感知有用性、感知易用性、使用态度、领导行为意向对校长信息化领导力的影响效应。

研究假设（H1）：感知有用性对使用态度具有直接的正向影响效应；

研究假设（H2）：感知易用性对使用态度具有直接的正向影响效应；

研究假设（H3）：感知易用性对感知有用性具有直接的正向影响效应；

研究假设（H4）：使用态度对领导行为意向具有直接的正向影响效应；

研究假设（H5）：感知有用性对领导行为意向具有直接的正向影响效应；

研究假设（H6）：领导行为意向对信息化领导力具有直接的正向影响效应。

基于以上研究假设，本研究构建了基于 TAM 的校长信息化领导力影响因素模型（图 4-1）。

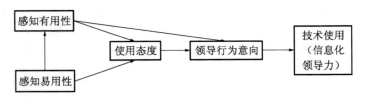

图 4-1　基于 TAM 的校长信息化领导力影响因素模型图

为了验证上述路径关系，本研究尝试通过问卷调研收集数据，并利用结构方程模型分析法进行路径分析。本章从信息技术能力[①]、信息化规划能力、信息化管理能力和信息化评估能力四个维度设计校长信息化领导力（informationization leadership，IL）的测量量表，并分别从感知有用性（perceived usefulness，PU）、感知易用性（perceived ease of use，PEU）和使用态度（use attitude，UA）、领导行为意向（leadership behavior intention，LBI）

四个方面设计测量量表(采用李克特五点量表法计分)。测量量表共有 24 个题目,其中感知有用性有 4 个题目,感知易用性有 4 个题目,使用态度有 4 个题目,领导行为意向有 4 个题目,信息化领导力有 8 个题目。

基于测量量表,本研究选择中小学校长作为调研对象,以在校长培训班实地发放问卷为调查方式,共发放问卷 370 份,回收问卷 367 份,其中有效问卷 365 份。利用 SPSS 19.0 软件对正式调查问卷进行信度及效度分析,问卷的信度与效度均通过检验。之后,利用 Amos 软件进行结构方程模型分析,检验结果为:H5 假设未通过检验,RMSEA 为 0.097,大于 0.08 的最高上限,TLI rho2(0.638)、CFI(0.718)值均未达到 0.90 的理想值,其模型的拟合度较差。经过模型修正,去除了因子载荷较低的观测指标,结构方程模型检验结果(表 4-1)符合 SEM(structural equation modelin,结构方程模型)的拟合标准,得到校长信息化领导力影响因素的结构方程模型图,如图 4-2 所示。修正后的模型增加了 PU 对 IL、PEU 对 LBI 的作用路径。

表 4-1　　　　　　　校长信息化领导力影响因素的模型检验结果

模型	NFI Delta1	RFI rho1	IFI Delta2	TLI rho2	CFI	RMSEA
默认模型	0.931	0.912	0.952	0.939	0.952	0.076

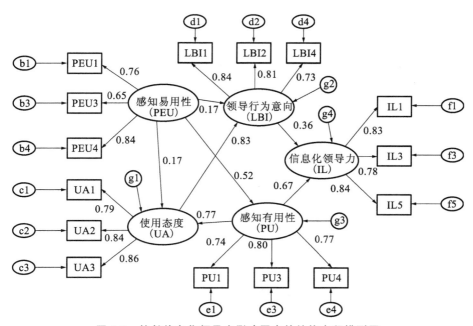

图 4-2　校长信息化领导力影响因素的结构方程模型图

从全部作用关系(表 4-2)的角度来看,感知有用性、感知易用性、使用态度、领导行为意向均是信息化领导力的影响因素,其中感知有用性对校长信息化领导力的作用效应最大(路径系数为 0.892)。

表 4-2　校长信息化领导力影响因素的标准化总效应(组号 1-默认模型)

	感知易用性	感知有用性	使用态度	领导行为意向	信息化领导力
感知有用性	0.525	0.000	0.000	0.000	0.000
使用态度	0.570	0.765	0.000	0.000	0.000
领导行为意向	0.642	0.633	0.827	0.000	0.000
信息化领导力	0.578	0.892	0.294	0.355	0.000

从直接作用关系表(表 4-3)可知:校长的信息化领导力直接受感知有用性及领导行为意向的正向影响,校长的领导行为意向直接受感知易用性及使用态度的正向影响,使用态度直接受感知易用性及感知有用性的正向影响,感知有用性直接受感知易用性的正向影响。

表 4-3　校长信息化领导力影响因素的标准化直接效应(组号 1-默认模型)

	感知易用性	感知有用性	使用态度	领导行为意向	信息化领导力
感知有用性	0.525	0.000	0.000	0.000	0.000
使用态度	0.168	0.765	0.000	0.000	0.000
领导行为意向	0.170	0.000	0.827	0.000	0.000
信息化领导力	0.000	0.667	0.000	0.355	0.000

二、技术接受视角下校长信息化领导力的培养路径

基于以上分析,关于感知有用性、感知易用性、使用态度、领导行为意向对校长信息化领导力的影响效应,本研究得出以下 3 点结论,并针对研究结论进行讨论,提出相应的校长信息化领导力培养路径。

结论 1:感知有用性对校长信息化领导力的作用效应最大,校长的信息化领导力直接受感知有用性及领导行为意向的正向影响。

讨论 1:校长信息化领导力的提升,可直接从感知有用性以及领导行为意向两个方面着手。提升校长对技术的感知有用性,可促使校长决定是否将技术运用于领导过程之中,可对校长的信息化领导力发展产生较大的影响效应。增强校长对技术使用方面的领导行为意向,可促使校长决定将技术运用于何种领导实践,从而有效提升校长的信息化领导力。为有效提升校长的信息化领导力,提升感知有用性以及增强领导行为意向,本研究提出以下校长信息化

领导力培养路径。

　　培养路径 1：以提升感知有用性与塑造领导行为意向为培养核心。

　　结论 2：使用态度对校长的领导行为意向具有直接的正向作用效应。

　　讨论 2：在教育信息化背景下，转变校长对技术的使用态度将在很大程度上影响其审视技术应用的价值性与合理性。通过循环性的思考与分析，针对技术在领导实践中的应用，校长有可能会逐步地将技术意识渗透于其领导行为意向。鉴于使用态度对领导行为意向具有直接的正向作用效应，且领导行为意向对校长的信息化领导力具有直接的正向影响效应，可以知道使用态度对校长信息化领导力具有间接的影响效应。从一定程度上来说，技术使用态度可被视为技术感知与领导行为意向、信息化领导力的关键枢纽。鉴于此，为合理培养校长的信息化领导力，本研究提出以下校长信息化领导力培养路径。

　　培养路径 2：以改善技术使用态度为培养关键。

　　结论 3：感知易用性对感知有用性、校长的使用态度及领导行为意向均有直接的正向影响效应。

　　讨论 3：感知易用性在一定程度上表征校长在感知层面对技术难易程度的个人判断，在技术元素与校长领导力交互的过程中，其一般可发挥基础引领作用。从一定程度上来看，感知易用性可通过技术感知影响使用态度、领导行为意向、校长信息化领导力的发展。如果提升技术使用的感知易用性，校长对技术使用难易的判断也会受到相应的影响。不妨试想，若校长对技术使用不再具有明显的畏难情绪，那么技术手段在领导过程中的应用态势将有可能得以有效改观。基于感知易用性在"技术"与"领导"二维融合过程中的基础性作用，本研究提出以下校长信息化领导力培养路径。

　　培养路径 3：以提升感知易用性为培养基础。

　　基于以上校长信息化领导力培养路径，本研究尝试从以下三个方面进行具体阐述。

　　（一）以提升感知有用性与塑造领导行为意向为培养核心

　　研究发现，感知有用性对校长信息化领导力的作用效应最大，校长的信息化领导力直接受感知有用性及领导行为意向的正向影响。由此可见，校长是否感觉技术有用，对于其信息化领导力的发展影响较大，而且领导行为意向可直接影响校长信息化领导力的发展。一般而言，一项技术的应用越有用，越易于被用户接受。在校长信息化领导力发展过程中，若想有效提升校长对信息技术的感知有用性，需要校长提升自身信息技术素养。具体而言，可从理论知识学习、实践经验提炼两个方面提升校长的信息技术素养。在理论知识学习方面，校长需主动接受信息化培训和学习，可通过教育信息化理论感知和信息技术理论学习活动提升自身的信息技术知识水平;在实践经验提炼方面,校长需深入总结学校信息化实践的现实经验,进行理论批判及理论反思,审慎思考何种技术方式适宜何种领导环节,以便提升自身的信息技术能力。

校长的领导行为意向受技术使用态度直接的正向影响。意向是个体对态度对象的反应倾向,即行为的准备状态,准备对态度对象作出一定的反应,因而是一种行为倾向。如何增强校长对于技术使用的领导行为意向,可主要从把握态度对象以及激发反应倾向两个方面入手。在把握态度对象方面,校长需通过与师生和技术人员的交流,深刻了解态度对象的特征与技术观;在激发反应倾向方面,校长需增强自身的信息应用意识,通过实践努力增强信息技术能力,并尝试通过比较技术手段来鉴定技术的优与劣,以便提升自身的技术反应意识。

(二)以改善技术使用态度为培养关键

研究发现,使用态度对校长的领导行为意向具有直接的正向作用效应,而领导行为意向对校长的信息化领导力具有直接的正向影响效应,由此可知,使用态度对校长信息化领导力具有间接的影响效应。由此可见,校长对技术使用的主观态度可在校长信息化领导力的发展过程中发挥关键的"联络"作用。"使用态度"属于校长信息化领导力发展过程的技术"接受"阶段,此阶段的主要特征表现为校长赞同或者不赞同在领导过程中使用某种技术手段,并形成对某种技术手段的价值偏向。在此阶段,校长的技术使用态度不仅受技术感知有用性和感知易用性的影响,而且往往有可能受自身已有的信息技术能力、领导能力、自身信念以及学校愿景等因素的影响。

态度是个体对特定对象(人、观念、情感或者事件等)所持有的稳定的心理倾向,这种心理倾向往往蕴含个体评价。由态度的概念可知,技术使用态度主要涉及特定对象以及个体评价两个基本要素,校长对信息技术的使用态度需从特定对象(即信息技术方式)和个体评价两个方面予以改善。在信息技术方式改善方面,校长需以学校、学生、教师的特定需求作为技术改善的参照点,提升技术与其领导过程的匹配程度。合适的信息技术方式有可能对校长的技术使用态度产生较大影响。在个体评价改善方面,校长的评价方式需予以调整,以事实性的数据为评价基准,尽力避免过于主观的个人评价,着重客观评价,扬"技术之所长"、避"技术之所短",着力提升校长的技术评价水平,以便有效转变校长的技术使用态度。

(三)以提升感知易用性为培养基础

研究发现,感知易用性对感知有用性、使用态度及领导行为意向均有直接的正向影响效应,校长的信息化领导力直接受感知有用性及领导行为意向的正向影响。由此可知,感知易用性对校长信息化领导力的发展具有基础导向作用。鉴于此,本研究建议,可尝试将感知易用性作为校长信息化领导力的培养基础。校长在感知方面判断一项技术是否易用,将在很大程度上决定其对技术使用的感知有用性、使用某项技术的态度及行为意向,校长信息化领导力的形成与发展也将受到影响。校长对技术产生的感知易用性属于信息化领导力发展的技术"认知"阶段。感知易用性,反映一个人认为一个具体的系统容易使用的程度。感知易用性是由外部变量决定的。外部变量包括技术特征、校长领导特征(包括感知形式和其他个性特征)、领导任务特征、领导力结构等。这些变量往往能通过表象渗透到校长的意识中,从而促使中小学校长对技术手段形成感知。

在领导实践中,校长因感觉某种技术方式难度较大而放弃使用该技术方式的现象时有发生。校长对于技术的感知易用性,可在一定程度上影响其对技术是否有用的主观判断。从一定程度上来说,校长信息化领导力的发展离不开感知易用性的提升。而感知易用性的提升,取决于校长对技术本身是否容易使用的主观理解。由此可知,提升校长的技术理解能力有助于提升感知易用性,具体可从培养技术知识水平和改善领导环节的技术应用条件两个方面着手。在培养技术知识水平方面,校长需加强针对信息技术的作用方式、作用路径及作用功效方面的技术知识学习;在改善领导环节的技术应用条件方面,校长需审慎分析领导境脉因素(如学校环境、学生心理、教育需求、社会文化等因素),且需考虑如何根据领导境脉因素为技术应用合理创设领导情景。

第二节　心理资本:校长信息化领导力的内在影响因素

我国教育信息化建设发展虽取得显著成就,但是在教育信息化的推进过程中仍存在一些问题。其中较为典型的问题:信息化基础设施"为建而建"现象依旧存在;教育信息化建设较为注重硬件设施的信息化,而忽视"人的信息化"[1]。在学校管理、课程教学等方面缺乏有效的信息化应用,仅有"硬件的信息化"并不能使学校实现信息化发展。有效的信息化应用不但取决于硬件的信息化,而且取决于"人的信息化"。对于"人的信息化",内在层面的心理资本是否能够为信息化领导力的发展输送能量值得关注与思考。作为学校教师队伍的领导者,"校长的信息化"对于学校的信息化发展至关重要,校长心理资本

---

[1]　http://www.ouchn.edu.cn/News/ArticleDetail.aspx? ArticleId = 3b44cd96-0ebf-4715-b1de-04d50d834f3a&ArticleType=2.

与校长信息化领导力的关系也应被予以关注。

一、校长心理资本与校长信息化领导力的关系

心理资本概念的提出源于积极心理学与积极组织行为学的发展。心理资本是以积极心理学和积极组织行为学为理论基础,指个体在成长和发展过程中表现出的一种积极的心理状态。它是一种动态资源,可以随着时间推移而增长并得到维持。教师作为一种人力资源,其自身发展离不开心理资本的支撑。在教育信息化背景下,作为教师队伍的核心人物,校长是中小学信息化发展的引领者,其心理资本发展程度直接影响信息化领导力及信息化工作绩效的提升。由此,对校长心理资本与信息化领导力之间的关系予以深入分析,尝试从心理资本开发的角度探究校长信息化领导力的提升路径,便极具必要性与价值、意义。

自心理资本理论被提出以来,研究者针对心理资本的结构进行了大量的研究,诸多学者认为,心理资本的内容结构维度主要由自我效能(self-efficacy,SE)、希望(hope,HO)、乐观(optimism,OP)和坚韧性(resilience,RE)四个维度构成。自我效能、乐观、坚韧性均属于心理态度的内在表现,而希望更多的是一种心理愿景,心理态度与心理愿景系统性地构成了校长的心理资本。基于国外心理资本的已有量表[①],本研究在参考相关量表的基础上,根据校长自身特质,从自我效能、希望、乐观和坚韧性四个方面测量校长的心理资本。心理资本的评价指标如表 4-4 所示。

表 4-4　　　　　　　　　　　**心理资本的评价指标**

一级指标	二级指标	三级指标
心理资本	自我效能	SE1:我有信心分析一个长期的问题并找到解决办法。 SE2:我有信心与管理层讨论我的工作领域。 SE3:我对能为学校战略的讨论作出贡献感到有信心。 SE4:我自信有助于在我的工作范围内设定目标
	希望	HO1:如果我发现自己在工作中遇到困难,我可以想出许多方法来克服它。 HO2:目前,我正在积极追求我的工作目标。 HO3:现在我认为自己在工作上相当成功。 HO4:我能想出许多方法来完成我目前的工作目标

　　① KAPPAGODA S,ALWIS G D. Psychological capital and job performance:The mediating role of work attitudes[J]. Journal of Human Resource and Sustainability Studies,2014,2(2):102-116.

一级 指标	二级 指标	三级指标
心理 资本	乐观	OP1:当工作对我来说是不确定的时候,我通常期望最好的。 OP2:我总是看到我工作的光明面。 OP3:我对将来发生在工作上的事持乐观态度。 OP4:我对待这份工作就像"黑暗中总有一丝光明"
	坚韧性	RE1:当我在工作中遇到挫折时,我很难从中恢复过来、继续前进。 RE2:我通常在工作中设法应付各种困难。 RE3:如果有必要,我会毫不犹豫地在工作中做出自己的决定。 RE4:我面对工作压力时通常泰然自若。 RE5:我能度过工作困难时期,因为我以前经历过困难

　　问卷主要包括三个部分:第一部分是被调查对象的基本特征(如性别、工作地、担任校长的年限等);第二部分是校长心理资本的测量量表;第三部分是校长信息化领导力的测量量表,具体包括校长信息技术能力[①]、信息化规划能力、信息化管理能力、信息化评估能力等维度。测量量表每一个项目的认可度均采用从"非常不符合(1 分)"到"非常符合(5 分)"的五等级积分法,分数越高,表明认可度越高。之后进行小范围的问卷发放,进行小样本分析,经信度和效度检验,得到的问卷信度与效度均比较低,在删除 IL6、IL7、IL8 三个信度较低的测量指标后,再进行信度和效度检验,得到的问卷的信度与效度均比较高。因此,本研究以修正后的问卷作为正式调查问卷。

　　正式调查问卷以中小学校长作为问卷调研对象进行问卷调查,共计发放问卷 240 份,回收问卷 238 份,总计得到有效问卷 236 份。问卷样本涉及北京、河南、安徽、甘肃等多个地区。本研究问卷题项均通过信度和效度检验。基于调查数据,本研究尝试利用 SEM 分析法,探析校长心理资本与信息化领导力的关系。鉴于此研究议题在国内极度匮乏,本研究尝试遵循"研究假设提出—研究假设验证"的逻辑框架予以分析与探讨。

　　自我效能又可简称为信心,是指个体通过激发动机、采取必要的行动来成功完成某一项特定工作的信念。希望是指在实现目标过程中持有的一种积极

---

　　①　本研究为考虑特定情境下的研究需要,将信息技术能力单独列出,作为校长信息化领导力的组成成分,其本身属于信息技术素养的核心成分,也可在很大程度上表征信息技术素养,且由于信息技术素养涉及信息技术意识、信息技术能力等多个维度,在本节,作为一种内在力量,其作用于校长信息化领导力的过程一般较为关注通过改变信息技术能力的方式,促进校长信息化领导力变革,因此信息技术能力与心理资本之间的内在关系较为密切。因此,在进行信息技术素养表征方面,本节采用直接将信息技术能力单列的方式进行简单化处理。

的动机状态。乐观是一种积极的解释风格或归因风格。坚韧性是指个体从困境或有挑战性的情境中适应并恢复过来的能力。学术界已对心理资本的结构进行了较为细致的分析与探究,部分研究从实证研究的角度揭示了自我效能、乐观、希望以及坚韧性之间的作用关系。汪柳妹[①]的研究表明,职业自我效能感与其乐观、心理韧性水平呈显著正相关,乐观与心理韧性及各维度之间呈显著正相关。史雅宁[②]的研究表明,乐观、学业自我效能感、学业压力反应两两相关,乐观与学业自我效能感呈显著正相关。然而,从校长的角度来说,其自我效能、乐观、希望及坚韧性之间的作用关系目前并不明晰。

基于已有的相关研究,本研究尝试针对自我效能、乐观、希望及坚韧性之间的关系提出研究假设。从自我效能对乐观、希望及坚韧性的作用关系来看,自我效能有可能为乐观、希望及坚韧性提供信念支持,由此本研究列出以下假设。

H1:自我效能对乐观具有直接的正向作用效应;

H2:自我效能对希望具有直接的正向作用效应;

H3:自我效能对坚韧性具有直接的正向作用效应。

从乐观、希望及坚韧性之间的作用关系来看,校长的乐观程度有可能影响其希望状态与坚韧性强度,而校长的希望状态有可能影响其在从事教育实践方面的坚韧性强度,由此本研究列出以下假设。

H4:乐观对希望具有直接的正向作用效应;

H5:乐观对坚韧性具有直接的正向作用效应;

H6:希望对坚韧性具有直接的正向作用效应。

针对心理资本的结构成分与领导力之间的具体关系,也有部分学者就此作了分析与阐述。如江珊[③]指出,领导自我效能是社会变革领导理论下大学生领导力发展的重要影响因素。J. B. Avey[④]的研究表明,心理资本中的乐观与创业型领导行为有效性之间存在密切的关系。由此可知,自我效能与乐观属于领导行为与领导力的主要影响因素,基于自我效能、坚韧性与信息化领导力关系的可能性,本研究列出以下假设。

H7:自我效能对信息化领导力具有直接的正向作用效应;

H8:乐观对信息化领导力具有直接的正向作用效应。

———————

① 汪柳妹.医学生职业自我效能感与乐观、心理韧性的关系[D].天津:天津医科大学,2015.

② 史雅宁.乐观与学业压力反应的关系:学业自我效能感的中介作用及沙游干预研究[D].桂林:广西师范大学,2014.

③ 江珊.海峡两岸研究型大学学生领导力发展水平研究[D].南京:南京大学,2015.

④ AVEY J B. The performance impact of leader positive psychological capital and situational complexity[D]. Omaba: University of Nebraska-Lincoln,2007:178-182.

　　基于上述的研究假设,本研究利用 Amos 软件对校长心理资本与信息化领导力之间的假设路径进行检验,其结构方程模型检验结果为:RMSEA 为 0.098,大于 0.08 的最高上限,TLI rho2(0.636)、CFI(0.728)和 NFI Delta1 (0.835)值均未达到 0.90 的理想值,其模型的拟合度较差。本研究需对假设模型予以修正。一方面,根据 MI 指数,增加了信息化评估能力对学校效能的直接正向作用路径;另一方面,根据因子载荷的基本拟合标准(即因子载荷必须介于 0.5～0.95),本研究将 SE2、OP2、HO4、RE3、RE4、IL3、IL4 从结构方程模型中删除。经过模型修正,本研究的模型整体拟合度较高,修正后的模型拟合情况如表 4-5 所示,NFI Delta1、RFI rho1、IFI Delta2、TLI rho2、CFI、RMSEA 等指标符合结构方程模型对于整体拟合程度的要求。

表 4-5　　校长心理资本与校长信息化领导力关系的模型拟合情况表

模型	NFI Delta1	RFI rho1	IFI Delta2	TLI rho2	CFI	RMSEA
默认模型	0.926	0.905	0.958	0.945	0.957	0.072

　　本研究得出标有路径系数的修正模型图,即校长心理资本与校长信息化领导力关系的结构方程模型图,如图 4-3 所示。

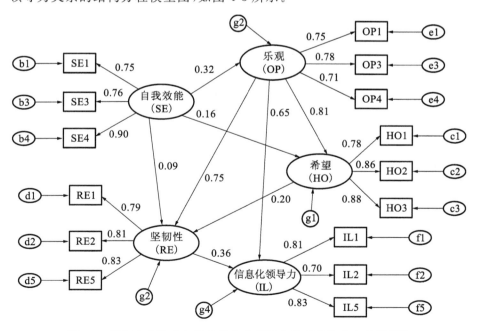

图 4-3　校长心理资本与校长信息化领导力关系的结构方程模型图

　　图 4-3 中的变量间全部作用关系见表 4-6。全部作用为直接作用和间接作用之和。从全部作用关系的角度来看,自我效能、乐观、希望和坚韧性四种心理资本结构成分对校长的信息化领导力均可产生影响效应。其中,按照影响效应由大到小对四种信息化领导力成分依次排序,可以看出:乐观＞坚韧性＞自我效能＞希望。

表 4-6　　　　校长心理资本与校长信息化领导力关系的标准化总效应

（组合 1-默认模型）

	自我效能	乐观	希望	坚韧性	信息化领导力
乐观	0.317	0.000	0.000	0.000	0.000
希望	0.412	0.809	0.000	0.000	0.000
坚韧性	0.409	0.905	0.197	0.000	0.000
信息化领导力	0.353	0.977	0.071	0.361	0.000

　　图 4-3 中的变量间直接作用关系见表 4-7。从直接作用关系的角度来说,校长的自我效能对其乐观、希望、坚韧性均具有直接的正向作用效应,校长的乐观对其希望、坚韧性均具有直接的正向作用效应,希望对坚韧性具有直接的正向作用效应,乐观、坚韧性对校长的信息化领导力均具有直接的正向作用效应。

表 4-7　　　校长心理资本与校长信息化领导力关系的标准化直接效应

（组号 1-默认模型）

	自我效能	乐观	希望	坚韧性	信息化领导力
乐观	0.317	0.000	0.000	0.000	0.000
希望	0.156	0.809	0.000	0.000	0.000
坚韧性	0.091	0.746	0.197	0.000	0.000
信息化领导力	0.000	0.650	0.000	0.361	0.000

二、指向校长信息化领导力培养的心理资本开发建议

　　基于校长心理资本与校长信息化领导力的关系解读,可以发现:

　　(1)从全部作用关系的角度来看,自我效能、乐观、希望、坚韧性四种心理资本结构成分对校长的信息化领导力均可产生影响效应,其中,按照影响效应由大到小对四种心理资本结构成分进行排序:乐观＞坚韧性＞自我效能＞希望。在校长心理资本的不同结构成分中,乐观对校长信息化领导力的影响效应最大。因此,为了提升校长信息化领导力,绝不可忽视校长乐观心态的培

养,可将乐观作为校长信息化领导力的培养动力。

(2)从自我效能对其他三种心理资本的作用关系来看,校长的自我效能对其乐观、希望和坚韧性均产生直接的正向作用效应,而乐观和坚韧性又对校长的信息化领导力具有直接正向作用效应。因此,校长的自我效能可对其信息化领导力产生间接的正向作用效应,也必然能为其信息化领导力发展提供信念支持。

(3)从乐观对其他两种心理资本的作用关系来看,校长的乐观对希望和坚韧性具有直接的正向作用效应,并且校长的希望对坚韧性也具有直接的正向作用效应,乐观和坚韧性均对校长信息化领导力具有直接的正向作用效应。因此,从一定程度上说,校长的希望和坚韧性属于一种联结型心理资本变量,对校长的信息化领导力具有直接的正向作用效应。可见,校长的希望和坚韧性是校长信息化领导力的关键枢纽。

基于以上分析,笔者认为,为从心理资本的角度促进校长信息化领导力的发展,可将乐观作为校长信息化领导力培养的动力支持,以自我效能为校长信息化领导力培养的信念支撑,以希望与坚韧性为校长信息化领导力培养的关键枢纽。具体而言,立足于校长心理资本与校长信息化领导力的关系,本研究列出了以下三个方面的校长信息化领导力培养建议。

(一)将乐观作为校长信息化领导力培养的动力支持

数据分析结果表明,在校长心理资本的不同结构成分中,乐观对校长信息化领导力的影响效应最大。乐观是一种积极的解释风格或归因风格,一个拥有乐观心态的校长,在教育教学信息化过程中,更易拥有显著的积极主观体验,此种体验正是校长教育信息化意识与行为改善的关键,由此,可将乐观作为校长信息化领导力培养的动力支持。在学校信息化发展方面,校长需积极主动地把握信息化活动过程。校长可通过感受与体验信息化活动过程,找寻克服信息化推进障碍、达成学校信息化发展目标的手段,提升其将技术应用于学校治理方面的内在信念。在学校治理的"校长-教师-学生"的组织共同体互动过程中,若校长在解决信息化规划的难题以及调整信息化发展目标之后,能够认识到学校信息化发展的问题、现状以及前景,并寻求改变学校信息化发展状态的方式或策略,此时,校长相信学校信息化的发展规划、实践举措能够顺利推行的主观期望将得以加大。当校长通过与其他学校管理人员、教师、学生利用某些方式以及策略成功解决学校信息化发展的实践难题,并使学校信息化活动顺利开展,且意识到信息化发展的方式以及策略可通过灵活改变使问题得到顺利解决,并完成既定计划时,校长的积极心态便更为显著,此积极心态正是促进校长以乐观精神实现信息化发展目标的关键。校长乐观精神的培养,虽较少涉及校长信息化领导实践的具体行为与做法,但是,心态与精神属于行为与做法的动力与保障,校长信息化领导力的提升并不是一个静态的封闭过程,而是一个动态的开放过程,信息化领导结构的不断优化,也是校长信息化领导力不断提升的过程。在此过程中,校长在信息化领导方面的乐观精神绝不容许被忽视,此精神若培养得当,将有利于校长有效引领学校的信息化发展。

（二）以自我效能为校长信息化领导力培养的信念支撑

数据分析结果表明,校长的自我效能对其乐观、希望、坚韧性均有直接的正向作用效应,乐观、坚韧性对校长的信息化领导力均具有直接的正向作用效应。因此,校长的自我效能对其信息化领导力具有间接的影响效应。一般而言,自我效能可为校长信息化领导力的发展提供心理资本层面的信念支撑。归纳而言,校长自我效能的开发主要涉及两个关键路径:其一,让被开发者体验成功,即积累成功经验或实现绩效目标。从学校信息化发展的角度来说,校长需尝试学习与掌握如何分解学校信息化发展目标,按专业手段合理调整学校信息化发展规划,通过分阶段地实践信息化发展规划,达成信息化发展目标,并体验信息化发展目标的成功实现过程。其二,观察或观摩与自己背景和情形相似的人在持续努力后获得成功的实践。成功的信息化领导体验,加上观摩榜样校长成功的信息化领导实践,使校长有理由相信,只要规划合理、分步有序、灵活调整,就能够有效实现自身信息化领导水平的提升以及学校信息化目标,从而稳固提升其自我效能。校长实现自我效能提升的过程,在一定程度上也是其信息化领导实践不断取得新收获的过程。研究发现,自我效能通过直接作用于乐观、坚韧性,从而对校长信息化领导力产生间接的影响效应,即在校长信息化领导实践之中,校长通过自我效能的提升,具备了在信息化领导方面的乐观心态以及坚韧性格。校长心态与性格的良性转变,促成了其信息化领导绩效的不断提升以及信息化领导力的持续发展,此为自我效能作用于校长信息化领导力的本质。

（三）以希望与坚韧性为校长信息化领导力培养的关键枢纽

数据分析结果表明,校长的乐观对其希望、坚韧性均具有直接的正向作用效应,希望对坚韧性具有直接的正向作用效应,乐观、坚韧性对校长的信息化领导力均具有直接的正向作用效应。从一定程度上来说,希望与坚韧性属于心理资本作用于校长信息化领导力的联结型变量,由此,可将希望与坚韧性视为校长信息化领导力培养的关键枢纽。校长的希望与坚韧性心理资本结构成分的开发,可与校长信息化领导力的提升相联系,其主要涉及校长信息化领导力的两个核心维度,即校长的信息化规划能力与信息化管理能力。一方面,从学校信息化发展规划的角度而言,校长是否心怀希望与其信息化规划能力的提升密切相关。一般而言,扩展实现目标的途径以及制订消除障碍的计划是让校长心怀希望的关键举措。基于相关举措,校长实现学校信息化发展目标的途径能在很大程度上得到扩展,也在一定程度上有利于削弱信息化发展规划的实施障碍对校长心理造成的负面影响,进而有助于校长的信息化规划能力在心怀希望的过程中不断提升与发展。另一方面,从学校信息化管理方的角度而言,增强校长的坚韧性与其信息化管理能力的发展相契合。增强校长的坚韧性,其目的在于提高校长克服逆境的能力,促使校长了解用于实现信息化管理目标的各项个人资源。校长需尽可能地利用这些资源,制订规避信息化管理障碍的计划,且需对自己在面对信息化管理困境时可能产生的想法和情感进行批判性反思,并思考如何基于多种资源和选择,采取最合理的方法来克服逆境,最终达成信息化管理目标。由此可知,在信息化管理实践过程中,校长自身坚韧性的提升,与其信息化管理能力的有效提升具有一定程度的协调性。

第五章 校长信息化领导力与校长专业发展的关系

本章主要探讨校长信息化领导力与校长专业发展的关系。一方面,领导效能是校长专业发展不可忽视的关键议题。本章采用问卷调查、建模分析的方法,对校长信息化领导力与校长专业发展的关系进行全方位的梳理,设计校长信息化领导力及校长领导效能的测评指标,对校长信息化领导力及领导效能的现状予以解读,并对校长信息化领导力对校长领导效能的预测效应进行分析。基于相关数据的分析,本章提出了指向校长领导效能提升的信息化领导力发展建议。另一方面,工作绩效是校长信息化领导力提升的关键目标。本章对校长信息化领导力与工作绩效的关系进行分析,并尝试提出指向校长工作绩效提升的信息化领导力建设路径。

第一节 校长信息化领导力与校长领导效能的关系

一、领导效能:校长信息化领导力提升的基本关注点

校长信息化领导力与校长领导效能的关系颇受众多学者关注。无论是校长信息化领导力,还是校长领导效能,其本身均涉及校长领导过程,而且,许多学者将校长领导效能视为校长信息化领导力提升的基本关注点。

第一,从校长信息化领导力的内涵解读来说,诸多研究者将校长信息化领导力视为一种能力,具有代表性的内涵解读主要涉及纲领性定义与描述性定义两种角度。

从纲领性定义的角度来看,相关学者对校长信息化领导力做出了以下界定。肖玉敏[①]指出,校长信息化领导力指的是校长作为学校的技术领导者,领导学校所有成员在制订学校信息化发展规划、创建信息化教学环境、建立并执行一定的技术使用标准和问责制度,成功地促进技术在学校各个方面得到有效应用的过程中展现的能力。孙祯祥[②]指出,校长信息化领导力就是校长在推进学校教育信息化过程中,规划、建设信息化发展愿景,并影响和带领全体

---

① 肖玉敏.校长的技术领导力研究[D].上海:华东师范大学,2008.
② 孙祯祥.校长信息化领导力的构成与模型[J].现代远距离教育,2010(2):3-7.

师生员工共同实现这个愿景的能力与智慧。张仙等[①]认为,校长信息化领导力是指在世界信息化的进程中,校长需要具备的、促进信息技术在学校各个方面得到有效应用的、进而引导和影响他人的能力。

从描述性定义的角度来看,相关学者一般对校长信息化领导力的结构予以分析与拆解,以期能更加深入地理解它的内涵。相关的定义主要有以下几种。化方等[②]认为,校长信息化领导力主要由基本的信息素养、信息化系统规划能力、信息化应用指导能力、信息化管理评价能力、信息化沟通协调能力和信息化规制建设能力六部分构成。杨蓉等[③]采用因素法和系统理论确定了校长信息化领导力评估的 5 个一级指标,即信息化系统规划的能力、信息化应用的领导能力、信息化教育中对人的领导能力、信息化文化的建设能力以及校长的内在信息素养。谢忠新等[④]认为,校长信息化领导力具体表现为校长的信息意识与信息技术能力、信息化决策与规划能力、信息化组织与管理能力、信息化评价与发展能力四个方面。

通过对信息化领导力定义的梳理,我们发现诸多学者倾向于将信息化领导力看作一种能力,对校长信息化领导力的基本内涵予以解读。无论是从纲领性定义的角度,还是从描述性定义的角度,相关定义通常都忽视了对信息化领导过程的解读与描述。基于以上分析,本研究尝试从领导力的内涵着手,以领导过程为切入口,对信息化领导力的概念予以剖析与解读。根据领导力概念谱系,领导力是支撑领导行为的各种领导能力的总称,其着力点是领导过程。换言之,领导力是为领导过程服务的一种能力。

一般而言,可从个人的领导行为出发对领导过程予以解释。具体来说,领导者的天职是带领群体或组织实现其使命,这就要求领导者能够看清组织的发展方向和路径,并能够通过影响团队成员实现团队的目标,就此而言,规划能力是处于基础层面的领导能力;同时,领导者在指明方向,实现目标的过程中往往会遭遇意想不到的危机和挑战,这就要求领导者具备相应的建设能力;此外,在建设的过程中,校长需充分利用自身的管理能力,保证学校建设各环节的有效运转,以便促进学校的可持续发展,也就是说,作为规划能力和建设

① 张仙,张婷.培养面向信息化的学校领导力[J].中小学信息技术教育,2009(2):58-59.
② 化方,杨晓宏.中小学校长信息化领导力绩效指标体系研究[J].中国教育信息化,2010(4):7-10.
③ 杨蓉,王陆.中小学校长信息化领导力评估指标体系初探[J].中小学信息技术教育,2007(2):47-48.
④ 谢忠新,张际平.基于系统视角的校长信息化领导力评价指标研究[J].现代教育技术,2009,19(4):73-77.

能力的延伸和拓展,管理能力是处于实施层面的领导能力。

　　通过对领导过程的分析与阐述,可以认为,领导效能激发与领导者的三种领导能力密切相关:(1)对应群体或组织的目标和战略制订能力(即规划能力);(2)改善教育情境的能力(即建设能力);(3)果断决策、控制目标实现的能力(即管理能力)。基于对领导力内涵的解读,可以将校长信息化领导力定义为校长利用信息技术在学校规划(即规划)、学校建设(建设)、目标控制(管理)三个方面实现学校信息化发展以及学校效能提升的一种综合型能力,其主要包括信息化规划能力、信息化建设能力以及信息化管理能力三个维度。

　　基于以上阐述,为更清晰地探究校长信息化领导力与校长领导效能的关系,本章尝试从信息化规划能力、信息化建设能力、信息化管理能力三个方面出发,重点探究校长信息化领导力的现状,这也是与校长领导特质最为相关的核心维度。其中,并未将信息技术素养单独纳入现状分析层面,其主要原因在于其与领导效能之间的关系需要通过领导特质方能产生实际功效,而且,学校信息化建设需要信息技术素养作为动力支持,也需要依靠信息化评估环节实现问题发现、经验总结与路径评判,且信息技术素养通过与信息化评估进行整合,方能进一步推动学校信息化建设,进而实现学校信息化规划与管理的进一步优化。因此,可尝试将信息化评估能力与信息技术素养归为信息化建设能力范畴进行数据统一化处理,本章将从信息化规划能力、信息化建设能力、信息化管理能力三个方面对校长信息化领导力进行测评。在测量过程中,采用李克特五点量表。具体的校长信息化领导力评价指标如表 5-1 所示。

表 5-1　　　　　　　　　　**校长信息化领导力的评价指标**

一级指标	二级指标	测量指标
信息化规划能力 (informationization planning ability,IPA)	学校发展规划	IPA1:能够组织制订学校的信息化办学规划; IPA2:能够组织编制学校的信息化管理规划
	课程教学规划	IPA3:能够组织制订课程教学信息化的推进计划; IPA4:能够组织制订教学评价信息化的实施规划

一级指标	二级指标	测量指标
信息化建设能力 （informationization construction ability，ICA）	资源建设	ICA1：能够组织学校的信息化设备建设； ICA2：能够组织学校的信息化教学资源建设
	文化建设	ICA3：能够引导学校的信息化办学制度建设； ICA4：能够引导学校的信息化氛围塑造
信息化管理能力 （informationization management ability，IMA）	人力资源管理	IMA1：能够组织开展学校人力资源的信息化管理工作
	财力资源管理	IMA2：能够组织开展学校财力资源的信息化管理工作
	物力资源管理	IMA3：能够推动学校物力资源的信息化管理工作

第二，从校长领导效能的内涵解读来说，领导活动是和人类相伴而生的。由于领导活动的复杂性，人们对它的界定较为繁杂。当代西方领导学专家对领导比较有代表性的定义主要有四种[①]：(1)哈罗德·孔兹认为，领导是影响人们使之跟着去完成某一共同目标的行为；(2)华·G.本尼斯认为，领导是促使一位下属按照所要求的方式活动的过程；(3)克·阿克里斯认为，领导即有效的影响；(4)海曼·史考特认为，领导是一种程序，使人得以在选择目标及达成目标上接受指挥、导向及影响。

通过对领导概念的梳理，可以发现，领导一词主要有五个方面的特性：(1)领导是一项组织功能；(2)领导是有意识地去影响别人的行为；(3)领导要以行为活动为中心展开；(4)领导是为实现一定的组织目标而服务的过程；(5)领导依托于具体的领导情境。

基于以上的领导特性分析，我们可以将行为活动作为中心，以影响他人为路径，尝试界定领导一词[②]。因此，本研究将领导定义为领导是以一定的方式，有意识地影响组织成员，使其积极地为实现组织目标而努力的一种行为活动。

效能也称为有效性，英文为 effectiveness，一般指团体达成其主要任务的程度或范围。诸多学者对领导效能做了相关的界定和分析。例如，Reddin 认

① 李玉芳.论中小学校长领导力及其开发[D].上海：华东师范大学，2009.
② 孙立樵.现代领导学教程[M].北京：中共中央党校出版社，2002:18-22.

为效能是行政人员达成其角色的成功之程度,领导效能就是一个群体执行其基本分配任务所取得成功的程度。菲德勒(Fiedler)认为,虽然领导效能表现在许多方面,如工作团队的绩效、人员流动、成员的工作满意度、士气等,但领导效能应是指工作团体完成其主要任务的程度或范围,即用工作团体绩效来衡量领导效能,并且应尽可能用客观的可量化的标准来测量工作绩效[①]。

通过文献梳理,我们发现,已有的研究往往从工作状态和工作结果测评的角度来定义和衡量领导效能,通常忽视了领导者行为能力的重要意义。从词源学来看,"效"有功效之意,"能"有才能、能力之意,关于领导效能的概念解读,本研究认为,功效与能力均属领导效能不可或缺的重要组成部分。

随着校长负责制的完善和基础教育改革的深入,社会和公众对学校和校长的关注越来越多,对其要求也越来越高,校长的领导效能显得尤为重要[②]。基于领导效能的概念界定,本研究认为,校长领导效能是指校长在领导过程中表现出来的行为能力、工作状态和获得的工作结果,即实现领导目标的领导能力和所获得的领导效果的系统整合[③]。

一般而言,影响领导效能的因素是异常复杂的[④],校长领导效能的测评涉及诸多方面。鉴于行为能力、工作状态在一定程度上均可通过工作结果的形式予以直观反映,因此,我们认为,校长的领导效能一般可从工作结果的角度来衡量。本研究尝试以工作绩效作为领导效能的衡量标准。一般而言,校长的工作绩效主要体现在学生发展成就、教师发展成就、学校组织建设成就三个方面。本研究拟从这三个方面设计具体的测量量表,采用李克特五点量表的形式,有效衡量校长的领导效能。校长领导效能的评价指标如表 5-2 所示。

表 5-2　　　　　　　　　　　　校长领导效能的评价指标

一级指标	二级指标	测量指标
学生发展成就	学业成绩	LE1:学生群体成绩的提高程度
	获得奖励	LE2:学生在德、智、体、美、劳等活动中的获奖情况
教师发展成就	教师个体素质发展	LE3:教师的教育教学能力情况
	教师形象	LE4:教师的工作积极性情况

①　王莉萍.山西省中学校长领导效能及其影响因素研究[D].太原:山西大学,2006.

②　姜成汉.中小学校长领导效能的研究——基于对南通 N 县(区)中小学校长的调查[D].南京:南京师范大学,2010.

③　贾汇亮.中小学校长领导效能的调查与分析[J].教学与管理,2007(34):11-13.

④　郑文.论学校领导环境对领导效能的影响[J].广东行政学院学报,1995(1):41-45.

续表

一级指标	二级指标	测量指标
学校组织建设成就	制度建设	LE5:本校的教师评价制度及实施情况; LE6:教师培训制度及实施情况
	学生管理	LE7:学生安全教育和管理情况; LE8:学生心理健康辅导工作的开展情况

二、校长信息化领导力及校长领导效能分析

根据校长信息化领导力及校长领导效能的评价指标,本研究初步确定 19 个测量量表题项,测量问卷每一个项目的认可度均采用从"非常不满意(1 分)"到"非常满意(5 分)"的五等级积分法,分数越高,表明认同度越高。之后进行小范围的问卷发放,并进行小样本分析,经信度和效度检验。检验结果表明:问卷信度为 0.874,问卷效度为 0.886,信度和效度水平较高,因此以此问卷作为本研究的正式调查问卷。共计发放问卷 406 份,回收问卷 397 份,有效问卷 389 份。之后,利用 SPSS 19.0 对正式调查问卷进行信度和效度分析,判断所测数据的可靠性和有效性。通常情况下,一般探索性研究中 Cronbach's α 系数在 0.6 以上,被认为可信度较高[1]。KMO 值越接近 1,越适合作因子分析,(巴特利特球体检验的 x2 统计值的显著性概率)$P<0.05$ 时,问卷才有结构效度[2]。采用"Cronbach's α"系数来检验正式调查问卷的信度,基于 SPSS 19.0 的信度检验结果:问卷整体的 α 为 0.905,测量量表各个题项的 α 值均大于 0.60,因此问卷通过了信度检验,所得 KMO 统计量为 0.846,$P<0.05$,即测量模型的效度较高。本研究尝试通过 SPSS 对问卷数据进行描述性统计分析及回归分析,以便揭示校长信息化领导力及校长领导效能的基本特征。

(一)校长信息化领导力的现状

利用 SPSS 的描述性统计分析功能,可得出校长信息化领导力测量题项的均值数据,如表 5-3 所示。

在校长信息化规划能力方面,IPA1(能够组织制订学校的信息化办学规划)均值较低,远远低于 IPA2(能够组织编制学校的信息化管理规划)、IPA3(能够组织制订课程教学信息化的推进计划)、IPA4(能够组织制订教学评价信息化的实施规划)。这在一定程度上说明,校长在制订学校的信息化办学规

---

① 张文彤. SPSS 统计分析高级教程[M].北京:高等教育出版社,2004:55-56
② 杨晓明. SPSS 在教育统计中的应用[M].北京:高等教育出版社,2004:124-129.

划方面,还存在较多不足。在"互联网＋"的时代背景下,信息化办学规划对于学校发展而言,具有重要的战略引领意义。从校长能力培养的角度而言,校长的信息化办学规划能力亟须予以培养和提升。

在校长信息化建设能力方面,ICA2(能够组织学校的信息化教学资源建设)均值较低,ICA1(能够组织学校的信息化设备建设)均值较高。这在一定程度上表明,校长在信息化设备建设层面的能力较强,但在组织学校的信息化教学资源建设方面存在一定的不足。在国家提倡教育公平与教育质量的教育背景下,教学资源,尤其是信息化教学资源,对于学校的人才培养具有重要意义。从人才培养的角度而言,校长亟须提升自身的信息化教学资源建设能力,以便为学校的人才培养提供有效教学支撑。

在校长信息化管理能力方面,与 IMA2(能够组织开展学校财力资源的信息化管理工作)、IMA3(能够推动学校物力资源的信息化管理工作)相比,IMA1(能够组织开展学校人力资源的信息化管理工作)的均值较低。这在一定程度上说明,校长的人力资源信息化管理能力存在较大的不足。对于信息化管理实践而言,人力资源的信息化管理往往难度较大,其主要原因在于人力资源管理的作用对象是教师、学生等学校人员,他们存在一定的自主性,这无疑增加了信息化管理的难度。从管理成效保障的角度而言,校长亟须提升自身的人力资源信息化管理能力,以便有效地提升管理成效。

表 5-3　　　　　　　　　校长信息化领导力的描述性统计表

描述统计量			
	样本量 N	均值	标准差
IPA1	389	2.64	1.181
IPA2	389	3.60	1.071
IPA3	389	3.95	1.066
IPA4	389	3.86	0.951
ICA1	389	4.26	0.867
ICA2	389	3.12	1.096
ICA3	389	3.99	0.922
ICA4	389	3.95	0.926
IMA1	389	2.28	1.108
IMA2	389	3.88	1.038
IMA3	389	3.65	1.149
有效的样本量 N(列表状态)	389	—	—

（二）校长领导效能的现状

利用 SPSS 的描述性统计分析功能，可得出校长领导效能测量题项的均值数据，如表 5-4 所示。

在校长领导效能的测评结果中，只有 LE4（教师的工作积极性情况）、LE5（本校的教师评价制度及实施情况）、LE6（教师培训制度及实施情况）、LE7（学生安全教育和管理情况）的均值小于领导效能的均值，由此可见，教师的工作积极性情况、教师评价制度及实施情况、教师培训制度及实施情况、学生安全教育和管理情况四个方面的效能仍需进一步提升。

在教育信息化背景下，校长信息化领导力的发展，应以校长领导效能的提升为基本导向。基于校长领导效能的提升，促进校长信息化领导力的发展，对校长专业能力的培养具有重要价值。由测评结果可知，校长领导效能在一些方面存在不足，这为校长信息化领导力的发展提供了借鉴方向，对于校长领导效能的提升以及校长信息化领导力的培养而言均有重要意义。

由校长领导效能的测评结果可以看出，可从提高教师工作积极性、教师评价制度、教师培训制度、学生安全教育和管理这四个方面的领导效能的角度，提升校长的信息化领导力。但是，由于这四个方面的领导效能均以教师和学生为核心关注对象，且教师和学生的管理属于人力资源信息化管理的核心组成部分，因此，我们建议，可尝试以提升校长的人力资源信息化管理能力出发，有效提升其领导效能。

表 5-4　　　　　　　　　　　**校长领导效能的描述性统计表**

描述统计量			
	样本量 N	均值	标准差
LE1	389	3.87	0.823
LE2	389	3.96	0.837
LE3	389	3.80	0.932
LE4	389	3.65	0.585
LE5	389	3.40	0.899
LE6	389	3.61	1.154
LE7	389	3.40	0.899
LE8	389	3.85	0.861
领导效能	389	3.70	0.76
有效的样本量 N（列表状态）	389	—	—

（三）校长信息化领导力对校长领导效能的预测效应

单从校长信息化领导力及校长领导效能的均值方面来看,较难看出校长信息化领导力与校长领导效能的关系,因此,本研究尝试从校长信息化领导力不同方面的测评指标对校长领导效能的回归分析中找到一些可以解释的影响因素。一般而言,这些主要影响因素可为校长专业发展提供决策参照,提升校长领导效能。

以领导效能作为被解释变量,考虑数据的连续性与一致性,我们选取本研究的领导效能调研数据作为回归方程的因变量。为了找出对领导效能(Y)变化最有影响的因素,我们采取向前回归(forward)的方法筛选变量,得出线性回归分析表,如表 5-5 所示。在 SPSS 的输出结果里,当 R 方($0\sim1$)越接近 1,线性关系越明显[①]。三个模型之中,模型 3 的调整 R 方较大,因此本研究选取模型 3 作为预测模型。最后从最初校长信息化领导力的诸多表征指标中筛选出 3 个比较重要的解释变量,即 IPA4(能够组织制订教学评价信息化的实施规划)、ICA2(能够组织学校的信息化教学资源建设)、ICA4(能够引导学校的信息化氛围塑造)。利用 SPSS 软件得到如下多元线性回归模型:

领导效能＝1.404＋0.264 IPA4＋0.158 ICA2＋0.197 ICA4

表 5-5　　　　　　　　　　**线性回归分析表**

模型		非标准化系数		标准系数	t	sig
		B	标准误差	试用版		
1	（常量）	1.755	0.126	—	13.922	0.000
	IPA4	0.503	0.032	0.627	15.852	0.000
2	（常量）	1.672	0.122	—	13.737	0.000
	IPA4	0.366	0.038	0.457	9.552	0.000
	ICA2	0.196	0.033	0.281	5.886	0.000
3	（常量）	1.404	0.132	—	10.660	0.000
	IPA4	0.264	0.043	0.330	6.126	0.000
	ICA2	0.158	0.033	0.227	4.719	0.000
	ICA4	0.197	0.042	0.240	4.687	0.000

该回归方程整体的 P 检验值为 0,多元回归模型通过检验。校长领导效能与 IPA4、ICA2、ICA4 三个解释变量的标准相关系数依次为:0.330、0.227、

①　王苏斌. SPSS 统计分析[M]. 北京:机械工业出版社,2003:109-110.

0.240,IPA4(能够组织制订教学评价信息化的实施规划)、ICA2(能够组织学校的信息化教学资源建设)、ICA4(能够引导学校的信息化氛围塑造)对校长领导效能的变化起着最为重要的影响作用。在最后进入模型的 3 个变量中,与校长领导效能相关关系最强的是 IPA4,即教学评价信息化的规划能力对校长领导效能的影响作用最大。

三、指向校长领导效能提升的校长信息化领导力发展建议

在教育信息化背景下,提升校长信息化领导力的根本目标在于提升校长领导效能。基于校长信息化领导力及校长领导效能的特征解读,我们发现,在信息化领导力测评方面,校长在制订学校的信息化办学规划、组织学校的信息化教学资源建设、人力资源信息化管理三个方面的能力还存在较多不足,校长的信息化办学规划能力、信息化教学资源的建设能力、人力资源信息化管理能力亟须予以培养和提升。在领导效能的测评方面,教师的工作积极性情况、教师评价制度及实施情况、教师培训制度及实施情况、学生安全教育和管理情况四个方面的领导效能仍需进一步提升。由于这四个方面的领导效能均以教师和学生为核心关注对象,且教师和学生的管理属于校长人力资源信息化管理的核心组成部分,因此,可尝试从提升校长的人力资源信息化管理能力出发,有效提升校长领导效能。由校长信息化领导力与校长领导效能的关系可知,教学评价信息化的规划能力对领导效能的影响作用最大,可尝试通过提升校长的教学评价信息化规划能力来有效提升校长领导效能。总之,基于以上分析,我们认为,可从校长的信息化办学规划能力、信息化教学资源建设能力、人力资源信息化管理能力、教学评价信息化规划能力这四个方面着手,提升校长信息化领导力和校长领导效能。鉴于此,本研究尝试从这四个方面提出若干校长信息化领导力的发展建议,以便有效促进校长领导效能的提升。

(一)加强学校办学的指导及考核,提升校长的信息化办学规划能力

数据分析结果表明,校长的信息化办学规划能力亟须提升。学术界现在已经普遍认为校长需拥有办学规划能力,这是评价校长领导力的一个非常重要的指标。目前,在教育现代化的办学背景下,校长的信息化办学规划能力俨然成为引领学校信息化发展的重要引擎。然而,诸多中小学校长往往忽视信息化办学的重要价值,仅仅将信息化办学作为应付上级检查的某一项指标或工作。鉴于校长的信息化办学规划能力对学校发展的重要意义,本研究认为,加强学校办学的指导与考核,提升校长的信息化办学规划能力,发挥校长对学校教育信息化发展方向的基础引领效用,具体可从两个方面入手。一方面,校长培训部门需加强对校长办学规划的具体指导,从办学目标、办学理念、办学

路径、办学方案等诸多方面引导校长思考何为学校的信息化办学方向,且逐步完善校长信息化办学规划能力的评价指标,制订校长信息化办学规划能力测试的标准方案。另一方面,教育行政部门应该强化对校长信息化办学规划能力的考核,把它落实到校长的绩效考核中去,放手授权,真正调动校长的积极性,使其真正从自身考虑学校的信息化发展,真正承担起引领学校教育信息化发展的使命。

(二)以质量和公平为资源建设导向,提升校长的信息化教学资源建设能力

数据分析结果表明,校长的信息化教学资源建设能力亟须予以提升。信息化教学资源是学校信息化建设的软基础设施,要充分有效地应用信息化设施,必须有充足的教学资源,以确保信息化教学工作的开展[①]。尽管教育行政部门强调要高度重视教学资源的建设,但我国不同地区或学校的信息化教学资源建设状况整体差异较大,尤其是偏远、贫困、落后的地区,其学校的信息化教学资源建设水平较差,远远落后于发达地区的中小学校,这在一定程度上给校长的信息化教学资源建设能力带来了诸多挑战。《教育 2030 行动框架》已将质量与公平作为衡量教育发展的重要指标[②]。在学校教育信息化的进程中,校长需以质量和公平为资源建设导向,提升自身的信息化教学资源建设能力,以便促进教育质量和教育公平的有效提升。以质量和公平为资源建设导向,提升校长的信息化教学资源建设能力,可从两个方面着手:其一,校长需致力于引进丰富且创新的网络教学资源(例如慕课),以便提升学校的教学质量以及推动教育创新,进而有效推动教育改革发展;其二,除了建设优质网络教学资源,校长还可组织教师和管理人员自主建设学校的信息化教学资源,可尝试充分调动教师和管理人员的积极性,并根据不同学生群体的特殊需要,尤其是留守儿童、务工人员随迁子女等弱势群体的学习需要,搭建资源共享体系,以便促进教育公平。

(三)以教师激励为核心关注点,提升校长的人力资源信息化管理能力

数据分析结果表明,提升校长的人力资源信息化管理能力具有重要意义。建设高素质的信息化管理团队,对学校信息化的发展起着决定性的作用。人力资源信息化管理能力属于校长信息化领导力评估的一个重要指标,也是影响教师激励成效的一个重要因素。目前,职业倦怠、职业认同度较低等现象已成为影响教师工作积极性的重要因素,校长如何利用信息化管理能力有效激

---

① 程静.试论校园信息化建设[D].上海:华东师范大学,2002.

② 李学书,范国睿.未来全球教育公平:愿景、挑战和反思——基于《教育 2030 行动框架》的分析[J].比较教育研究,2016(2):6-11.

励教师,俨然成为校长信息化管理的核心关注点。以教师激励为核心关注点,提升校长的人力资源信息化管理能力具有一定的必要性,具体可从三个方面着手:第一,校长需利用信息化交流工具优化人际关系,创造良好的人力资源培养氛围,并组织建设校内教师专业发展的信息化学习平台,共同构建学习型组织,利用自身的教育信息化经验对教师的思想认识和教学工作予以指导;第二,校长需尝试完善促进教师专业发展的信息化激励机制,鼓励教师在专业发展方面不断求索,以形成良好的氛围,并引导教师在教学观念和教学认知方面实现良性转变;第三,校长需认识到信息化管理知识学习的重要意义,明确信息化管理与教师专业发展的关联机制,将促进教师专业发展作为提升信息化领导力的关键环节,并促进教师转变教育理念和教育思想,以便有效提升信息化教学效能。

(四)以教学质量管理为目标,提升校长的教学评价信息化规划能力

数据分析结果表明,教学评价信息化的规划能力对校长领导效能的影响作用最大,提升校长的教学评价信息化规划能力,有助于有效提升校长领导效能。课程教学属于学校信息化发展的核心领域[①],教学评价信息化对于课程教学质量的保障和管理而言具有重要的支撑功效。以教学质量管理为目标,提升校长的教学评价信息化规划能力,对课程教学信息化具有基础保障作用,具体可从三个方面着手。第一,校长需明确队伍建设、师生发展等方面的绩效评价应该如何与教育信息化无缝对接,可尝试分析如何利用教学评价信息化为教学质量管理提供工具或方式支撑,并在对教学评价信息化的思考与理解中提升相应的规划能力。第二,校长可尝试分析教学质量涉及的诸多影响因素,思考如何基于相关的影响因素,设计较为合理的教学评价方案,并进一步思考哪些方案需要信息化方式的支撑,进而有效提升教学评价信息化的规划水平。第三,校长需深入思考既有的学校发展经验,明晰学校发展尚存在哪些不足之处并进一步思考是否可借助教学评价信息化方式予以有效解决,从而尝试制订和编制科学的教学评价信息化实施规划。

第二节　校长信息化领导力与校长工作绩效的关系

人们对于绩效的认识是一个逐步深化的过程。早期的管理领域,人们仅简单地将绩效视为单维度的概念,将绩效等同于任务完成,且一般以任务完成

---

① 刘雍潜,李龙,谢百治,等.《信息化进程中的教育技术发展研究》课题报告[C]//刘雍潜.教育技术:信息化阶段新发展的研究.北京:中央广播电视大学出版社,2007.

为导向来提升工作绩效。随着信息社会的到来,工作协调性越来越高,不同人员持有的工作期待也有所不同,对工作本身的评价也不再局限于任务的达成,且领导行为已成为衡量领导者工作绩效的重要参照。因此,诸多学者认为,绩效不仅包括结果,还涉及行为。教育信息化的发展赋予校长工作结果与工作行为信息化元素,校长信息化领导行为已成为衡量校长工作绩效的重要方面,校长信息化领导力也已成为影响校长工作绩效提升的重要因素。

教育部发布的《2017 年教育信息化工作要点》提出,提升管理信息化水平和教育治理能力,促进信息技术与教育教学融合发展,是 2017 年教育信息化工作的重点任务。当前我国虽在教育信息化发展方面有所成就,但是在学校信息化方面依然存在较多薄弱环节。鉴于校长信息化领导力可在校长工作绩效提升方面发挥重要的推动作用,加强校长信息化领导力建设理应成为校长工作绩效提升研究的重要议题。教育信息化的本质在于"人的信息化",建设校长信息化领导力对于工作绩效的提升具有重要的导向意义,也理应成为校长专业发展研究的重要议题。

校长信息化领导力的建设过程,也是涉及领导过程中众多利益相关者的利益调节过程。利益调节必然涉及战略规划、关系处理、任务达成等方面。因此,校长信息化领导力的建设与战略绩效、关系绩效、任务绩效的提升过程密切相关。由于技术本身具有时代变革性以及利益相关者间的利益关系具有动态发展性,因此校长信息化领导力的建设过程也是校长信息化领导力的生成过程,校长信息化领导力结构并不是一成不变的[①]。校长信息化领导力的变革性,为校长信息化领导力的建设带来了极大的挑战。在教育信息化背景下,如何将校长信息化领导力的建设融入校长工作绩效的提升过程中,校长信息化领导力如何在变化的领导情境中合理生成与建设,亟须深入思考与研究,如此,校长的信息化领导实践才能真正推动学校的信息化发展。

一、工作绩效:校长信息化领导力提升的关键目标

工作绩效是指个体在解决工作问题、实现工作目标等工作环节体现出的绩效水平,其不仅包括产出结果,还涉及工作能力。管理者有共同的、本质的核心工作任务,因管理者层次与定位的差异,管理者工作绩效也会呈现出不同的特征与内涵[②]。对于初级管理者而言,在判断其工作绩效时可能

①　赵磊磊,赵可云.校长信息化领导力对校长领导效能作用机制的实证研究——基于结构方程模型的调查分析[J].现代远距离教育,2016(3):68-73.

②　孙健敏,焦长泉.对管理者工作绩效结构的探索性研究[J].人类工效学,2002,8(3):1-10.

会侧重其任务绩效和关系绩效;而对于高级管理者而言,对其工作绩效的评价不能仅局限于任务绩效和关系绩效,更应关注战略绩效[①]。校长作为学校的核心人物,应当将其作为高级管理者来看待,为此,从战略绩效、关系绩效、任务绩效三个方面解读校长工作绩效更合理。从政策与规划执行、人际关系协调,到工作任务达成,校长工作本身就产生了战略绩效、关系绩效、任务绩效。

校长工作绩效是学校改进领域的关键议题。为了探寻提升校长工作绩效的有效方式,国内外研究学校管理的学者对影响校长工作绩效的因素进行了大量研究。诸多学者指出,个体因素尤为重要。个体能力不仅是校长工作绩效的组成成分,也是其极为关键的影响因素。个体的能力决定个体能否顺利完成某一工作,因此其往往与工作成效的高低密切相关。校长的个人能力将对其工作绩效产生极大的影响作用。在"互联网＋"时代,校长工作绩效不可避免地涉及学校信息化发展的诸多工作环节。学校的信息化发展呼唤校长工作的变革与转型[②]。信息化对学校战略、发展任务、组织关系也均提出了新的要求与挑战。在战略、关系与任务层面,校长工作亟须新的能力框架作为指导与支撑。在此背景下,从"校长领导力"到"校长信息化领导力",校长领导力面临时代变革与结构转型。

教育信息化在一定程度上可被视为"信息化＋教育",但这并不是简单的两者相加,而是利用信息通信技术以及互联网平台,让信息技术与教育领域进行深度融合,以创造新的发展生态。顺应信息化潮流是教育领域的必然选择,学校的信息化发展已成为校长工作绩效的主要衡量标准。不容忽视的是,教育信息化的关键并不是技术工具与技术手段,而是选择与应用技术的人,人的信息化成为决定教育信息化发展上限的关键因素[③]。作为教育参与过程的重要引领者,校长如何利用技术发展教育信息化,对其工作绩效的提升具有极大的推动作用。信息技术的兴起与发展给校长的领导实践带来诸多机遇与挑战,如何在教育信息化背景下将技术能力与领导能力融合,不断生成新的信息化领导力,俨然成为校长工作绩效提升的现实需求[④]。

由于视角不同,不同学者对校长信息化领导力的概念解读一般会存在一

①　贾黎斋.中学校长的人格与其工作绩效关系的研究[D].开封:河南大学,2003.

②　BLAU I,PRESSER O. E-leadership of school principals:Increasing school effectiveness by a school data management system[J]. British Journal of Educational Technology,2013,44(6):1000-1011.

③　赵磊磊.校长信息化领导力的影响因素及培养路径[J].现代远距离教育,2017(1):44-50.

④　赵磊磊.校长信息化领导力:概念、生成及培养[J].现代远距离教育,2017(3):19-24.

定程度的差异性①,有两种较有代表性的学术观点,即"能力说"(校长信息化领导力是一种能力)与"过程说"(校长信息化领导力是一个过程)。笔者认为,可尝试结合此两种学术取向,将校长信息化领导力视为技术融入校长领导过程中形成的一种复合型能力。从本质上来说,校长信息化领导力是校长根据具体的领导情境,在综合考虑技术方式与领导实践的基础上,在规划设计、组织实施、评价推动等领导过程中形成的一种复合型领导能力。基于校长信息化领导力的缘起与生成,本研究拟从信息技术能力、信息化规划能力、信息化管理能力、信息化评估能力等方面测评校长信息化领导力②。其中,信息技术能力属于技术理解、操作、反思等方面的能力,为信息技术素养的核心成分,信息化规划能力、信息化管理能力、信息化评估能力分别属于规划设计、组织实施及评价推动三个方面的能力。

　　校长信息化领导力的组成成分与校长工作绩效的结构维度存在一定程度的关联性,从战略绩效、关系绩效、任务绩效三个维度解读校长工作绩效与校长信息化领导力的理论关系,可为校长信息化领导力建设明确思路与方向。战略绩效主要是指校长在政策与规划执行方面的效果与能力。关系绩效主要是指校长在人际关系协调方面的成效与能力。任务绩效主要是指校长在任务达成方面的结果与能力。战略绩效、关系绩效及任务绩效分别与校长的信息化规划、信息化管理及信息化评估三个方面的能力相对应,而且信息技术能力对校长工作绩效发挥基础支撑作用。虽然在理论层面,校长信息化领导力与校长工作绩效存在一定的逻辑关系,但是校长信息化领导力作用于校长工作绩效的具体路径尚未得到较为详尽的解答与分析。此问题正是本研究的立题之本。本研究尝试通过调查与分析,探究校长信息化领导力作用于校长工作绩效的具体路径,以期通过校长信息化领导力建设促进校长工作绩效的提升。

二、校长信息化领导力与校长工作绩效关系的实证分析

　　以路径关系分析为出发点,本研究尝试通过问卷调查与数据分析,探究校

---

①　赵磊磊,代蕊华.校长的信息化领导力与领导效能:内涵、特征及启示[J].教师教育研究,2016,28(5):49-56.

②　本节为考虑特定情境下的研究需要,工作绩效不仅受领导过程的影响,而且也受信息技术的作用。本节将信息技术能力单独列出作为校长信息化领导力的组成成分,其本身属于信息技术素养的核心成分,也可在很大程度上表征信息技术素养。且由于信息技术素养涉及信息技术意识、信息技术能力等多个维度,在本节,工作绩效属于校长能力发挥后形成的实践成效,校长信息技术能力是校长信息化领导力得以形成与发展的关键支撑,其与校长工作绩效之间的关联度较高。因此,在进行信息技术素养表征方面,本节采用直接将信息技术能力单列的方式进行简化处理。

长信息化领导力是如何影响校长工作绩效的。问卷包括三个部分:第一部分是被调查对象的基本特征(如性别、工作地等);第二部分是校长信息化领导力的测量量表,按照本节对于信息化领导力的测评维度进行量表设计;第三部分是校长工作绩效的测量量表,参照赖俊明设计的中小学校长绩效评价问卷,从战略绩效、关系绩效、任务绩效三个方面衡量校长的工作绩效。初步设计的调查问卷共包括 18 个题目,测量量表每一个项目的认可度均采用从"非常不赞同(1 分)"到"非常赞同(5 分)"的五等级积分法,分数越高,表明认可度越高。后经小样本分析及问卷修正,最终正式问卷保留了 14 个题目,并以校长作为问卷调研对象进行问卷调查。共计回收问卷 246 份,其中总计得到有效问卷242 份。问卷样本涉及北京、河南、安徽、甘肃等多个地区,并通过了信度和效度检验。

　　不少学者针对个体能力与工作绩效之间的作用展开了探讨与分析。例如,R. P. Vecchio[①] 认为,个体的能力是工作绩效的内在影响因素。从校长的角度出发,校长信息化领导力与校长工作绩效之间存在何种具体关系呢? 目前,关于此问题的研究极为匮乏,信息化领导力与工作绩效子维度之间的作用机制并不清晰。笔者根据实践可能性,尝试基于"假设提出—路径分析—假设验证"的分析框架,探寻校长信息化领导力与校长工作绩效之间的作用关系。根据实践可能性,本研究列出研究假设。

　　H1:信息化领导力(IL)对关系绩效(relationship performance,RP)具有直接的正向作用效应;

　　H2:信息化领导力对战略绩效(strategy performance,SP)具有直接的正向作用效应;

　　H3:信息化领导力对任务绩效(task performance,TP)具有直接的正向作用效应;

　　H4:关系绩效对任务绩效具有直接的正向作用效应;

　　H5:战略绩效对任务绩效具有直接的正向作用效应。

　　基于上述的研究假设,本研究尝试利用 Amos 软件对校长信息化领导力与校长工作绩效之间的假设路径进行检验,H1、H2、H3、H4、H5 路径均通过路径检验,但模型的拟合度较差。经过模型修正,增添 H6 路径(关系绩效对战略绩效具有直接的正向作用效应,其也存在一定程度的实践合理性,因为人际关系的协调有利于更有效地实现战略目标),本研究的模型整体拟合度较

　　①　VECCHIO R P. Predicting worker performance in inequitable settings[J]. Academy of Management Review,1982,7(1):103-110.

高，NFI Delta1、RFI rho1、IFI Delta2、TLI rho2、CFI、RMSEA 等指标符合结构方程模型对于整体拟合程度的要求，本研究得出标有路径系数的修正模型图，如图 5-1 所示。

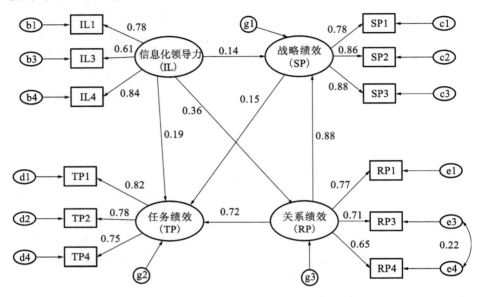

图 5-1　校长信息化领导力与校长工作绩效关系的结构方程模型图

　　基于校长信息化领导力与校长工作绩效之间的直接路径关系（表 5-6）解读，可以发现：其一，校长的信息化领导力对其关系绩效、战略绩效及任务绩效具有直接的正向作用效应，其中信息化领导力对关系绩效的直接影响效应较大；其二，校长的关系绩效对战略绩效、任务绩效具有直接的正向作用效应；其三，校长的战略绩效对任务绩效具有直接的正向作用效应。

表 5-6　　**校长信息化领导力与校长工作绩效关系的标准化直接效应**

（组号 1-默认模型）

	信息化领导力	关系绩效	战略绩效	任务绩效
关系绩效	0.362	0.000	0.000	0.000
战略绩效	0.140	0.875	0.000	0.000
任务绩效	0.190	0.721	0.152	0.000

三、指向校长工作绩效提升的校长信息化领导力建设路径

　　基于以上分析，笔者认为，本研究的研究发现主要体现在三个方面：其一，

在模型中,校长信息化领导力由 IL1(信息技术的反思能力)、IL3(建设信息化发展规章制度)及 IL4(学校信息化环境评估)三个指标表征,战略绩效由 SP1(教育思想和教育理念得到组织成员的认同)、SP2(学校制订的中长期发展规划及短期工作计划符合教育教学思想和学校实际)、SP3(能对学校的课程实施与改革进行有效规划)三个指标表征,关系绩效由 RP1(与各级领导部门关系和谐,能为学校争取更多的支持)、RP3(领导班子团结,且凝聚力强)、RP4(与其他学校关系良好,可以在合作的基础上开展良性竞争)三个指标表征,任务绩效由 TP1(在学校的师资队伍建设方面,人才结构合理,队伍稳定)、TP2(学校的管理机制科学、有效)、TP4(学校文化有特色、有底蕴,积极向上)三个指标表征;其二,校长的信息化领导力对其关系绩效、战略绩效、任务绩效具有直接的正向作用效应,其中信息化领导力对关系绩效的直接影响效应较大;其三,校长的关系绩效对战略绩效、任务绩效具有直接的正向作用效应,校长的战略绩效对任务绩效具有直接的正向作用效应。由此可知,校长的战略绩效可被视为校长工作绩效结构体系的联结枢纽。因此,立足于校长工作绩效的提升,本研究提出如下校长信息化领导力建设路径。

(一)以技术反思、规章制度及环境评估为主要建设内容

研究发现,信息技术的反思能力、建设信息化发展规章制度以及学校信息化环境评估属于校长信息化领导力建设的主要内容,其涉及技术、制度、评价三个维度,技术作用于校长领导实践,需要制度予以保障,也需要评价予以审视。在信息技术的反思能力方面,校长对信息技术应用的价值与问题的省思,将影响其对后续信息技术的使用态度,进而影响其信息化领导过程。校长反思自身需提升哪些方面的信息技术能力以及领导实践需要何种信息技术,并合理审视何种信息技术具有应用价值,可有效影响技术融入领导力结构的过程与成效,以便通过有针对性的技术需求分析与技术能力提升改善技术应用的状态与效果,进而有效改善学校的信息化发展状态。在建设信息化发展规章制度方面,学校信息化平台建设的制度、教师教育技术能力发展的制度均属于学校教学管理的核心制度。完善学校信息化平台建设的规章制度,有利于构建集教研、教学、管理、培训等各方面于一体的信息化应用平台。建设教师教育技术能力发展的制度,有利于提升以"信息素养"为核心的教师信息技术应用能力、学科教学能力和专业自主发展能力。在学校信息化环境评估方面,技术不可能脱离环境被单独应用于领导过程中,技术应用于领导过程的具体情境、技术应用于学科教学的具体氛围、技术产生的信息化文化均为学校信息化环境评估的关注点,改善学校的信息化环境,也是从本质上促进技术更有针对性地应用于具体的领导环境。

（二）以关系绩效的提升为主要建设目标

以关系绩效提升为校长信息化领导力建设的主要目标，可更有效地提升校长工作绩效的水平。关系绩效由 RP1、RP3、RP4 三个指标表征，由此可知，校长与其他管理人员、其他学校之间的协作关系是衡量校长关系绩效的关键因素。协作关系是基于制度化网络、信任和规范的关键要素间的联结。在校长领导实践中，学校组织中各要素间彼此协作的开展不是依靠单向度的行政指令，而是基于不同教育参与者所搭建的关系共同体。因此，关系绩效主要体现在与教师、学生、家长、社区等教育参与者之间的多元合作伙伴关系的互动建构中，具体体现在两个方面：一方面，学校可以采取多种途径和方式，如建立校际多模式合作发展机制等，与其他学校（或组织）开展协作联盟，实现学校组织的相互支持和跨越式发展；另一方面，学校应与教师、学生及社会公众展开良性互动，通过创设与完善公众参与学校治理的体制机制，实现社会力量的广泛、有效参与。校长信息化领导力的建设，本身也是校长与教师、学生、家长等教育参与者搭建关系网络的过程。校长在学校的信息化发展过程中，若能够有效处理学校、自身、教师、学生之间的逻辑关系，将有利于从组织协调与沟通的角度调节学校管理人员、教职员工、学生等多元利益主体的利益关系，进而削减复杂、多样且动态化的思维认知和利益纠葛。此利益关系的调节过程也是校长信息化领导实践的关键环节。以关系绩效提升为校长信息化领导力建设的主要目标，为各种利益主体提供协商对话的表达空间，符合校长信息化领导实践及学校信息化发展的现实需求。

（三）以战略绩效的提升为基础建设目标

基于以上分析可知，校长的战略绩效可被视为校长工作绩效结构体系的联结枢纽。若想通过建设校长信息化领导力促进校长工作绩效的整体提升，必须对战略绩效予以重视。战略绩效由 SP1、SP2、SP3 三个指标表征，由此可知，教育思想、理念方面的认同，教育规划的合理性及有效性是衡量校长战略绩效的关键。在教育信息化背景下，校长应该用战略的眼光去看待学校教育信息化的规划和建设，尝试通过教育信息化的推进促进师生对学校教育思想、理念的认同以及提升教育规划的合理性与有效性，将教育信息化作为学校可持续发展的基础之一，并善于对学校发展做前瞻性、长远性、全局性的思考和设计。校长的战略绩效通常涉及教师的发展、学生的发展等方面。教师的发展一般体现在教师彼此之间愿意协商解决问题、教师教学能力的培养、教师专业职能优化等方面。学生的发展通常体现在学生良好的学业成绩表现、参加校际各项比赛的成绩表现、学生身心获得充分发展与成长、学生遵守生活规范和法律规章等方面。战略绩效的存在，从本质上来说，明确了教师、学生等利益相关者的未来发展方向。以战略绩效的提升为校长信息化领导力建设的基础目标,这其实也是从基础层面关注与调节学校不同利益相关者间不同的目标动机与利益方向,以便促进教师、学生等不同利益相关者在组织价值最大化、内部人员利益最大化的基础上实现利益共赢。战略绩效与校长工作绩效的其他维度并非是割裂的,战略的指引可引导多元主体在沟通与交往的过程中达成目标与价值共识,并提供共同的行动准则,进而有利于学校组织具体任务的实现,从而促进任务绩效的提升。

第六章 校长信息化领导力与学校效能的关系

本章主要探究校长信息化领导力与学校效能的关系。作为学校领导团队的核心人员,校长肩负着带领学校成员共同进步并实现学校目标的重要使命,其信息化领导力则是推动学校发展的关键力量。因此,校长信息化领导力与学校效能的关系是学校信息化发展不可忽视的关键议题。一方面,本章利用结构方程模型分析方法,研究了校长信息化领导力与学校领导效能之间的关系与作用机制,并根据数据分析结果,有针对性地提出指向学校领导效能提升的校长信息化领导力的发展建议;另一方面,本章采用实证研究,尝试探究校长信息化领导力与学校信息化发展的内在关系,提出指向学校信息化发展的校长信息化领导力培育策略。

第一节 校长信息化领导力与学校领导效能的关系

鉴于校长的信息化领导力往往能在很大程度上影响学校的信息化领导水平,因此从校长信息化领导力对校长领导效能作用机制的角度出发,探析校长的信息化领导力对学校领导效能的作用方式与作用关系。本节借助结构方程模型分析方法,揭示中小学校长信息化领导力的主要结构成分(即信息技术素养、信息化规划能力、信息化管理能力、信息化评估能力)对其领导效能的作用机制,以期在明晰校长信息化领导力与其领导效能之间作用关系的基础上,对学校领导效能的提升提出针对性的建议。目前,国内有关校长信息化领导力对其领导效能的作用机制的学术研究极为匮乏,还需继续进行长期的深入研究。随着信息技术的发展,校长信息化领导力与校长领导效能的内涵均有可能发生相应的转变,校长的信息化领导力对学校领导效能的作用机制可能也会发生一定程度的变化,如何动态、有效地分析和探究校长的信息化领导力对学校领导效能的作用机制将有可能成为校长信息化领导力研究领域的重要研究议题。

一、校长信息化领导力对学校领导效能的作用关系分析

通过梳理文本,我们发现,近年来国内外学术领域对校长信息化领导力的研究很多。根据国内外众多研究成果,并参考我国《中小学校长信息化领导

标准（试行）》，我们将中小学校长信息化领导力的主要内涵归纳为：信息技术素养（information technology literacy，ITL）、信息化规划能力（informationization planning capability，IPC）、信息化管理能力（informationization management capability，IMC）、信息化评估能力（informationization assessment capability，IAC）。

　　一般而言，校长的信息技术素养通常包括校长的信息技术道德、校长的信息技术意识、校长的信息技术水平、校长的信息技术能力等多个方面，其中信息技术能力属于核心成分①。从教育信息化的角度来说，校长的信息化规划能力通常指其在学校发展战略目标的指导下诊断与评估学校管理和信息化发展现状，结合教育信息化方面的实践经验和对最新信息技术发展趋势的掌握而提出的学校信息化建设的远景与战略目标的能力；校长的信息化管理能力通常指其以信息化带动学校管理现代化，并将现代信息技术手段与教育管理理念融合的能力；校长的信息化评估能力通常指其使用一套客观、特定的方法或步骤去测度学校的发展状况，并对教育教学及教学管理等方面进行评价和估量的能力。

　　校长领导效能（leadership effectiveness，LE）是指校长在实施领导过程中表现出来的行为能力、工作状态和工作结果，即实现领导目标的领导能力和所获得的领导效果的系统整合。② 校长领导效能是学校发展的关键因素。国内外学者对校长领导效能均有不同程度的研究，这些研究主要以三大领导效能理论——领导特质理论、领导行为理论和领导权变理论为依据，结合学校管理的特殊性对校长领导效能进行阐述。③

　　目前，通过对国内外学术文献的梳理，我们发现国内关于中小学校长信息化领导力与其领导效能之间作用机制的研究极为匮乏。中小学校长的信息化

①　在本书个别章节，为考虑特定情境下的研究需要，将信息技术能力单独列出作为校长信息化领导力的组成成分，但其本身属于信息技术素养的核心成分，也可在很大程度表征信息技术素养。由于信息技术素养涉及信息技术意识、信息技术能力等多个维度，同时探索信息技术素养多个结构成分与其他变量之间的关系，易导致变量之间的模型关系复杂化，因此在进行信息技术素养表征方面，个别章节采用直接将信息技术能力单列的方式进行简化处理。但本节由于涉及校长信息化领导力与学校领导效能之间的关系，需审慎思考影响学校领导效能的因素，信息技术素养中的信息技术能力、信息技术意识等维度均可能是学校层面领导效能的影响因素，因此本节将信息技术素养单列为校长信息化领导力结构成分之一，以便探究校长个人层面信息化领导力与学校层面领导效能之间的作用关系。

②　贾汇亮.中小学校长领导效能的调查与分析[J].教学与管理,2007(34):11-13.

③　贾汇亮,凌玲.中小学校长领导效能的表现及影响因素研究[J].广东第二师范学院学报,2006,26(6):77-80.

领导力究竟对其领导效能存在何种影响呢？为了对此问题进行探究，我们通过收集的实证数据，利用 AMOS 17.0 软件，从教师评价的角度对中小学校长信息化领导力与校长领导效能之间的作用机制进行结构方程模型分析，以便分析和检验中小学校长信息化领导力与其领导效能之间的自变量、中介变量和因变量的数量关系，进而为中小学学校领导效能的提升提供价值参考。

目前，国内外学者已经在校长信息化领导力与其领导效能不同方面之间的关系方面做了一定程度的研究。I. H. Chang[①] 的研究表明：校长信息化领导力对提升教师的信息技术素养以及教师效能具有影响作用。C. C. Hsieh 等[②]的研究结果表明：校长的信息化领导力对教学创新具有影响效应。在教育信息化背景下，校长的信息化领导力如何作用于其领导效能、校长信息化领导力不同方面之间存在何种关联机制尚需进一步探究。为了更科学地提出研究假设，笔者从实践可能性的角度出发，在征询相关专家意见的基础上，将表 6-1 的基本路径假设作为测量模型构建的路径依据。

表 6-1　　　　　　　　　　　基本路径假设情况表

基本路径假设	路径名称
校长的信息技术素养（ITL）对其信息化规划能力（IPC）具有直接的正向作用效应	H1
校长的信息技术素养（ITL）对其信息化管理能力（IMC）具有直接的正向作用效应	H2
校长的信息技术素养（ITL）对其信息化评估能力（IAC）具有直接的正向作用效应	H3
校长的信息化规划能力（IPC）对其信息化管理能力（IMC）具有直接的正向作用效应	H4
校长的信息化评估能力（IAC）对其信息化管理能力（IMC）具有直接的正向作用效应	H5
校长的信息化规划能力（IPC）对其信息化评估能力（IAC）具有直接的正向作用效应	H6
校长的信息化管理能力（IMC）对学校领导效能（LE）具有直接的正向作用效应	H7

---

① CHANG I H. The effect of principals' technological leadership on teachers' technological literacy and teaching effectiveness in taiwanese elementary Schools[J]. Educational Technology and Society,2012,15(2):328-340.

② HSIEH C C, YEN H C, KUAN L Y. The relationship among principals' technology leadership, teaching innovation, and students' academic optimism in elementary schools [J]. International Association for Development of the Information Society,2014(12):113-120.

　　基于表 6-1 的基本路径假设,我们构建了校长信息化领导力对学校领导效能作用机制的假设模型(图 6-1)。

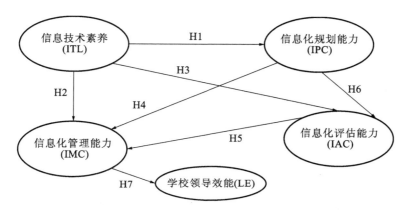

图 6-1　校长信息化领导力对学校领导效能作用机制的假设模型图

　　根据结构方程模型的研究思路,笔者采用问卷调查法来收集数据,并在概念模型确定后,通过文献研究归纳出可直接应用的测量题项,再根据本研究目的进行修改或自设题目,初步设计出与各测量指标相对应的题项。为避免问卷题项存在结构和语义问题,笔者与多位专家谈论,并采纳了他们提出的修改意见,得到一份可测问卷。之后随机抽取 35 位受访者进行填答,经过信度和效度检验后,获得最终的正式调查问卷。调查问卷包括两个部分:第一部分主要测量教师的基本信息;第二部分是观测指标题项,共有 20 个,分别测量校长信息技术素养、校长信息化规划能力、校长信息化管理能力、校长信息化评估能力及领导效能,题目选项均采用李克特五点量表法进行测量。本研究采用实地和网络结合发放问卷的形式,并依据目的抽样的原则分层选取 S 市中学教师进行问卷调查,共计回收问卷 380 份,其中有效问卷 369 份。

　　在利用正式调查问卷数据样本进行结构方程模型分析之前,需利用 SPSS 19.0 软件对正式调查问卷进行信度和效度分析,判断所测数据的可靠性和有效性。本研究采用 Cronbach's α 系数来检验正式调查问卷的信度,基于 SPSS 19.0 软件的信度检验结果为:ITL 的 α 为 0.905,IPC 的 α 为 0.868,IMC 的 α 为 0.864,IAC 的 α 为 0.821,LE 的 α 为 0.938。通常情况下,一般探索性研究中 Cronbach's α 系数在 0.6 以上,被认为可信度较高。[①] 可见,问

① 　张文彤. SPSS 统计分析高级教程[M]. 北京:高等教育出版社,2004:146-147.

卷通过了信度检验。KMO 值接近 1,巴特利特球体检验的 sig 值小于显著水平 0.05,且因子载荷大于 0.5 就表示适合做因子分析,即问卷具有良好的结构效度。[①] 本研究利用 SPSS 19.0 软件对题项数据进行因子分析,所得 KMO 和巴特利特球体的检验系数均为 0.844,表明测量模型的结构效度较高。

　　为了检验校长信息化领导力对学校领导效能作用机制的假设模型是否合理,笔者用 AMOS 17.0 软件对结构方程模型进行分析,结果表明:H6 路径未通过检验(这条路径所对应路径系数的显著性水平 P 值均高于 0.1,原假设不成立),因此本研究删除 H6 路径。此外,根据因子载荷的基本拟合标准,即因子载荷必须介于 0.5~0.95,本研究结合具体的学校管理实际进行了相关修正:①由于 ITL2、IPC4、IMC3、IAC2 的因子载荷低于 0.5,本研究将 ITL2、IPC4、IMC3、IAC2 四个观测指标从测量模型中去除;②利用 MI 修正指数对模型进行调整,增加 LE3 与 LE4 的残差变量间的相关路径。经过修正,结构方程模型的检验结果(表 6-2)符合 SEM 的拟合标准,本研究的模型整体拟合度较高,RMSEA、CFI、TLI rho2 等指标符合结构方程模型对整体拟合程度的要求。

表 6-2　校长信息化领导力对学校领导效能作用机制的结构方程模型检验结果

模型	NFI Delta1	RFI rho1	IFI Delta2	TLI rho2	CFI	RMSEA
默认模型	0.936	0.919	0.959	0.948	0.959	0.068
拟合标准	>0.90	>0.90	>0.90	>0.90	>0.90	<0.08

　　修正后的模型共计 16 个观测变量,校长信息化领导力对学校领导效能作用机制的测量变量表如表 6-3 所示。

　　为了清晰地呈现校长信息化领导力与学校领导效能之间的关联机制,本研究利用 AMOS 17.0 软件生成带有路径系数的结构方程模型,得出标有路径系数的结构方程模型图,即校长信息化领导力对学校领导效能作用机制的结构方程模型图,如图 6-2 所示。

　　为了较为清晰地探析校长的信息技术素养、信息化规划能力、信息化管理能力、信息化评估能力与学校领导效能之间的作用路径关系,笔者列出了相应的作用关系表,如表 6-4 所示。

---

①　杨晓明. SPSS 在教育统计中的应用[M]. 北京:高等教育出版社,2004:95.

表 6-3   校长信息化领导力对学校领导效能作用机制的测量变量表

ITL	IPC	IMC	IAC	LE
ITL1:具有一定的信息技术知识、技能和对信息技术的领悟能力; ITL3:能够指出日常教学和管理中信息技术应用的优势与问题; ITL4:能够分析信息技术在学校应用的有效性	IPC1:合理组织编制信息化发展规划; IPC2:组织制订学校信息化规章制度,建立人事、财务、资产管理等信息化工作保障机制; IPC3:组织编制信息技术课程教学计划	IMC1:组织运用信息技术对人事财务、资产后勤、安全保卫与卫生健康等进行管理; IMC2:组织建设校园信息化教学环境,营造校园信息化育人氛围; IMC4:推动教师运用信息技术开展启发式、参与式等信息化教学	IAC1:组织评估学校信息化环境建设状况及终端设备、工具平台、软件资源等利用绩效; IAC3:科学评估学校信息化相关政策制度、队伍建设的合理性、有效性; IAC4:组织评估学生信息化学习素养的能力	LE1:学校教学规划得到合理设计; LE2:校长与教职工之间管理、沟通效率得到有效提升; LE3:教师的培训工作得以有效开展; LE4:教师的教学能力得到有效提升,学生素养、学习能力得到有效提高

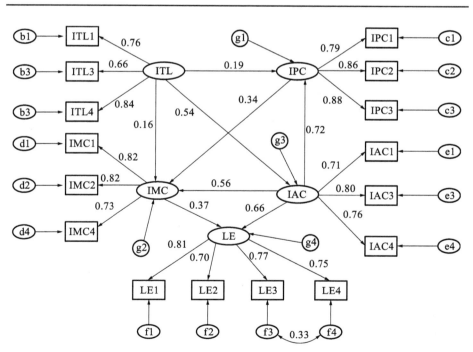

图 6-2   校长信息化领导力对学校领导效能作用机制的结构方程模型图

表 6-4 ITL、IAC、IPC、IMC、LE 间的作用关系表

	作用方向	ITL	IAC	IPC	IMC
全部作用	IAC	0.535	0.000	0.000	0.000
	IPC	0.572	0.716	0.000	0.000
	IMC	0.656	0.800	0.342	0.000
	LE	0.594	0.952	0.127	0.371
直接作用	IAC	0.535	0.000	0.000	0.000
	IPC	0.189	0.716	0.000	0.000
	IMC	0.163	0.555	0.342	0.000
	LE	0.000	0.656	0.000	0.371
间接作用	IAC	0.000	0.000	0.000	0.000
	IPC	0.384	0.000	0.000	0.000
	IMC	0.493	0.245	0.000	0.000
	LE	0.594	0.297	0.127	0.000

基于以上的数据分析结果,可以发现,校长的信息化领导力对学校领导效能的作用机制如下。

(1)校长的信息技术素养可对其信息化规划能力、信息化管理能力、信息化评估能力产生直接的正向作用效应,相应的正向作用系数依次为 0.189、0.163、0.535。与对校长的信息化规划能力、信息化管理能力的正向作用效应相比,校长信息技术素养对其信息化评估能力的正向作用效应较大。

(2)校长的信息化规划能力能够对其信息化管理能力产生直接的正向作用效应(正向作用系数为 0.342),校长的信息化评估能力对其信息化管理能力与信息化规划能力具有直接的正向作用效应(正向作用系数分别为 0.555、0.716)。

(3)校长的信息化管理能力与信息化评估能力可对学校领导效能产生直接的正向作用效应,相应的正向作用系数分别为 0.371、0.656。与校长信息化管理能力相比,校长信息化评估能力对学校领导效能具有较大的直接促进效应。

(4)校长的信息技术素养、信息化规划能力、信息化评估能力可对学校领导效能产生间接作用效应,相应的间接作用系数分别为 0.594、0.127、0.297。校长的信息技术素养可通过直接作用于其信息化规划能力、信息化管理能力、

信息化评估能力而对学校领导效能产生间接促进效应。校长的信息化规划能力可通过直接作用于校长信息化管理能力而对学校领导效能产生间接促进效应。校长信息化评估能力除了直接促进学校领导效能,还可通过作用于信息化规划能力、信息化管理能力而对学校领导效能产生间接促进效应。

(5)结合直接作用效应和间接作用效应,可得出校长的信息技术素养、信息化规划能力、信息化管理能力、信息化评估能力与学校领导效能的总作用关系表达式:LE＝0.594ITL＋0.127IPC＋0.371IMC＋0.952IAC。与信息技术素养、信息化规划能力、信息化管理能力相比,校长的信息化评估能力的提升对学校领导效能的提升能够产生较大的促进效应。

二、指向学校领导效能提升的校长信息化领导力发展建议

结合本研究的数据分析结果,基于中小学校长信息化领导力对学校领导效能的作用机制,针对如何更有效地提升学校领导效能,本研究从以下四个方面提出相关建议。

(一)科学提升校长的信息技术素养

素养,是指一个人的修养。从广义上讲,素养包括道德品质、思想意识、知识水平与能力等各个方面。一般而言,信息技术素养能够为有效参与教育提供所需要的多维知识与技能。[①] 在教育信息化的发展背景下,校长的信息技术素养不仅包含校长的信息化意识,还包含信息技术知识、技能和对信息技术的思考和领悟能力。校长只有树立正确的教育信息化理念,具备相应的信息技术知识、技能,以及对信息技术的思考和领悟能力,才能有效实现一所学校的信息技术教育应用,校长的信息技术素养才能对学校的信息化发展产生引领效应。从本研究的结论可以看出,科学提升校长的信息技术素养可对校长的信息化规划能力、信息化管理能力、信息化评估能力的发展产生直接的促进效应,进而有利于校长信息化领导力的结构优化及学校领导效能的间接提升。在中小学教育实践中,诸多校长还需进一步科学提升自身的信息技术素养。针对如何科学提升校长的信息技术素养,笔者建议:(1)校长深入学习当前先进的教育信息化理念和教育信息化手段;(2)地区教育行政部门尝试构建校长专业发展联盟,以学习共同体的形式"抱团"提升校长的信息技术素养;(3)在校长培训内容的设计方面,政府有关部门及校长培训部门可合理加强校长信息技术素养的培养。

---

①　赵婧,李永杰.信息技术素养:教师专业素养应有之义[J].教育理论与实践,2014,34(14):36-38.

（二）合理提升校长的信息化管理能力

学校教育信息化的有效推进需要信息化管理。校长的信息化管理水平在一定程度上是有效推进学校信息化建设的关键因素。[①] 一般而言，校长的信息化管理涉及学校具体的管理实践，其往往直接作用于学校发展的主力军——教职工群体。校长与教职工群体在业务沟通、教学管理、学生发展、教师发展等诸多方面不可避免地存在相应的智慧交集，校长信息化管理能力的合理提升将成为真正提升教职工群体工作积极性及工作效率的关键性因素。由本研究的结论可知，校长的信息技术素养、信息化规划能力、信息化评估能力的提升均能直接促进校长信息化管理能力的提升，且校长信息化管理能力的提升能够直接促进学校领导效能的提升。为了合理提升校长的信息化管理能力，笔者建议：（1）更多地将信息技术素养的提升与管理实践融合，信息技术素养是信息化管理能力发展不可或缺的"养料来源地"，其对校长信息化管理能力的发展具有重要的基础导向作用；（2）明晰校长信息化规划能力、信息化评估能力与校长信息化管理实践的互动方式、互动途径及互动模式，尝试利用信息化手段共享学校战略规划发展信息、学校管理信息及学校评估信息，在规划信息和评估信息的数据支撑基础上合理提升学校的信息化管理效能。

（三）着重发展校长的信息化评估能力

由本研究的结论可知，在校长信息化领导力的结构成分中，校长信息化评估能力对学校领导效能的影响效应较大，因此着重发展校长的信息化评估能力在一定程度上有利于学校领导效能的有效提升。本研究建议主要从"为什么评估""评估什么""用什么方式评估""怎么评估"等环节加强校长对信息化评估的认识、理解与反思，从而促进校长信息化评估能力的提升。从整体上看，校长的信息化评估能力的提升对校长信息化领导力的整体发展及学校领导效能的提升均能发挥出重要的推进作用。校长信息化评估能力的发展，不仅要求校长信息化评价能力的发展，而且要求校长信息化估量能力的提升。根据国内外相关研究，本研究将信息化评价能力概括为教学评价、教学资源评价、人力资源评价、管理评价、环境建设评价等方面的综合性能力[②]，其对明晰教学与管理现状、资源建设与利用现状具有重要意义，有助于校长在明确学校信息化发展现状的基础上做出科学估量，从而提升校长的信息化估量能力。

---

① 谢忠新，张际平.基于系统视角的校长信息化领导力评价指标研究[J].现代教育技术，2009，19(4):5.

② 张岩波.潜变量分析[M].北京:高等教育出版社,2009:87.

一般而言,校长信息化估量能力的提升有利于校长更科学地提出学校信息化发展规划,更合理地调控信息化管理流程。因此,从信息化评价能力、信息化估量能力等方面提升校长的信息化评估能力可在一定程度上促进校长信息化规划能力与信息化管理能力的发展。

（四）加强信息化领导力结构成分间的因子关联度

信息化领导力的不同结构成分如何更有效地以"整体运转"的生态化方式对学校领导效能产生影响,这在一定程度上取决于如何加强信息化领导力结构成分间的因子关联度。在校长信息化领导力的构建与发展过程中,校长需要建立清晰的信息化目标和实施路径,且需要从整体上把握其信息技术素养、信息化规划能力、信息化管理能力、信息化评估能力的协调性发展。因此,校长需要明晰其信息化领导力的不同结构成分间的关系,有针对性地加强其信息化领导力结构成分间的因子关联度,从而促进其信息化领导力结构的合理构建与发展。从本研究的结构方程模型路径图可知:校长的信息技术素养能够直接促进其信息化规划能力、信息化管理能力、信息化评估能力的发展,校长的信息化评估能力的发展可在一定程度上促进其信息化规划能力和信息化管理能力的发展,校长的信息化规划能力的发展能够直接促进其信息化管理能力的发展。从系统论的角度而言,在教育实践中,校长的信息技术素养、信息化规划能力、信息化管理能力、信息化评估能力属于其信息化领导力结构体系的不同生态因子,可基于不同生态因子的相互作用关系,并根据其信息技术素养、信息化规划能力、信息化管理能力、信息化评估能力在作用网络中的外在表现形式,找寻适宜不同生态因子协同发展的路径、方式与模式。这将在一定程度上有助于信息化领导力以"生态整体"的形式作用于学校领导效能,进而推动学校领导效能的有效提升。

第二节　校长信息化领导力与学校信息化发展的关系研究

随着信息技术的持续更新与变革,学校信息化发展与校长信息化领导力的关系成为教育信息化发展的关键议题。面向 J 省中小学校长开展实证调研,发现我国中小学信息化发展与校长信息化领导力建设虽取得一定成效,但依然存在教育信息化设施配置缺乏校级技术应用规划、学校信息化管理亟须凸显数据思维、校长信息化领导力培育遭遇数据治理素养瓶颈、学校信息化发展与校长信息化领导力存在显著城乡差异等问题。因此,基于调研分析结果,提出助推学校信息化高质量发展的校长领导策略:基于学校信息化发展实际,动态调整校级教育技术发展规划;搭建城乡跨校数字资源共建共享平台,着重建设在线教学数据库;推进学校教育大数据挖掘,建立基于教育证据的信息化管理体系;关注校长教育数据治理能力提升,突破数据治理素养培育瓶颈。

　　教育信息化是教育系统性变革的内生变量,是推进教育改革的重要支撑力,也是实现教育公平、区域均衡发展的重要举措。与传统的学校信息化发展相比,新时代学校的信息化发展呼唤校长工作的变革与转型。[①] 作为学校的核心领导者,校长需积极发挥信息化领导力,及时应对智能技术变革。2018 年,教育部出台《教育信息化 2.0 行动计划》,强调校长身为学校关键成员,须及时应对人工智能、教育大数据、5G 等信息技术带来的机遇与挑战,在破解教育信息化发展困境方面发挥关键作用。[②]《教育信息化"十三五"规划》指出,校长应在信息技术与教育教学整合方面发挥领导作用。[③] 作为学校领导团队的核心人员,校长肩负着带领学校成员共同进步并实现学校目标的领导使命,其信息化领导力是破解学校信息化发展困境、推动学校信息化发展的关键,其将决定学校能否安然地在信息化浪潮中昂首挺进,也将决定信息技术在学校教育中的渗透力度和实际功效。因此,本研究尝试以中小学校长为调研对象,开展实证调研,探索校长信息化领导力与中小学信息化发展的具体关系,以期为新时代学校信息化建设与教育信息化发展提供价值参照。

一、研究设计与实施

　　通过梳理文献发现,目前学界愈发关注校长信息化领导力在推动学校信息化发展中的重要价值。例如,郅庭瑾等[④]基于实证调研,指出校长信息化领导力对学校信息化效能具有正向影响作用;伍海燕[⑤]指出,校长的教育技术领导力为学校信息化建设提供了巨大的内在动力,同时学校信息化建设的发展

[①]　BLAU I, PRESSER O. E-leadership of school principals:Increasing school effectiveness by a school data management system[J]. British Journal of Educational Technology, 2013, 44(6):1000-1011.

[②]　中华人民共和国教育部. 教育部关于印发《教育信息化 2.0 行动计划》的通知[EB/OL]. (2018-04-18) [2021-01-24]. http://www. moe. gov. cn/srcsite/A16/s3342/201804/t20180425_334188. html.

[③]　中华人民共和国教育部. 教育部关于印发《教育信息化"十三五"规划》的通知[EB/OL]. (2016-06-07) [2021-01-24]. http://www. moe. gov. cn/srcsite/A16/s3342/201606/t20160622_269367. html.

[④]　郅庭瑾,赵磊磊. 校长的信息化领导力如何影响学校的信息化效能——基于结构方程模型的实证分析[J]. 现代远距离教育,2016(2):63-69.

[⑤]　伍海燕. 中小学校长教育技术领导力与学校信息化发展的互动关系研究[J]. 现代教育技术,2010,20(10):16-20.

也带动校长领导力的进一步提高,两者呈现一种良性的互动关系;Mojgan Afshari 等[①]学者指出,校长的技术领导者角色对于促进学校信息化教学与管理具有重要意义。但同时,随着教育信息化 2.0 的深入建设,虽然有学者对教育信息化 2.0 时代校长信息化领导力的内涵演变与提升模式进行了探索[②],但校长信息化领导力与学校信息化发展之间的内在作用机理是否在新的信息化建设背景下产生了创新性的变革路径尚待挖掘。由此,本研究基于校长视角开展问卷调研,并依据《中小学校长信息化领导力标准(试行)》,结合智能时代校长信息化领导实践的转型诉求,从规划设计、组织实施、评价推动等方面设计校长信息化领导力测评量表,旨在深度剖析校长信息化领导力与学校信息化发展之间的内在关系。

此外,笔者通过对教育信息化发展水平测评研究的文献进行梳理,发现多数研究构建的教育信息化评测指标涉及信息化设施、数字资源建设、信息化管理三个方面。例如,张屹等[③]从信息化应用、数字化资源建设等维度构建了省级层面的基础教育信息化评估指标体系;成江荣等[④]从学校信息化基础硬件数量、信息化教学资源来源及数量等方面设计了学校层面的教育信息化绩效评估指标体系。由此,本研究依据上述教育信息化评测指标,并结合典型示范区域的智慧校园建设标准,尝试从信息化设施、数字资源建设、信息化管理三个方面设计学校信息化发展的测评量表。除基本信息外,量表题目均采用李克特五点量表法计分,用 1~5 分别代表"非常不符合""比较不符合""一般""比较符合"及"非常符合"。

自我国教育信息化建设进入 2.0 阶段以来,J 省教育信息化战线认真落实国家教育信息化建设行动计划,其开展的各项教育信息化建设工程均取得了显著成效,持续推进智慧校园建设工作,不断提高信息技术与学校课程的整合程度,日益重视教师信息化教学能力的培育工作。此外,由于 J 省经济发展水平、教育信息化发展指数等信息化指标均居于全国前列,在教育信息化发展方面具有良好的省域示范性与引领性,故本研究选取 J 省作为调研区域。因

①　AFSHARI M, BAKAR K A, LUAN W S, et al. School leadership and information communication technology[J]. Turkish Online Journal of Educational Technology,2008,7(4):82-91.

②　雷励华,张子石,金义富.教育信息化 2.0 时代校长信息化领导力内涵演变与提升模式[J].电化教育研究,2021,42(2):40-46.

③　张屹,白清玉,杨莉,等.基础教育信息化应用水平实证测评模型及差异分析——以 X 省为例[J].电化教育研究,2015,36(3):34-40.

④　成江荣,解月光.农村中小学教育信息化绩效评估指标体系的构建[J].中国电化教育,2011(2):47-52.

此,本研究拟面向 J 省中小学校长,基于问卷调查与分析,剖析校长信息化领导力与学校信息化发展之间的内在关系。在正式调研之前,首先进行了小范围的问卷发放与检验,删除信度较低的指标,最终形成正式的调查问卷。本研究基于问卷星平台进行样本采集,共获取 J 省中小学校长(包括副校长)有效问卷 1654 份。经 Cronbach's α 系数及 KMO 系数检验,问卷通过了信度和效度检验。

二、校长信息化领导力与学校信息化发展的现状描述

校长信息化领导力与学校信息化发展的现状描述结果如表 6-5 所示。总体而言,当前校长信息化领导力建设与学校信息化发展的实际成效较为显著,教育信息化基础设施、数字资源建设与应用情况良好,但仍存在校级技术应用规划不足、农村学校信息化建设质量有待提升、校长数据治理素养培育遭遇瓶颈等现实难题。

表 6-5　**校长信息化领导力与学校信息化发展的现状描述**

测评维度	测评题项	均值	标准偏差
教育信息化设施配置	您所在学校能够有效利用宽带网络进行教育教学相关工作	4.09	0.905
	您所在学校在信息化设施规划时有十分明确的技术应用重点	2.97	0.917
	您所在学校对新技术产品的采购、更新、应用规划、使用反馈均较为重视	3.63	0.655
	您所在学校的教师及学生能够在需要时较为方便地获取并利用学校的信息化设备	3.82	0.916
数字资源建设与应用	您所在学校师生基本信息数据库等数字资源库的建设成效显著	3.93	0.824
	您所在学校的数字资源建设已经不仅仅停留在日常性资源库建设	4.02	0.742
	您所在学校已经启动智慧教育资源建设计划	4.07	0.67
	您所在学校的慕课、微课等资源的建设情况较好或真实使用率较高	4.12	0.791

测评维度	测评题项	均值	标准偏差
信息化管理	您认为学校教育工作人员具有较强的信息化管理意识与能力	3.90	0.877
	您认为校内核心教育管理业务的数据共享水平较高	3.49	0.943
	您所在学校对大数据等新技术与教育管理的结合具有较丰富的经验	3.36	0.965
	您所在学校关键业务部门的核心业务流程信息化程度较高	3.95	0.773
	您所在学校有专人负责学校信息化建设	4.01	0.752
	您对如何利用大数据开展教育决策与管理比较熟悉	3.35	0.821
校长信息化领导力	您能够根据学校发展需要制订和实施校级信息化教学培训计划	4.18	0.701
	您能够组织评估学校信息化环境建设状况及终端设备、工具平台、软件资源等利用绩效	3.97	0.826
	您能够组织学校数据平台有效收集与分析师生数据	3.49	0.829
	您能够组织编制信息技术课程教学计划，提高学生信息素养和信息化学习能力	3.95	0.731
	您认为有必要实现学校教务系统、财务系统等不同数据系统的信息流动与共享	3.77	0.875

（一）教育信息化基础设施配置、数字资源建设与应用良好，但缺乏校级技术应用规划

在教育信息化设施配置、数字资源建设与应用方面，中小学教育信息化基础设施配备较为齐全，校本化数字资源建设与应用成效显著。具体体现在：教育信息化设施配置测评维度中的"您所在学校能够有效利用宽带网络进行教育教学相关工作"题项及"您所在学校的教师及学生能够在需要时较为方便地获取并利用学校的信息化设备"题项的均值分别达到 4.09 与 3.82；数字资源建设与应用测评维度中"您所在学校的慕课、微课等资源的建设情况较好或真实使用率较高"等全部题项的均值均在 3.9 以上。但与此同时，中小学信息化

建设也面临着校际技术应用规划不足的现实难题,具体体现在:教育信息化设施测评维度中,"您所在学校在信息化设施规划时有十分明确的技术应用重点"题项的均值仅为 2.97。

(二)学校信息化管理水平较高,但数据思维亟须凸显

在信息化管理方面,目前中小学普遍开始重视利用信息技术提升教育管理效率与质量,尤其是安排专人管理学校信息化建设工作,且相关人员普遍具有较高的信息化管理能力,具体体现在:"您所在学校有专人负责学校信息化建设"题项的均值达到 4.01,"您认为学校教育工作人员具有较强的信息化管理意识与能力"题项的均值达到 3.90。但同时,不少中小学在信息化管理过程中依然欠缺数据思维,基于师生海量数据的信息化管理体系尚未建立,具体体现在:"您所在学校对大数据等新技术与教育管理的结合具有较丰富的经验""您认为校内核心教育管理业务的数据共享水平较高"两个题项的均值仅为 3.36 及 3.49。

(三)校长信息化领导力培育成效良好,但面临数据治理素养瓶颈

在校长信息化领导力方面,目前中小学校长信息化领导力培育已取得较好成效,校长信息化规划能力、信息化组织实施能力、信息化评估能力均处于较高水平,具体体现在:"您能够根据学校发展需要制订和实施校级信息化教学培训计划"题项的均值达到 4.18,"您能够组织评估学校信息化环境建设状况及终端设备、工具平台、软件资源等利用绩效"题项的均值达到 3.97,"您能够组织编制信息技术课程教学计划,提高学生信息素养和信息化学习能力"题项的均值达到 3.95。但同时,基于表 6-5 相关数据可知,中小学校长的数据治理素养仍有待提升,具体体现在:"您对如何利用大数据开展教育决策与管理比较熟悉"题项的均值仅为 3.35,"您能够组织学校数据平台有效收集与分析师生数据"题项的均值仅为 3.49。

(四)学校信息化发展、校长信息化领导力存在显著城乡差异

笔者利用单因素方差检验、独立样本 t 检验,探究不同学历、不同地区的中小学校长的信息化领导力及其所在学校信息化发展各维度的差异性,差异性检验结果如表 6-6 所示。可见,校长的信息化领导力及学校信息化发展各维度具有显著的城乡差异,不同学历的中小学校长的信息化领导力、所在学校信息化发展之间不存在显著差异。具体来看,乡村、县区的中小学校长的信息化领导力、学校信息化发展水平均显著低于城市地区的中小学校长的信息化领导力、学校信息化发展水平。相比城市地区学校,乡村地区学校信息化发展的基础设施建设资源投入、人力资源投入存在较大缺口,这加大了城乡学校信息化发展水平的差距。同时,乡村地区学校校长信息化领导力显著低于城市

地区学校校长信息化领导力,这可能会进一步催生乡村学校信息化管理水平落后、信息化发展宏观调控缺位等现实问题。

表 6-6　　　　校长信息化领导力、学校信息化发展水平的差异性分析

测评维度		学历				地区		
		高中以下	高中	本科	研究生	乡村	县区	城市
校长信息化领导力	均值	4.259	3.773	4.254	4.143	4.161	4.108	4.312
	标准差	0.488	1.009	0.730	0.815	0.671	0.724	0.741
	显著性	0.083				0.000		
教育信息化设施配置	均值	4.26	4.00	4.29	4.28	4.10	4.14	4.38
	标准差	0.656	1.095	0.805	0.715	0.826	0.820	0.772
	显著性	0.687				0.000		
信息化管理	均值	4.204	3.727	4.179	4.082	4.019	4.031	4.251
	标准差	0.505	0.984	0.745	0.766	0.706	0.733	0.746
	显著性	0.136				0.000		
数字资源建设与应用	均值	4.11	3.45	4.14	4.12	4.04	4.00	4.20
	标准差	0.751	0.934	0.831	0.790	0.747	0.851	0.827
	显著性	0.057				0.000		

三、校长信息化领导力与学校信息化发展的关系特征

(一)校长信息化领导力与学校信息化发展高度相关

利用积差相关系数(pearson 系数)计算变量间的关系,其相关性如表 6-7 所示。相关系数的绝对值越大,相关性越强:相关系数越接近于 1 或 -1,相关性越强;相关系数越接近于 0,相关性越弱。若显著性 $P \leqslant 0.05$,则认为组间差异显著。由表 6-7 可知,校长信息化领导力与教育信息化设施配置、信息化管理、数字资源建设与应用的相关系数依次为 0.479、0.370、0.372,并且各个相关系数的显著性 $P \leqslant 0.05$,因此校长信息化领导力与教育信息化设施配置、信息化管理、数字资源建设与应用具有显著的相关性。由此可知,校长信息化领导力与学校信息化发展高度相关,在学校信息化建设中,应兼顾教育信息化设施配置、信息化管理、数字资源建设与应用的推进及校长信息化领导力的培育。

表 6-7　　　　　　　校长信息化领导力与学校信息化发展水平的相关性

		教育信息化 设施配置	信息化管理	数字资源建设 与应用
校长信息化领导力	相关性	0.479**	0.370*	0.372*
	显著性	0.001	0.016	0.015

注：

＊代表 5％显著性水平，即 $P<0.05$，说明某件事情的发生至少有 95％的概率；

＊＊代表 1％显著性水平，即 $P<0.01$，说明某件事情的发生至少有 99％的概率；

＊＊＊代表 0.1％显著性水平，即 $P<0.001$，说明某件事情的发生至少有 99.9％的概率。

（二）校长信息化领导力、数字资源建设与应用对信息化发展具有较大影响

在校长信息化领导力测评方面，笔者运用 SPSS 19.0 软件，通过回归分析得出教育信息化发展水平的预测模型。笔者将信息化发展水平作为因变量，将数字资源建设与应用、校长信息化领导力、教育信息化设施配置、信息化管理作为自变量，通过回归分析方法获得学校信息化发展水平的预测变量，如表 6-8 所示。由回归分析结果可知，数字资源建设与应用、校长信息化领导力、教育信息化设施配置、信息化管理均对学校信息化发展水平存在显著预测效应。从自变量对学校信息化发展水平的预测效应大小来说，校长信息化领导力对学校信息化发展水平的预测效应最大（预测系数为 0.406），其次是数字资源建设与应用（预测系数为 0.210），这表明校长信息化领导力、数字资源建设与应用是推动学校信息化发展的关键。

表 6-8　　　　　　　学校信息化发展水平的预测模型系数

学校信息化发展 水平的预测模型	非标准化系数		标准化 系数	t	sig	共线性统计量	
	B	标准 误差				容差	VIF
（常量）	0.881	0.132	—	6.653	0.000	—	—
教育信息化设施配置	0.068	0.028	0.079	2.389	0.017	0.741	1.349
数字资源建设与应用	0.210	0.045	0.210	4.634	0.000	0.396	2.523
校长信息化领导力	0.406	0.042	0.438	9.777	0.000	0.407	2.460
信息化管理	0.126	0.030	0.131	4.255	0.000	0.856	1.168

（三）信息化管理为教育信息化设施配置、数字资源建设与应用间的中介变量

本研究基于 Bootstrap 方法，利用 SPSS 软件的 Process 插件来验证中介模型。一般而言，若 95％置信区间没有 0，则表明有显著的中介效应。基于以

上分析,本研究将教育信息化设施配置设置为自变量,将数字资源建设与应用设置为因变量,将信息化管理设置为中介变量,并将置信区间设置为 95%,进行中介效应检验,得出中介效应分析表,如表 6-9 所示。信息化管理为教育信息化设施配置作用于数字资源建设与应用的中介变量,且中介效应显著(BootLLCI 和 BootULCI 之间不包括 0)。其中,教育信息化设施配置对数字资源建设与应用的直接效应系数为 0.3161,教育信息化设施配置通过信息化管理作用于数字资源建设与应用的中介效应系数为 0.0331。基于上述分析可知,信息化管理对于协调教育信息化设施配置、数字资源建设与应用具有关键性作用,其在教育信息化设施配置作用于数字资源建设与应用中扮演着极为重要的中介角色,学校数字资源的合理建设与应用需以学校信息化基础设施为支撑,以学校信息化管理机制为保障,并最终在教育信息化建设的行动框架中有效嵌入信息化技术工具与数字平台的建设与应用。

表 6-9　教育信息化设施、数字资源建设与应用、信息化管理间的中介效应分析表

模型	$Y=$ 数字资源建设与应用,$X=$ 教育信息化设施配置,$M=$ 信息化管理					
	X 对 Y 的直接效应					
直接效应	效应值	SE	t	P(显著性水平)	LLCI	ULCI
	0.3161	0.0382	8.2860	0.0000	0.2412	0.3911
	X 对 Y 的间接效应					
中介效应	信息化	效应值	BootSE	BootLLCI	BootULCI	
	管理	0.0331	0.0108	0.0150	0.0575	

四、指向学校信息化发展的校长信息化领导力培育策略

(一)基于学校信息化发展实际,动态调整校级教育技术发展规划

为破解教育信息化设施配置缺乏校级技术应用规划这一现实难题,校长应着力于动态调整校级教育技术发展规划。其一,校长应明确学校信息化发展的首要任务、重点方向,增强品牌意识,基于学校信息化发展优势打造富有学校特色的教育信息化名片,以品牌带动发展,并找准学校信息化建设弱势,进行政策层面的针对性布置。其二,校长可组织构建校级智慧教育决策委员会,制订清晰的智慧校园建设时间进度表,并适当进行技术审查与引入,有序推进智能校园建设,加速 5G、人工智能等新技术与教育教学的深度融合。其三,校长应拟定技术整合策略,构建智慧型校园。技术整合的目标是将技术融入组织运行与管理之中,让学校更有效地使信息技术服务于教学实践和发展

策略。① 一方面,校长在制订技术整合策略前需要把握大数据、人工智能等关键技术应用的实际价值,深入了解其发展趋势,并根据学校实际需求实现相关技术的引入与应用;另一方面,校长也需根据学校技术整合困境,调整技术应用思路,动态把握学校当前信息技术应用的实际价值与存在问题,并及时引入更具价值、更适合的技术手段,以动态的校级教育技术应用规划满足智慧校园变革的动态技术需求。

（二）搭建城乡在线教学资源共享平台,着重建设在线教学数据库

研究发现,乡村地区学校的信息化发展水平显著落后于城市地区学校的信息化发展水平。基于数字资源建设与应用成效对学校信息化发展具有正向支持作用,促进数字资源的优化配置成为缩小校际信息化发展差距及破解弱势学校信息化发展难题的务实之举。因此,可由各校校长牵头,调集优秀教师共建城乡在线教学资源共享平台,促进城乡教育一体化发展。一是建立"以点带面""以强带弱"的在线教育帮扶模式。大数据时代为优质线上教育资源共享和远程教育的实施提供了便利条件,各校校长可携手组建在线教学互助共同体及校际合作在线教育体系,推进城乡跨校协同,并设置专门的在线教学资源管理部门,以便各学校可以就自身信息化建设的优势与劣势进行结对互补。优势学校在结对中可以进一步巩固自身数字资源建设优势,劣势学校则能借助优势学校的数字资源不断提升自身的数字资源建设质量。二是注重在线教学数据库的建设。城乡各中小学应积极探索"互联网＋"教育模式,为学生及教师获取优质在线课程资源、教学资源提供平台支撑,并开发一批高质量的学习类 App、线上教育资源共享平台与在线教学数据库。

（三）推进学校教育大数据挖掘,建立基于教育证据的信息化管理体系

研究结果表明,学校信息化管理过程中的数据思维亟须凸显,且信息化管理为信息化设施配置和数字资源建设与应用的中介变量。教育大数据为智能时代学校信息化管理与教育教学的科学化决策提供了事实证据,因此校长应着力于推进学校教育大数据挖掘,组织学校建立基于教育证据的信息化管理体系,助力教育信息化的有效推进以及管理机制的创新变革。② 其一,校长应致力于组织完善智慧教学大数据应用平台,注重教育教学数据的挖掘、分析与

---

① DEES D, MAYER A, MORIN H, et al. Librarians as leaders in prcfessional learning communities through technology, literacy, and collaboration[J]. Library Media Connection, 2010 (29):10-13.

② DERYAKULU D, OLKUN S. Technology leadership and supervision: An analysis based on Turkish computer teachers' professional memories[J]. Technology, Pedagogy and Education, 2009, 18 (1):45-58.

共享,完善汇聚数字化教材与资源的需求分析、备课工具的个性化推送、教学行为的科学监测等系统功能,构建学生学业成长信息共享与分析的一体化服务机制,建立开放式学生学业成长数据库,并借助智能技术实现学生学业成长大数据分析的精准推送。其二,教育信息化管理过程中的信息化产品选择、采购、使用、评价与推广须以数据形式的师生实际需求为出发点。校长应组织建立畅通的学校信息化建设在线公示渠道与师生反馈渠道,利用大数据监测与智能分析技术,洞悉师生在信息化教学实践中的成功经验与现实困境,并引导师生积极表达其信息化教学体验与需求,避免选择与应用"操作过难""价值偏小"的技术,确保所制订的教育信息化决策契合师生的实际需求。

(四)关注校长教育数据治理能力提升,突破数据治理素养培育瓶颈

研究发现,校长信息化领导力遭遇数据治理素养培育瓶颈。基于校长信息化领导力对学校信息化发展水平的预测效应较大,着重提升校长的教育数据治理能力成为将数据治理素养融入校长信息化领导力培育体系、助力学校信息化高质量发展的关键路径。其一,各校校长应秉承教育数据治理理念,有效利用大数据、云计算等技术完善在线教学资源需求信息的采集与分析功能,注重推动大数据支撑下的教研方式变革,开展基于大数据的课堂分析、学习分析的试验,以促进教师教研方式的转型。其二,校长应组织学校建立信息化建设监测及预警系统。防范与化解学校信息化建设的风险需要全方位的监测系统与信息反馈沟通渠道,校长应注重学校信息化建设监测系统功能与预警模型的优化,利用云计算、大数据分析、智能分析等技术挖掘学校信息化建设证据,时刻把握学校信息化建设实况,倾听教师、学生、家长的实际诉求,预测学校信息化建设的潜在问题并及时生成解决方案。其三,校长应有意识地提升自身的教育数据风险治理意识与能力,并组织建立学校教育数据风险治理和防范小组,重点关注师生教育数据隐私泄露、教育数据流通与共享受阻、学校教育数据遭受非法入侵等问题,建立成熟的风险识别与响应机制,以确保学校信息化建设的安全发展。

第七章 信息化教学领导力：
校长信息化领导力的核心要素

　　课程教学是学校教育的核心环节,本章主要尝试阐述校长信息化教学领导力(informationization teaching leadership,ITL)是校长信息化领导力的核心要素。随着技术与教育教学领域的不断融合,促进技术在教育教学领域的有效应用成为国家教育信息化推进及教育现代化发展的重中之重。《国家中长期教育改革和发展规划纲要(2010—2020 年)》指出,国家需高度重视信息技术对教育改革与创新、教育现代化建设的革命性影响。[①]《教育信息化"十三五"规划》将深化信息技术与教育教学的融合发展列为教育信息化发展的关键任务。[②]"硬件的信息化"与"人的信息化"均是学校信息化发展的关键组成部分,两者相辅相成。[③] 当前我国教育信息化发展虽在"硬件的信息化"方面已取得较多成效,然而在如何推动"人的信息化"方面还有很长的路要走。校长是推进信息技术与教育教学融合的领导者与建设者,其对信息化教学的理解、领导与实践是信息技术与教育教学融合的关键。[④] 作为学校信息化发展的核心参与人员,校长在信息化教学改革的过程中不断面临新的挑战与要求,其信息化教学领导力对教师信息化教学能力及学校信息化教学成效的提升具有重要的价值导向作用,着力实现"校长的信息化"有利于推动信息技术与学校教育的深度融合。课程教学始终是学校教育的核心关注点,如何提升及培养校长的信息化教学领导力,是校长信息化领导力研究的核心热点议题,亟待思考与探究。

　　校长信息化领导力需作用于课程教学本身,方能有效促进师生发展,由此,教学层面的校长信息化领导力成为当下校长信息化领导力研究的热点。

---

　　① 国家中长期教育改革和发展规划纲要工作小组办公室.国家中长期教育改革和发展规划纲要(2010—2020 年)[EB/OL].(2011-10-29)[2017-12-25]. http://www. moe. gov. cn/srcsite/A01/s7048/201007/t20100729_171904. html.
　　② 任友群,郑旭东,吴旻瑜.深度推进信息技术与教育的融合创新——《教育信息化"十三五"规划》(2016)解读[J].现代远程教育研究,2016,29(5):3-9.
　　③ 邱翔宇.浅谈学校信息化建设的"与时俱进"[J].延安职业技术学院学报,2013,27(4):76-77.
　　④ 刘美凤.解码校长信息化领导力(续)——校长的信息化领导力[J].中小学信息技术教育,2009,8(4):4-7.

本研究对校长信息化教学领导力的概念、影响因素、提升路径予以分析，以期对教学层面的信息化领导力剖析提供价值参照。此外，本章通过假设与分析校长信息化教学领导力对教师 TPACK 的作用关系，探究校长信息化教学领导力的作用机制，引领、示范及推动教师信息素养的提升，以保障学校信息化教学应用成效，并从校长教学规划、校长教学环境建设、校长教学管理等方面对校长信息化教学领导视角下教师专业发展路径给予建议。

第一节　校长信息化教学领导力的概念诠释

据统计，很多中小学虽然在教育信息化基础建设方面已取得一定成效，但在学校信息化效益方面遭遇质疑。[①] 究其原因，学校在人员信息化层面的研究较为欠缺。诸多教育学者与专家指出，校长信息化领导力是破解学校信息化发展难题的关键抓手。一方面，校长信息化领导力可被视为一种促进技术在学校各个方面得到有效应用的能力，例如王陆[②]指出，校长信息化领导力属于一种借助技术方式与资源来影响学校成员并实现学校发展与创新的能力；另一方面，校长信息化领导力也可被视为通过促进信息技术在学校的应用进而引导和影响他人的过程，例如刘美凤[③]认为，校长信息化领导力可被理解为一种促进技术在学校的有效应用、带领学校成员实现学校目标及学校信息化的过程。校长信息化教学领导力是其信息化领导力在教学层面的具体体现，其同时具有信息化领导力及教学领导力的基本属性。

校长教学领导力有狭义与广义之分。从狭义角度看，校长教学领导力可被视为一种对课程教学产生直接领导效应的能力，此种领导效应往往作用于教师这一关键群体，并具体表现为校长与教师的教学沟通、促进教师专业发展及关怀教师心理等较多方面；从广义角度看，校长教学领导力可被视为一种影响课程教学的领导能力[④]，包括定义学校使命、管理课程与教学、创设积极学校风气等方面，此种影响不仅涉及直接影响，还涉及间接影响（其一般与学校

① 董艳,黄月,孙月亚,等.校长信息化教学领导力的内涵与结构[J].现代远程教育研究,2015,28(5):55-62.

② 王陆.未来学校前进之路——校长信息化领导力的愿景与实现[J].中小学信息技术教育,2010,9(10):10-11.

③ 刘美凤.解码校长信息化领导力(续)——校长的信息化领导力[J].中小学信息技术教育,2009,8(4):4-7.

④ HALLINGER P,MURPHY J. Assessing the instructional management behavior of principals [J]. The Elementary School Journal,1985,86(2):217-247.

教学目标与愿景、组织协作关系等保障课程教学实施的诸多要素有关）。通过对校长教学领导力的文献进行梳理，可以发现，校长教学领导力主要体现在明确愿景与目标、教学协作与交流、教学监测与督导、促进教师专业学习、关怀师生需求、激励师生发展、营造教学环境等具体职能。

校长信息化教学领导力的生成与发展，离不开技术与教学领导力的交互与融合。鉴于以往有关校长信息化领导力及教学领导力的研究较忽视对领导过程的思考与分析，本研究以教学领导过程作为校长信息化教学领导力研究的突破口，这在一定程度上有助于从校长技术接受的角度分析信息化教学领导力的生成与培养问题。一般而言，可对教学领导过程作出如下阐述：教学领导者的天职是带领群体或组织实现其教学目标或者教学规划，通过建设教学环境为教学工作的顺利开展提供路径与方式，并通过决策与管理促进教学目标的顺利实现。校长信息化教学领导力可被视为技术接受视角下校长教学领导力的变革产物。

第二节　校长信息化教学领导力的影响因素

从以往研究来看，较多学者主张基于技术接受视角探究校长信息化教学领导力的影响因素。技术接受涉及技术能否被接受、以何种方式被接受、在何种环节被接受等多个维度。笔者通过梳理文献发现，学术界普遍将技术接受模型（图 7-1）视为合理解释技术接受过程的一种理论模型[①]，其解释了个人在执行特定任务时其行为目的决定的个人特殊行为表现，可用于说明用户接受或拒绝采用信息技术的原因，同时也提出如何发展这种接受性，以及预知和解释这种接受性。该模型有两个基础性变量：感知有用性和感知易用性。

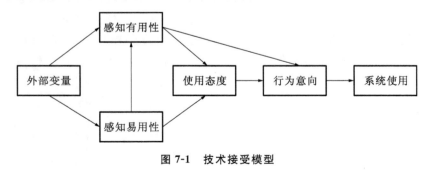

图 7-1　技术接受模型

① DAVIS F D. Perceived usefulness, perceived ease of use, and user acceptance of information technology[J]. MIS Quarterly,1989,13(3):319-340.

技术接受模型解释了用户接受外部变量与技术使用之间的临时关系,同时力图通过用户对使用方法知识和信息系统功能的感知来解释和理解用户的行为。参照技术接受模型,笔者将个体的技术接受划分为三个阶段,即技术感知、技术决策、技术运用。其中,技术感知属于技术决策、技术运用的基础阶段,个体通过决策与运用实现技术在个人信息系统的有效融入。

技术感知属于技术与个人信息系统融合的起点,其主要包括感知有用性与感知易用性两个方面。感知有用性是指人们对于使用某一特定技术工具可以增强其工作表现能力的认同程度。人们倾向于在可以增强他们工作表现能力的前提下来决定是否使用该技术程序。感知易用性是指用户认为系统使用能够减少努力付出的程度。技术决策、技术使用过程的优化与完成离不开技术感知的基础支撑。个体对于技术本身的感知将决定其对信息技术应用的直观感觉(有用和易用),因此直观感觉本身对于个体的技术融入具有导向意义。

使用态度和行为意向属于技术接受过程的技术决策阶段,此阶段的主要特征表现为个体赞同或者不赞同使用某种技术手段,以及尝试性地选择在何种环节使用或拒绝使用某项技术。使用态度不仅受技术感知有用性和感知易用性的影响,而且个体在对某种技术手段形成某种价值偏向的过程中,往往会受到自身技术能力、技术效能、技术信念等因素的影响。行为意向受使用态度的直接影响,其一般可决定个体在具体环节、步骤的信息技术使用方向。从某种程度而言,行为意向的确立属于技术接受的关键性环节,其可对技术使用阶段起到重要的推动作用。

技术运用属于技术接受过程的生成阶段,此阶段涉及技术在具体情境中的实践性应用。技术运用阶段受到行为意向的直接影响,此阶段不仅着重考虑境脉因素(如技术运用环境、技术使用需求、社会文化等因素),而且将会在自身技术能力的基础上实现技术手段与特定活动的有机融合,从而实现技术综合运用能力的提升。人们倾向于客观地决定是否使用某种技术来提升其在工作中的表现,这是感知信息系统的用处。在技术感知、技术决策的基础上,个体可通过感知信息系统决定如何应用、在何种环节应用某种技术方式。

校长信息化教学领导力的生成源于技术与教学领导力的交互与融合。校长信息化教学领导力的生成过程也需要经过技术感知、技术决策、技术运用三个不同阶段。其中,技术感知阶段包括感知易用性、感知有用性两个变量,技术决策阶段包括使用态度、行为意向两个变量,技术运用阶段包括校长信息化教学领导力这一结果变量。笔者以农村中小学校长为调研对象,分析了技术接受视角下农村地区中小学校长信息化教学领导力的影响因素及其作用机制。研究及其结果如下。

感知易用性是指用户认为系统使用能够减少努力付出的程度。许多学者研究了感知易用性对技术使用态度和行为意向的影响方面。V. Venkatesh和 H. Bala[1] 的研究表明,感知易用性在教师对于技术使用的态度和意识方面起到重要决定作用。更进一步说,感知易用性通过思维对技术使用产生影响时,也会对技术使用产生直接的影响。有学者解释感知易用性是影响学生态度的直接因素。F. D. Davis,R. P. Bagozzi 和 P. R. Warshaw[2] 的研究表明,感知有用性受到感知易用性的影响,由于感知易用性在任务操作领域具有效率导向价值,人们在付出同样努力的基础上一般可产出更多的任务成果,这将在一定程度上影响个体对于技术有用性的价值判断。

因此,笔者列出以下研究假设。

H1:感知易用性对使用态度具有直接的正向影响效应。

H2:感知易用性对感知有用性具有直接的正向影响效应。

感知有用性是人们对于使用某一特定技术工具可以增强其工作表现能力的认同程度。T. Teo 和 P. Van Schaik[3] 的研究表明,在新加坡教师的入职岗前培训过程中,感知有用性变量能够解释影响使用计算机态度变化因素中的69%的因素。这就意味着教师对于使用计算机的态度不管是积极的还是消极的,都取决于教师对将计算机用于教学中的有用性的感知。相关研究表明,感知有用性对行为意向具有直接和间接的影响。例如,T. Teo[4] 的研究发现,感知有用性在职前教师技术使用意向方面具有积极和直接的影响。这在一定程度上表明,如果教师能感知到使用技术在提高工作方面的作用,特别是能够提高工作效率,他们就会倾向于在教学工作中使用技术。

因此,笔者列出以下研究假设。

H3:感知有用性对使用态度具有直接的正向影响效应。

H4:感知有用性对领导行为意向具有直接的正向影响效应。

使用态度是个体对技术使用对象、观念、方式等方面持有的心理倾向。从

① VENKATESH V, BALA H. Technology acceptance model 3 and a research agenda on interventions[J]. Decision sciences,2008(2):273-315.

② DAVIS F D,BAGOZZI R P,WARSHAW P R. User acceptance of computer technology: A comparison of two theoretical models[J]. Management Science,1989,35(8):982-1003.

③ TEO T, VAN SCHAIK P. Understanding the intention to use technology by preservice teachers: An empirical test of competing theoretical models [J]. International Journal of Human-Computer Interaction, 2012, 28(3): 178-188.

④ TEO T. Pre-service teachers' attitudes towards computer use: A singapore survey. [J]. Australasian Journal of Educational Technology,2008,24(4):413-424.

一定程度来说,校长的技术使用态度可被视为校长在领导过程中赞同或者不赞同使用某种技术理念或方式,并形成对技术理念及方式的价值判断与心理倾向。校长的技术使用态度对学校的技术引入与应用具有基础导向作用。当前,我国农村地区中小学校长排斥与拒绝信息技术融入学校教育的现象并不少见,改善其技术使用态度有可能成为塑造其技术行为意向的重要着力点。行为意向是个体对态度对象的行为反应倾向,其具体体现为个体对态度对象作出反应。鉴于行为意向是对态度的某种回应,因此本研究认为,在理论层面,技术使用态度可影响校长的技术行为意向。此外,已有的研究表明,校长的信息化领导力直接受领导行为意向的正向影响。[①]

因此,笔者列出以下研究假设。

H5:使用态度对领导行为意向具有直接的正向影响效应。

H6:领导行为意向对信息化教学领导力具有直接的正向影响效应。

参照相关量表[②③],本研究从信息化教学规划能力、信息化教学环境建设能力、信息化教学管理能力三个方面设计校长信息化教学领导力的测量量表,并分别针对感知有用性、感知易用性、使用态度、行为意向设计测量量表。量表题目均采用李克特五点量表法计分,用 1~5 分别代表"非常不符合"到"非常符合"。经过小范围投放,并进行信度和效度检验与修正,最终形成的测量量表如表 7-1 所示。

表 7-1　　**校长信息化教学领导力及其影响因素的评价指标**

指标		测量题项
信息化教学领导力（ITL）	信息化教学规划能力	ITL1:建立信息化教学目标 ITL2:沟通与传达信息化教学目标
	信息化教学环境建设能力	ITL3:为教学主体营造和谐的信息化沟通氛围与环境 ITL4:促进教师自身信息化专业发展
	信息化教学管理能力	ITL5:建设与管理信息化教学资源 ITL6:信息化教学的评价与反思

① 赵磊磊.校长信息化领导力的影响因素及培养路径[J].现代远距离教育,2017,39(1):44-50.

② BEVOISE W D. Synthesis of research on the principal as instructional leader[J]. Educational Leadership. 1984,41(5):14-20.

③ KWON T H, ZMUD R W. Unifying the fragmented models of information systems implementation[M]//BOLAND R J, HIRSCHHEIM R A. Critical issues in information systems research. New York:John Wiley & Sons,Inc. ,1987:227-251.

续表

指标	测量题项
感知易用性 （PEU）	PEU1:在网络上搜集所需的教学资源是容易的 PEU2:将技术应用于教师教学能力的培育工作是容易的 PEU3:根据学科教学需求选择、应用合适的信息技术是容易的 PEU4:在教学管理中利用技术实现与师生的有效互动是容易的 PEU5:在教学评价中有效应用信息技术是容易的
感知有用性 （PU）	PU1:使用信息技术能帮助教师更好地搜集教学资源与信息 PU2:使用信息技术能帮助教师更好地呈现教学内容 PU3:使用技术有助于学生更好地理解学科体系及重难点知识 PU4:使用信息技术能更好地实现自己与师生之间的互动
使用态度 （UA）	UA1:使用信息技术不会影响课堂教学的顺利开展 UA2:使用信息技术不会影响学科知识的讲解 UA3:使用信息技术不会干扰教学管理中的师生互动
行为意向 （BI）	BI1:在做教学规划时会考虑如何使用信息技术 BI2:会应用信息技术解决教师教学能力的培育与提升问题 BI3:会主动学习信息技术辅助教学管理的相关技能 BI4:会根据需要将信息技术用于学校教学评价之中

本研究以修正后的问卷作为正式调查问卷,借助校长培训班,以中小学校长为问卷发放对象,共发放问卷 245 份,回收问卷 240 份,其中有效问卷 238 份。问卷样本涉及安徽、河南等地区。基于调查数据与研究假设,本研究尝试利用结构方程模型分析法,按照"假设提出—假设验证"的研究思路,探究技术接受视角下校长信息化教学领导力的影响因素及其作用机制。

在进行结构方程模型分析之前,需检验正式调查问卷的信度和效度,本研究利用 SPSS 19.0 软件对正式调查问卷进行信度和效度分析。通常情况下,探索性研究中 Cronbach's α 系数在 0.6 以上,被认为可信度较高。显著性概率值 $P<0.05$ 时,KMO 值越接近 1,表示变量间的共同因素越多,越适合进行因子分析。[①] 以 SPSS 19.0 软件进行检验,问卷的信度和效度较高。研究假设之间的逻辑关系表征的理论研究模型属于本研究的假设模型,其有待进一步的验证与修正。

本研究尝试利用结构方程模型分析法对研究假设进行分析与验证。经初步检验,假设模型的拟合度较差,假设 H4（感知有用性对领导行为意向具有

---

① 吴明隆. 问卷统计分析实务——SPSS 操作与应用[M]. 重庆:重庆大学出版社,2010:217.

直接的正向影响效应)不成立。根据因子载荷的基本拟合标准(即因子载荷必须为 0.5～0.95),并结合校长的领导实践,本研究对模型进行了相关修正:一是由于 PU2、PEU2、PEU3、BI3、ITL2、ITL5、ITL6 的因子载荷低于 0.5,本研究将 PU2、PEU2、PEU3、BI3、ITL2、ITL5、ITL6 从测量模型中去除;二是利用 MI 修正指数对模型进行调整,增加感知有用性对信息化教学领导力的作用路径。经过模型修正,结构方程模型检验结果(表 7-2)符合 SEM 的拟合标准。

表 7-2　　　　校长信息化教学领导力及其影响因素的模型拟合情况表

模型	NFI Delta1	RFI rho1	IFI Delta2	TLI rho2	CFI	RMSEA
默认模型	0.925	0.906	0.957	0.945	0.956	0.073

之后,本研究列出标有路径系数的结构方程模型图,即校长信息化教学领导力及其影响因素的结构方程模型图(图 7-2)。

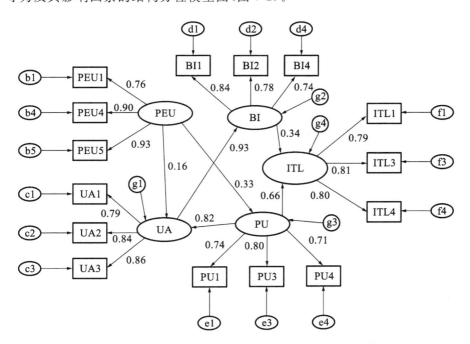

图 7-2　校长信息化教学领导力及其影响因素的结构方程模型图

图 7-2 中的变量间全部作用关系见表 7-3。从全部作用关系(全部作用为直接作用和间接作用之和)的角度来说,ITL = 0.360PEU + 0.923PU +

0.319UA ＋ 0.341BI，BI ＝ 0.406PEU ＋ 0.764PU ＋ 0.934UA，UA ＝ 0.435PEU＋0.818PU，感知易用性对感知有用性的影响效应为 0.334。

表 7-3　校长信息化教学领导力及其影响因素的标准化总效应(组号 1-默认模型)

	感知易用性	感知有用性	使用态度	行为意向	信息化教学领导力
感知有用性	0.334	0.000	0.000	0.000	0.000
使用态度	0.435	0.818	0.000	0.000	0.000
行为意向	0.406	0.764	0.934	0.000	0.000
信息化教学领导力	0.360	0.923	0.319	0.341	0.000

图 7-2 中的变量间直接作用关系如表 7-4 所示。从直接作用关系的角度来说,感知易用性对感知有用性、使用态度具有直接正向作用效应(其路径系数分别为 0.334、0.161),感知有用性对使用态度、信息化教学领导力具有直接正向作用效应(其路径系数分别为 0.818、0.662),使用态度对行为意向具有直接正向作用效应(其路径系数为 0.934),行为意向对信息化教学领导力具有直接正向作用效应(其路径系数为 0.341)。

表 7-4　校长信息化教学领导力及其影响因素的标准化直接效应(组号 1-默认模型)

	感知易用性	感知有用性	使用态度	行为意向	信息化教学领导力
感知有用性	0.334	0.000	0.000	0.000	0.000
使用态度	0.161	0.818	0.000	0.000	0.000
行为意向	0.000	0.000	0.934	0.000	0.000
信息化教学领导力	0.000	0.662	0.000	0.341	0.000

　　本研究依托实证调研与分析结果,深度剖析了校长信息化教学领导力的影响因素及其作用机制。在教育信息化 2.0 背景及智能技术的影响与冲击下,如何进一步提升中小学校长信息化教学领导力,助力其通过信息技术与特殊学校情境的整合为教师及学生创设智慧学习空间,探索独具学校特色的技术应用路径,值得诸多教育人士及研究人员审慎思考。

第三节　校长信息化教学领导力的提升路径

　　前文分析结果表明:校长信息化教学领导力直接受感知有用性与行为意向的影响,感知易用性、感知有用性、使用态度、行为意向均可对校长信息化教学领导力产生正向的影响效应（感知有用性的影响效应较大）；行为意向受感知易用性、感知有用性及使用态度的正向影响；使用态度受感知易用性、感知有用性的正向影响；感知易用性对感知有用性具有正向的影响作用。从变量间作用关系的角度出发，可以看出，校长信息化教学领导力与其影响因素间的关系特征为：第一，感知有用性和行为意向是信息化教学领导力提升的直接抓手；第二，使用态度是信息化教学领导力提升的连接桥梁；第三，感知易用性可被视为信息化教学领导力提升的基础支撑。基于此关系特征，本研究认为，校长信息化教学领导力的提升路径如下。

一、感知有用性和行为意向：信息化教学领导力提升的直接抓手

研究结果表明，校长信息化教学领导力直接受感知有用性与行为意向的影响，且感知有用性的影响效应较大，而行为意向受感知有用性的正向影响。在一定程度上，感知有用性和行为意向是信息化教学领导力提升的直接抓手。第一，从感知有用性的角度来看，它是系统用户感受到的系统对自身的有用程度，它通过影响校长的教学领导行为意愿，进而影响校长在教学领导方面的技术接纳行为。因此，提升校长的技术感知有用性将对信息化教学领导力生成的技术感知阶段产生重要影响。校长一般倾向于从评价技术是否有用的角度来衡量技术在教育教学领域应用的价值性。我国推进教育信息化建设已有多年，但并未过多地考虑技术对于学校是否真正有用这一现实问题，这导致我国农村地区在经历多年的信息化建设后依然存在较多痼疾。此种现象，也在一定程度上呼唤中小学校长切实关注技术对学校、教师与学生的发展是否真正有用这一问题。当校长从内在感知的角度认可技术在学校管理、课程教学、教学评估等方面的重要应用价值，其将在学校发展现状、师生技术应用意愿、教育教学需求等多种教育情境因素的基础上，分析、思考并决策何种技术手段的应用具有适切性与可能性。从一定程度来说，纵使一项技术手段拥有众多的先进性，若其与中小学校的发展实情、学生的实际接受能力等多种因素脱钩，其也很难在决策与行政层面被校长采纳，因此校长的行为意向将决定技术在学校应用的方向性与可能性。第二，从行为意向的角度来说，校长在经历技术感知之后通常会对技术使用的行动方式、行动策略产生相应的决策与思考，这本身也是校长信息化教学领导力形成的关键。技术使用的行为意愿不同，技术作用于教学对象、教学人员、教学内容的方式也会不同，如此一来，校长信息化教学领导行为的特征也会发生相应的转变。行为是促成能力生成的主要因素，校长的信息化教学领导力便是在信息化教学领导行为的实践过程中不断提升与变革的。

二、使用态度:信息化教学领导力提升的连接桥梁

研究结果表明,感知易用性、感知有用性、使用态度、行为意向均可对校长信息化教学领导力产生正向的影响效应,行为意向受感知易用性、感知有用性及使用态度的正向影响,使用态度受感知易用性、感知有用性的正向影响。由此可知,使用态度既与感知易用性、感知有用性存在连接关系,又与行为意向存在紧密联系,使用态度属于校长信息化教学领导力生成过程中的"桥梁型"变量。技术使用态度是指使用者使用信息技术的态度,其本身属于使用者对使用技术从事特定行为的积极或消极的感受,当使用者感知到的技术使用的有用程度与易用程度越高时,其对于技术所持的态度会趋向正向。I. Ajzen和 M. Fishbein① 依据社会心理学提出的理性行为理论指出,态度由个体的信念及评价决定。其中,信念是个人主观上对执行目标行为可能产生的结果的认知,评价指个人对结果价值的评价。促使中小学校长的技术使用态度由消极转向为积极,是促进校长信息化教学领导力提升的重要路径。这在一定程度上依赖于技术信念及技术评价的共同作用。在技术成效方面拥有积极信念与乐观评价,有助于校长在信息化教学的对象、材料、媒介、方式、策略等多个方面持有稳定且积极的心理倾向。当前,国内有关校长信息化教学领导力的研究较为薄弱,从心理层面关注其信息化教学态度的研究更是极为匮乏,而且我国中小学校长因其技术知识与能力的普遍欠缺,易在技术运用方面出现消极的心理倾向与使用态度。由此,以稳定的心理倾向作为校长信息化教学领导实践的重要支撑点在一定程度上有利于校长信息化领导行为的良性改变。在本研究最终生成的模型中,信息技术是否可促进教学活动的顺利开展、信息技术是否可推动教学沟通的顺利进行、信息技术是否可推动教学目标的有效实现三个指标共同表征技术使用态度,这在一定程度上为我国校长技术心理倾向的改善提供了重要方向,应成为我国校长信息化领导力提升的重要关注点。

三、感知易用性:信息化教学领导力提升的基础支撑

从研究结果可以看出,感知易用性可被视为信息化教学领导力提升的基础支撑。学术界的已有研究对于"感知易用性对个体技术接受行为的基础性影响作用"的论断与本研究相契合。此种影响作用也正是我国中小学校长信

---

① AJZEN I, FISHBEIN M. Attitude-behavior relations: A theoretical analysis and review of empirical research[J]. Psychological bulletin, 1977, 84(5): 888-918.

息化教学领导力提升的基本着力点。在本研究最终生成的模型中，感知易用性由网络搜集教学资源的容易程度、信息技术与学科教学整合的容易程度、信息技术与教学管理整合的容易程度三个指标共同表征，此三个指标可作为提升校长感知易用性的关键。无论是教学资源的网络搜集，还是信息技术与学科教学、教学管理的整合，都是中小学校长对于技术是否易用的直接关注点。虽然信息技术可为农村教育注入新的生命力，然而校长本身的知识结构与理解能力并不一定能够承载信息技术的价值功效。对提升校长的感知易用性而言，一方面，鉴于自身技术知识的欠缺，校长在教学领导过程中因技术难度较大而忽视技术应用价值的现象极为常见，很有必要完善校长的技术知识结构；另一方面，基于教学资源、学科教学及教学管理属于校长技术感知的具体情境，提升校长对教学资源、学科教学及教学管理的情境理解能力也尤为重要。

第四节 校长信息化教学领导力的作用机制

伴随着信息技术的迅速发展，智能软件、智慧平台与智慧终端等技术手段或产品在教育教学中的应用越来越广泛，技术赋能教育教学的同时也为教师专业发展带来了新的机遇与挑战。技术与学科教学的整合是促进教师TPACK生成的基本前提，技术是教师TPACK发展极为关键的影响因素。在人工智能、大数据分析、学习分析等新技术倒逼教学变革的背景下，实现信息素养的不断提升，有利于教师探索自身学科与信息技术的深度融合[①]，并助力教师在信息化教学实践中不断生成新的TPACK。一般而言，教师队伍建设及教师专业发展是校长领导实践的关注重点。信息化背景下，教师队伍建设及教师专业发展一般均以技术与学科教学整合为重要载体。技术极具时代变化性，校长应调控技术与学科教学整合的力度、强度、深度，以避免技术整合的失序、失范等问题。

为更好地推进技术整合，校长在教学领导方面的角色愈发凸显，校长应成为学科教学的技术领导者及技术整合的引导者。校长应通过影响力的发挥引导教师合理应用信息技术，及时征询教师意见。如此，不但教师能够获得更多的教学支持，也有助于校长技术领导力真正对教师TPACK发展产生助推实效。综上所述，教师TPACK发展与校长信息化教学领导力之间的关系属于当前推进技术与学科教学整合不容忽视的基本教育关系。在技术与学

---

① 陈凯泉,何瑶,仲国强.人工智能视域下的信息素养内涵转型及AI教育目标定位——兼论基础教育阶段AI课程与教学实施路径[J].远程教育杂志,2018,36(1):61-71.

科教学整合的过程中,校长在技术选择、技术决策等方面的教学领导作用,不但对教师信息素养的提升具有引领、示范及推动作用,而且对学校信息化教学应用成效的提升具有极大的保障作用。为此,在学科教学信息化背景下,校长需对其传统的教学领导角色进行调整,转变为技术领导者,并着力培育教师的技术素养与 TPACK 能力,为教师 TPACK 发展创设足够优质的教学环境。

　　概括来说,学科教学信息化的重心在于"学科教师的信息化",而校长如何促进学科教师队伍的信息化建设就显得尤为重要。在人工智能、5G、教育大数据等新技术的冲击下,技术与学科教学整合开始关注不同学科教师的TPACK 素养与校长信息化教学领导力的关联机制。这也有可能成为决定未来学校信息化教学建设成效的关键。21 世纪,我国在教育领域开展了全面的课程改革,教师作为课程教学的实践者,其专业素质的高低会影响教学改革的成败与教学质量的改进。随着信息技术与课程教学整合理论与实践研究的不断深化,如何提升教师信息化教学素养成为教育热点话题之一。不少政策文件强调提升教师信息化教学素养的重要意义。2016 年 6 月,教育部颁布的《教育信息化"十三五"规划》强调,需着重关注教师信息技术应用能力的培训指导与标准建设。① 为促进教育信息化的深入发展,教育部于 2018 年 4 月颁布了《教育信息化 2.0 行动计划》,此计划指出,虽然信息技术的教育应用取得了一些成效,但信息化教学成效及教师信息化教学能力尚待进一步提升。② 也有不少研究表明,在技术整合方面,教师的信息素养及技术应用能力尚有诸多不足③④。

　　于是,在大数据分析、学习分析、人工智能、5G 等技术迅速发展的背景下,大力推进教师信息化教学素养提升成为助推教育发展极为关键的务实之举。在教师信息化教学素养亟须进一步提升的背景下,教师应该具备何种知识结构理应受到关注。近年来,国内外诸多学者将 TPACK 作为衡量信息化背景

---

　　① 中华人民共和国教育部. 教育部关于印发《教育信息化"十三五"规划》的通知[EB/OL]. (2016-06-22)[2016-06-07]. http://www.moe.gov.cn/srcsite/A16/s3342/201606/t20160622_269367.html.

　　② 中华人民共和国教育部. 教育部关于印发《教育信息化 2.0 行动计划》的通知[EB/OL]. (2018-04-18)[2019-10-18]. http://www.moe.gov.cn/srcsite/A16/s3342/201804/t20180425_334188.html.

　　③ TSAI C C, CHAI C S. The "third"-order barrier for technology-integration instruction: Implications for teacher education[J]. Australasian Journal of Educational Technology, 2012,28(6): 1057-1060.

　　④ DENG F, CHAI C S, TSAI C C, et al. The relationships among chinese practicing teachers' epistemic beliefs, pedagogical beliefs and their beliefs about the use of ICT[J]. Educational Technology and Society, 2014,17(2):245-256.

下教师知识结构的理论框架。校长是教师队伍的领导者，校长的信息化教学领导力与教师的 TPACK 成为影响信息技术与课程教学整合成效的关键因素。校长如何通过发挥教学领导作用促进教师 TPACK 水平的提升值得进一步分析与讨论。

根据相关研究，校长技术领导和教师在教学上使用技术具有高度的相关性[①]，校长技术领导对于教师有效能的技术使用具有关键性的影响[②]。当前，学界对于教师 TPACK 与校长信息化教学领导力关系的研究极少，且两者关系的验证性研究更为匮乏。本研究以河南省、上海市、甘肃省的中小学教师为调查对象，从教师评价的角度测量校长的信息化教学领导力及教师 TPACK 水平，探寻教师 TPACK 水平与校长信息化教学领导力之间的关系，并尝试从校长教学领导视角出发有针对性地提出提升教师 TPACK 水平的建议，以期为教师信息化教学素养的提升提供价值参照。

随着信息技术在教育教学领域的普遍应用，教师知识结构逐步融入技术元素。在 PCK（学科教学知识）的基础上，Mishra 和 Koehler 于 2005 年提出了 TPACK，它是学科知识、教学知识与技术知识互生共存、彼此促进的知识结构。[③] 一个成功的信息化教学者除了解学科内容、教学方法与技术工具外，还需清楚地知道什么样的教学方法适合什么样的学科内容，了解技术与教学存在相互支援和限制的关系，思考如何运用合适的技术工具呈现学科内容，以及设计切合学习需求的教学方案。概括来说，为促进自身 TPACK 发展，教师不仅需精熟技术工具的使用，还需考量教学方法、学习者认知基础、学科内容等诸多要素。[④]

国内外已有不少学者在教师 TPACK 的影响因素研究方面做出了探索与分析，其中关于外在因素的研究较多（包括职业发展、教师培训及政策制度等），关于内在因素的研究较少且已有相关研究主要关注自我效能、职业认同

① ROGERS B A. The correlation between teachers' perceptions of principals' technology leadership and the intergration of educational technology[D]. Muncie:Ball State University,2000:20-60.

② ANDERSON R E, DEXTER S. School technology leadership: An empirical investigation of prevalence and effect[J]. Educational Administration Quarterly,2005,41(1):49-82.

③ WAH L K. Developing in-service ESL teachers' TPACK to teach in the 21st century[J]. Advanced Science Letters,2018,24(1):230-232.

④ AVIDOV-UNGAR O, SHAMIR-INBAL T. ICT coordinators' TPACK-based leadership knowledge in their roles as agents of change[J]. Journal of Information Technology Education Research,2017,16(1):169-188.

两个方面。^① 也有部分学者的研究表明，技术感知、教学信念与在职教师 TPACK 具有相关性。^② 综合来看，已有研究中对于教师 TPACK 与校长领导关系的研究极少，校长信息化教学领导力如何影响教师 TPACK 这一议题尚待进一步明晰。鉴于校长信息化教学领导力可通过领导效应的发挥影响教学情境，且教师 TPACK 极为依赖教学情境要素，校长信息化教学领导力与教师 TPACK 具有紧密的关联性。校长信息化教学领导力包含不同的结构要素，目前关于信息化教学领导力的结构要素对教师 TPACK 的作用机制的研究极为匮乏，校长的信息化教学领导力如何通过不同结构要素影响教师 TPACK 尚待进一步探索。

当前对校长信息化教学领导力的概念界定极少，仅有少数学者从领导职能对其内涵做了基本解读。^③ 对校长信息化教学领导力概念的界定可从"信息化领导"一词入手。就信息化领导的概念来说，M. Afshari 等^④认为，学校信息化领导是指学校通过领导力的发挥，实现信息技术与课程教学、教学管理、环境建设等方面的有效整合。M. Jacobsen^⑤ 指出，学校信息化领导是指学校通过发挥领导技巧，规划与引导学校信息化发展，并利用技术解决教育问题及促进教育效能提升。综合相关研究，笔者认为，学校信息化领导是指学校将信息技术适当融入教育领导之中，并有效激发学校成员学习与应用信息技术，以促进学校教育发展的过程，其一般主要涉及信息化规划、信息化管理、信息化环境建设三个方面。基于以上分析，校长信息化教学领导力可被视为学校教学领导者将信息技术融入教学领导之中，并影响学校成员应用信息技术、促进学校信息化教学发展的一种能力。而且，校长信息化教学领导力主要涉及以下维度：其一，信息化教学规划能力（informationization teaching planning ability，ITPA），即信息化教学目标的战略制定能力；其二，信息化教学环境建设能力（informationization teaching environment construction

　　① WANG W,SCHMIDT-CRAWFORD D,JIN Y. Preservice teachers' TPACK development: A review of literature[J]. Journal of Digital Learning in Teacher Education,2018,34(4):234-258.

　　② ROSENBERG J M,KOEHLER M J. Context and technological pedagogical content knowledge (TPACK):A systematic review[J]. Journal of Research on Technology in Education,2015,47(3):186-210.

　　③ 赵磊磊,代蕊华. 校长的信息化领导力与领导效能:内涵、特征及启示[J]. 教师教育研究,2016,28(5):49-56.

　　④ AFSHARI M, BAKAR K A, LUAN W S , et al. School leadership and information communication technology[J]. Turkish Online Journal of Educational Technology,2008,7(4):82-91.

　　⑤ JACOBSEN M. Technology leadership for the twenty-first century principal[J]. Journal of Educational Administration,2003,41(2):124-142.

ability，ITECA），即改善学校信息化教学环境的能力；其三，信息化教学管理能力（informationization teaching management ability，ITMA），即果断决策、控制信息化教学目标实现的能力。

一、校长信息化教学领导力对教师 TPACK 的作用关系假设

信息化领导者最重要的责任在于能够为学校教职员提供训练计划与筹措资源。[①] 通过文献梳理发现，不少学者认为，学校在信息化教学方面的领导能力与教师信息技术应用能力具有紧密的相关性。例如，D. Arnold 和 A. Sangrà[②] 的研究证据显示，教师的技术感知、学校的技术整合以及教师个人在技术运用与课程的自我评价之间，具有显著的相关性。I. H. Chang 等[③]指出，学校技术领导对教师技术素养有显著且正向的影响，学校可直接影响教师在课程与教学上的技术使用，学校技术领导也会直接影响教师教学效能。以上分析为校长信息化教学领导力与教师 TPACK 之间的关系提供了重要参照。然而，校长信息化教学领导力涉及较多维度及层面，校长信息化教学领导力的结构成分究竟通过何种机制影响教师 TPACK 发展尚未明晰，尚待进一步探索。本研究尝试基于梳理的文献，从校长信息化教学领导力与教师 TPACK 之间关系的角度提出以下 5 项研究假设。

1. 校长信息化教学规划能力可能直接影响其信息化教学环境建设能力

校长信息化教学规划一般涉及定义学校信息化发展使命、制订课程教学信息化发展目标、设计信息化教学环境建设方案等方面，其在一定程度上与信息化教学环境建设具有紧密的关联性。校长信息化教学规划能力与信息化教学环境建设能力的关系尚未明晰，相关研究也极为匮乏，可从校长教学规划与教学环境建设之间的关系予以解读。P. L. Peterson 等[④]指出，校长的教学规划有利于教学环境的创设、教学环境建设目标的明确。若校长进行教学规划时能够充分考虑教学规划与教学氛围、教学实践、学生学习之间的关系，则教

① YORULMAZ A，CAN S. The technology leadership competencies of elementary and secondary school directors[J]. Educational Policy Analysis and Strategic Research，2016，11(1)：47-61.

② ARNOLD D，SANGRÀ A. Dawn or dusk of the 5th age of research in educational technology? A literature review on (e-)leadership for technology-enhanced learning in higher education (2013-2017) [J]. International Journal of Educational Technology in Higher Education，2018，15(1)：1-29.

③ CHANG I H，CHIN J M，HSU C M. Teachers' perceptions of the dimensions and implementation of technology leadership of principals in taiwanese elementary schools[J]. Educational Technology and Society，2008，11(4)：229-245.

④ PETERSON P L，MARX R W，CLARK C M. Teacher planning，teacher behavior，and student achievement[J]. American Educational Research Journal，1978，15(3)：417-432.

学规划的落实有利于提升教师的自身能力。夏心军[①]认为,面对纷繁多样的教育环境,校长对学校发展的合理规划是优化学校教学环境的前提。若校长能够在教学规划层面充分考虑学校课程教学发展需要,并能够详细制订学校课程教学相关的实施计划,则有利于校长明确教学环境建设的方向与内容。综上所述,提升校长教学规划能力有助于促进其教学环境建设能力的发展。据此,笔者提出以下研究假设。

假设 1:校长信息化教学规划能力可直接正向影响其信息化教学环境建设能力。

2. 校长信息化教学规划能力可能直接影响其信息化教学管理能力

在学校教育场域中,规划与管理的关系是影响学校发展相关举措发挥作用的关键因素,翔实且有序的教学规划是实现高效教学管理的重要保障。例如,陈玉云[②]认为,学校规划的具体落实可对学校管理流程的优化发挥战略引领作用,认真且扎实的学校规划设计有利于促进学校管理实践路径与方向的明确。司继胜[③]指出,校长进行教学规划时,若能够考虑教学队伍建设、教研活动管理、教学时间调整、教务管理等教学管理环节的内在关系,则有助于在宏观引导层面促进后续学校教学管理事务的有序处理。也有学者对信息化教学的规划、管理之间的关系进行解读并指出,学校在技术整合方面的规划与信息化教学管理密不可分。例如,王佑镁[④]指出,学校对信息技术与课程教学整合方面的规划能力是信息化教学管理举措及行为产生较高效能的重要前提条件。综上所述,笔者认为,提升校长信息化教学规划能力可能直接有助于信息化教学管理的发展。据此,笔者提出以下研究假设。

假设 2:校长的信息化教学规划能力可直接正向影响其信息化教学管理能力。

3. 校长信息化教学规划能力可能直接影响教师 TPACK 水平

从一定程度来说,校长信息化教学规划能力是校长对课程教学信息化规划产生领导效应的能力,此种领导效应的有效发挥离不开教师群体的配合与支持。从校长教学领导力与教师教学能力关系的角度来说,诸多学者认为,校长教学规划可对教师专业发展方向、方法以及内容产生影响作用,从而促进教

①　夏心军.规划力:校长专业发展的应然素养[J].教学与管理,2017,34(25):20-23.

②　陈玉云.学校发展规划制定中存在的问题及规避措施[J].教学与管理,2006,23(34):8-10.

③　司继胜.中小学校长应具备规划能力[J].外国中小学教育,1990,9(4):12-13.

④　王佑镁.面向基础教育信息化的教育技术领导力及其发展[J].现代远距离教育,2008,30(1):45-48.

师教学能力的发展。例如,L. D. Housner 和 D. C. Griffey[①]指出,校长进行教学规划时如何确定教学目标、如何确立学生发展目标,将决定教师专业发展方向与教学实践取向,并可对教师如何选择教学方法、教学内容进行教学实践产生影响效应,进而影响教师教学专业水平的提升。也有学者指出,校长信息化教学领导力可通过愿景使命、发展目标、教学环境建设方案等多个维度作用于教师这一关键群体,从而为教师 TPACK 成长提供所需的外在保障条件。例如,张哲等[②]指出,校长可通过加强学科教学环境建设、学校与教师的教学沟通、推动教师专业成长及关怀教师心理等方式,为教师 TPACK 成长提供管理支持,并为教师学科教学能力的发展提供发展空间及教学条件。综上所述,笔者认为,校长信息化教学规划能力的提升可能直接促进教师 TPACK 水平的提高。据此,笔者提出以下研究假设。

假设 3:校长信息化教学规划能力对教师 TPACK 水平具有直接的正向影响效应。

4. 校长的信息化教学管理能力可能直接影响信息化教学环境建设能力

教学管理是学校管理者为了实现教学目标,根据教学规律和教学特点对整个教学过程实施的全面管理,是决定学生能否高效地学习基础知识的关键因素。[③]例如,O. Avidov-Ungar 和 T. Shamir-Inbal[④]指出,对校长来说,成功且高效的教学管理对教学资源和教学设施的建设更加具有选择性与目标性,进而促使教学环境的建设与教学背景、教学需求相符合。由此可知,校长在教学管理方面的领导力是影响教育教学工作顺利且有效运转、教学环境建设力度与强度的重要因素。也有学者认为,校长信息化教学管理的加强有利于为信息化教学环境的建设提供动力支持、秩序把控。例如,赵磊磊和代蕊华[⑤]认为,校长在课程教学决策、教务事务处理、教学评估等教学管理环节的各项举措可为信息化教学环境的优化提供人力、物力与财力资源支持,而这些支持是

---

① HOUSNER L D, GRIFFEY D C. Teacher cognition: Differences in planning and interactive decision making between experienced and inexperienced teachers[J]. Research Quarterly for Exercise and Sport,1985,56(1):45-53.

② 张哲,陈晓慧,王以宁.基于 TPACK 模型的教师信息化教学能力评价研究[J].现代远距离教育,2017,39(6):66-73.

③ 宁超.用智慧浇灌管理之花——小学校长教学管理的优化策略[J].课程教育研究,2018,7(42):187.

④ AVIDOV-UNGAR O, SHAMIR-INBAL T. ICT coordinators' TPACK-based leadership knowledge in their roles as agents of change[J]. Journal of Information Technology Education Research,2017,16(1):169-188.

⑤ 赵磊磊,代蕊华.校长的信息化领导力与领导效能:内涵、特征及启示[J].教师教育研究,2016,28(15):49-56.

保障信息化教学环境建设有序进行的基本条件。综上所述,本研究认为,提升校长信息化教学管理能力可能直接有助于信息化教学环境建设能力的发展。据此,笔者提出以下研究假设。

假设 4:校长信息化教学管理能力可直接正向影响其信息化教学环境建设能力。

5. 校长的信息化教学环境建设能力可能直接影响教师 TPACK 水平

学校信息化教学环境建设涉及信息化教学氛围创设、信息化教学资源设计、信息化教学平台开发等方面,校长在信息化教学环境建设方面的领导力发挥依赖于教师这一关键领导对象的参与及支持,毕竟教学环境建设最终需依托教师群体的群策群力。孙祯祥[①]认为,校长结合信息技术与教学发展需要,为教师教学与专业成长创造优质的信息化教学环境,有助于改善教师教学条件以及提升教师教学水平。由此可知,信息化教学环境建设离不开教师的责任感和参与意识的共同作用,也为其教学实践、专业成长提供了自我发挥与展示的平台。TPACK 是信息化时代教师专业素养的重要体现。也有学者对信息化教学环境建设与 TPACK 之间的关系进行解读,史先红和赵呈领[②]认为,由于 TPACK 的形成与发展强调需将技术融于教师的自身知识结构中,也强调境脉因素的重要性,因此信息化教学环境的创设本身可被视为 TPACK 生成所依赖的境脉因素,信息化教学环境建设的加强有利于为教师 TPACK 的形成与发展提供环境支持。综上所述,笔者认为,校长信息化教学环境建设能力的提升可能直接促进影响教师 TPACK 水平的发展。据此,笔者提出以下研究假设。

假设 5:校长信息化教学环境建设能力对教师 TPACK 水平具有直接的正向影响效应。

以上研究假设是从校长信息化教学领导力结构要素与教师 TPACK 之间直接作用关系的角度进行分析,实质上校长信息化教学领导力与教师 TPACK 之间也存在相应的间接关系,并且此间接关系依赖于直接关系而存在。由于变量间接关系可在直接作用关系假设中进行验证,本研究不再着重对间接关系进行一一说明,仅简略阐述间接关系存在的可能性。基于变量间的直接作用关系,本研究所涉及的间接关系包含以下三个方面。

其一,校长信息化教学规划能力可能对信息化教学环境建设能力具有直接影响作用与间接影响作用。其主要原因在于教学规划的落实除直接助推教

---

① 孙祯祥.校长信息化领导力的构成与模型[J].现代远距离教育,2010,32(2):3-7.

② 史先红,赵呈领.基于 TPACK 的中小学教师信息技术应用能力提升策略研究[J].教育探索,2018,38(3):106-111.

学环境建设之外,也可能通过作用于管理人员层面及教学管理体系来促进教学环境的创设与优化。[①] 其二,校长信息化教学规划能力可能对教师 TPACK 具有直接影响作用与间接影响作用。其主要原因在于教学规划不仅有可能直接对教师 TPACK 发展方向产生导向作用,还有可能通过助力教学环境建设为教师 TPACK 发展提供境脉环境支持,此种境脉环境正是教师 TPACK 生成的"土壤因素"。[②] 其三,校长信息化教学管理能力对教师 TPACK 可能具有间接影响作用。其主要原因在于教学管理涉及内容或环节一般扮演教师教学辅助的角色,相关教学管理举措需落实于课程教学环境建设中才有可能更有效地促进教师 TPACK 在教学实践中的发展。[③]

当前学界很少以模型建构与分析的方式探索校长信息化教学领导力对教师 TPACK 的作用机制,校长信息化教学领导力究竟通过何种方式及路径作用于教师 TPACK 尚未明晰。基于前文提出的直接关系研究假设,本研究构建了校长信息化教学领导力与教师 TPACK 间作用关系的假设模型(图 7-3),以便利用模型分析法对假设模型进行检验,并深入分析校长信息化教学领导力对教师 TPACK 的作用机制。

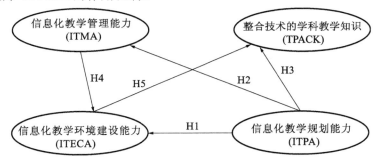

图 7-3 校长信息化教学领导力与教师 TPACK 间作用关系的假设模型

二、校长信息化教学领导力对教师 TPACK 的作用关系分析

本研究参考 Schmidt 等[④]设计的 TPACK 问卷,设计了 TPACK 的测量量表。基于前文有关信息化教学领导力的概念解读与维度划分,本研究从信息

① 莫金河.现代教学环境设施建设与管理策略初探[J].现代教育技术,2005,15(4):69-72.

② 赵磊磊.农村教师技术感知、自我效能及 TPACK 的关系研究——基于 SEM 的实证分析[J].全球教育展望,2017,46(7):88-99,128.

③ 董艳,黄月,孙月亚,等.校长信息化教学领导的内涵与结构[J].现代远程教育研究,2015,28(5):55-62.

④ SCHMIDT D A, BARAN E, THOMPSON A D. et al. Technological pedagogical content knowledge (TPACK)[J]. Journal of Research on Technology in Education, 2009, 42(2):123-149.

化教学规划能力、环境建设能力、教学管理能力对校长信息化教学领导力进行维度划分,并参照 W. D. Bevoise[①] 设计的相关量表,设计校长信息化教学领导力的测量量表。本研究的量表题项均采用李克特五级量表,用 1~5 分分别代表"非常不符合""比较不符合""一般""比较符合"及"非常符合"。初步确定测试问卷含 30 个题目,经上述改编后,邀请两位教育领域教授及三位教学年龄10 年以上的资深中小学在职教师进行专家问卷效度审查,就问卷题目的内容是否有题意不清或是否有容易造成误解的叙述向其咨询。专家审查并认为问卷题目内容无重复后,本研究保留所有题目,最后仅针对文字叙述进行部分修改,以提高问卷的内容效度。量表题项如表 7-5 所示。

表 7-5　　校长信息化教学领导力及 TPACK 的测量指标

指标		测量题项
信息化教学领导力	信息化教学规划能力(ITPA)	ITPA1:设计学校信息化教学规划 ITPA2:沟通与传达信息化教学目标 ITPA3:为教师信息技术与课程教学整合能力的提升做好培训安排 ITPA4:能够明确师生的信息化教学资源需求
	信息化教学环境建设能力(ITECA)	ITECA1:引导师生理解信息化教学的价值与作用 ITECA2:引导师生明确课外网络学习的任务及目标 ITECA3:促进教师信息化教学能力的发展 ITECA4:通过多种方式了解与解决师生信息技术应用方面的问题
	信息化教学管理能力(ITMA)	ITMA1:能够引导教师对信息化教学进行评价与反思 ITMA2:能够利用信息化方式与各教学相关主体进行沟通协调 ITMA3:能够根据教师信息化教学中的实践问题进行教学调整 ITMA4:能够促进教师自身信息化专业发展
	TPACK	TPACK1:在课堂上,我可以通过选择技术改善我的教学内容、教学方式以及学生的学习内容 TPACK2:在课堂上,我可以使用教学策略把教学内容、技术和教学方法相结合 TPACK3:我可以给我所在学校或地区的其他人提供指导,帮助他们整合教学内容、教学技术和教学方法 TPACK4:我可以针对特定的学科主题灵活使用各种教学方法

---

① BEVOISE W D. Synthesis of research on the principal as instructional leader[J]. Educational Leadership,1984(5):14-20.

之后进行小范围的预调研问卷发放，回收的有效预调研样本 179 份。再进行预调研样本的信度和效度分析。经检验，问卷整体的 Cronbach's α 系数值为 0.481，KMO 值为 0.423，问卷内在信度及结构效度较低。删除信度较低的指标后，问卷通过了信度和效度检验（Cronbach's α 系数及 KMO 值分别为 0.832、0.827）。笔者通过探索性因子分析、验证问卷结构，旋转成分矩阵如表 7-6 所示，共提取了四个因子，共解释了总方差的 81.564%，因子 1（信息化教学环境建设能力）对应 ITECA1、ITECA2、ITECA3、ITECA4，因子 2（信息化教学规划能力）对应 ITPA1、ITPA2、ITPA3、ITPA4，因子 3（整合技术的学科教学知识）对应 TPACK1、TPACK2、TPACK3、TPACK4，因子 4（信息化教学管理能力）对应 ITMA1、ITMA2、ITMA3、ITMA4，各题项的因子载荷绝对值均在 0.5 以上。由此可知，量表因子结构较为合理。因此，经上述修正所得的问卷可作为正式调查问卷（包括 19 个题项，其中 3 个为基本信息题项）。

表 7-6   **旋转成分矩阵**

题项	成分			
	1	2	3	4
ITPA1	−0.124	0.823	0.153	0.211
ITPA2	−0.127	0.807	0.138	0.166
ITPA3	−0.125	0.835	0.167	0.173
ITPA4	−0.036	0.825	0.127	0.163
ITECA1	0.752	−0.127	−0.154	0.152
ITECA2	0.834	−0.131	−0.138	−0.174
ITECA3	0.832	−0.124	−0.127	−0.163
ITECA4	0.827	−0.138	−0.135	−0.129
ITMA1	−0.132	0.131	0.321	0.834
ITMA2	−0.129	0.231	0.352	0.821
ITMA3	−0.131	0.232	0.353	0.752
ITMA4	−0.147	0.175	0.212	0.759
TPACK1	−0.152	0.184	0.851	0.245
TPACK2	−0.162	0.169	0.856	0.221
TPACK3	−0.171	0.156	0.838	0.265
TPACK4	−0.134	0.192	0.829	0.232

基于正式调查问卷，借助教育部中小学校长培训中心的平台支持，选取河南省、上海市、甘肃省作为调研区域，并依据学段进行分层抽样，随机选取调研区域的中小学教师作为调查对象，采用实地发放的形式进行问卷调查。所选地

区涉及我国中、东、西三类区域,既有发达区域,也有欠发达区域,考虑了样本调研区域的代表性与合理性。本次调研工作自 2018 年 3 月开始,至 2019 年 8 月结束。本研究共计回收有效问卷 1180 份。教师样本来源情况见表 7-7。

表 7-7　　　　　　　　　　**教师样本来源情况表**

性别		男	510 人
		女	670 人
年龄		30 岁及 30 岁以下	380 人
		31~40 岁	390 人
		41~50 岁	231 人
		51 岁及 51 岁以上	179 人

　　本研究使用 SPSS 软件,通过 Cronbach's α 系数检验、KMO 检验分别测量问卷的内在信度及结构效度。信息化教学规划能力、信息化教学环境建设能力、信息化教学管理能力、TPACK 的 Cronbach's α 系数分别为 0.821、0.833、0.851、0.847,问卷通过了内在信度检验。问卷的 KMO 统计值为 0.872,P 值为 0,检验结果表明问卷通过了结构效度检验。性别及量表潜变量的交叉分析情况如表 7-8 所示。与女教师相比,男教师对信息化教学规划能力、信息化教学环境建设能力、信息化教学管理能力的感知水平较低。而且,与女教师相比,男教师的 TPACK 水平也较低。年龄及量表潜变量的交叉分析情况如表 7-9 所示。与其他年龄层次的教师相比,51 岁及 51 岁以上的教师对校长信息化教学规划能力、信息化教学环境建设能力、信息化教学管理能力的感知水平较低,其 TPACK 水平也较低。30 岁及 30 岁以下教师对校长信息化教学规划能力、信息化教学环境建设能力、信息化教学管理能力的感知水平较高,其 TPACK 水平也高于其他年龄段教师 TPACK 水平。

表 7-8　　　　　　　　　　**性别及量表潜变量交叉表**

性别		信息化教学规划能力	信息化教学环境建设能力	信息化教学管理能力	TPACK
女	均值	4.11	4.16	4.09	3.98
	标准差	0.950	0.727	0.754	0.749
男	均值	3.28	3.43	3.11	3.33
	标准差	1.057	0.818	0.940	0.921
总计	均值	3.87	3.95	3.80	3.79
	标准差	1.050	0.825	0.925	0.854

表 7-9　　　　　　　　　　　年龄及量表潜变量交叉分析表

性别		信息化教学 规划能力	信息化教学 环境建设能力	信息化教学 管理能力	TPACK
51 岁及 51 岁以上	均值	2.82	3.16	2.76	2.88
	标准差	0.972	0.943	1.128	1.184
41~50 岁	均值	3.42	3.51	3.21	3.47
	标准差	1.043	0.761	0.850	0.777
31~40 岁	均值	3.80	3.91	3.77	3.79
	标准差	0.930	0.724	0.754	0.742
30 岁及 30 岁以下	均值	4.46	4.46	4.45	4.21
	标准差	0.848	0.613	0.569	0.695
总计	均值	3.87	3.95	3.80	3.79
	标准差	1.050	0.825	0.925	0.854

　　基于 Amos 软件,本研究利用模型分析法对研究假设及假设模型进行检验。经检验,RMSEA 为 1.032,CFI 为 0.824,模型拟合程度较差。基于因子载荷、路径系数、测量误差、MI 修正指数等方面的模型修正原则,从教育教学实践中各潜变量的实际关系出发,本研究对假设模型进行了相关修正,删除了因子载荷较低以及对潜变量间关系造成干扰的观测指标。经过模型修正,模型拟合指数如表 7-10 所示,模型检验结果符合拟合标准。模型的组合信度(CR)及 AVE(平均变异数抽取量)值如表 7-11 所示,模型各潜变量的 CR 值均大于 0.6,模型组合信度较好。模型各潜变量 AVE 值均大于 0.5,模型收敛效度较好。

表 7-10　　校长信息化教学领导力与 TPACK 关系的模型拟合情况表

模型	NFI Delta1	RFI rho1	IFI Delta2	TLI rho2	CFI	RMSEA
默认模型	0.961	0.948	0.969	0.958	0.969	0.075

表 7-11　　校长信息化教学领导力与 TPACK 关系的组合信度及 AVE 值

潜在变量	CR 值	AVE 值
信息化教学规划能力(ITPA)	0.8552	0.6639
信息化教学环境建设能力(ITECA)	0.9116	0.7746
信息化教学管理能力(ITMA)	0.7846	0.5489
TPACK	0.8605	0.6729

经过修正所得的校长信息化教学领导力与 TPACK 关系的模型图如图 7-4 所示。研究发现,从直接作用关系来说(表 7-12):首先,校长的信息化教学规划能力可直接正向影响其信息化教学环境建设能力、信息化教学管理能力、教师 TPACK,影响效应分别为 0.511、0.699、0.428;其次,校长的信息化教学管理能力对其信息化教学环境建设能力具有直接的正向影响效应,影响效应为0.495;最后,校长的信息化教学环境建设能力对教师 TPACK 水平具有直接的正向影响效应,影响效应为 0.564。图 7-4 中的变量间全部作用关系见表7-13。从全部作用关系(全部作用为直接作用和间接作用之和)的角度来说:

$$TPACK=0.911ITPA+0.279ITMA+0.564ITECA$$
$$ITECA=0.857ITPA+0.495ITMA$$

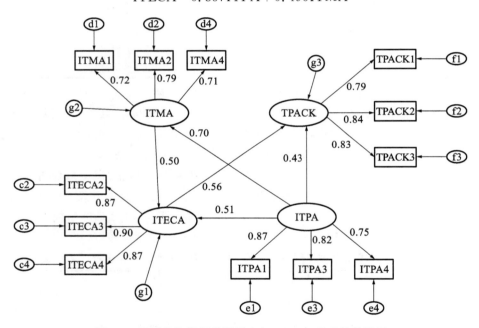

图 7-4　校长信息化教学领导力与 TPACK 关系的模型图

表 7-12　校长信息化教学领导力与 TPACK 关系的标准化总效应
（组号 1-默认模型）

	信息化教学规划能力	信息化教学管理能力	信息化教学环境建设能力	TPACK
信息化教学管理能力	0.699	0.000	0.000	0.000
信息化教学环境建设能力	0.511	0.495	0.000	0.000
TPACK	0.428	0.000	0.564	0.000

表 7-13　　**校长信息化教学领导力与 TPACK 关系的标准化总效应**
（组号 1-默认模型）

	信息化教学规划能力	信息化教学管理能力	信息化教学环境建设能力	TPACK
信息化教学管理能力	0.699	0.000	0.000	0.000
信息化教学环境建设能力	0.857	0.495	0.000	0.000
TPACK	0.911	0.279	0.564	0.000

　　中介模型的验证方法有多种,较多学者推荐使用 Bootstrap 方法。Hayes 开发的 Process 插件对以往较为烦琐的中介效应分析步骤进行了整合,并不需要分步设置及分析。与传统中介效应分析方法相比,Process 插件具有便捷性及全面性。[①] 在 Process 插件开发之前,利用 Bootstrap 分析中介效应一般需进行特别设置,Process 插件对 Bootstrap 的检验可自动化完成。基于 Bootstrap 方法,本研究利用 SPSS 软件的 Process 插件来进行中介效应分析。

　　基于变量间的路径关系,本研究通过变量设置,将 ITPA(校长的信息化教学规划能力)设置为自变量,将 ITECA(信息化教学环境建设能力)设置为因变量,将 ITMA(信息化教学管理能力)设置为中介变量,并将置信区间设置为 95%,进行中介效应检验,得出 ITMA、ITECA、ITPA 间的中介效应表,如表 7-14 所示。ITMA 为 ITPA 作用于 ITECA 的中介变量,且中介效应显著(BootLLCI 和 BootULCI 之间不包括 0)。

　　基于变量间的路径关系,本研究进行变量设置,将 ITPA 设置为自变量,将 TPACK 设置为因变量,将 ITECA 设置为中介变量,并将置信区间设置为 95%,进行中介效应检验,得出 TPACK、ITPA、ITECA 间的中介效应表,如表 7-15 所示。ITECA(信息化教学环境建设能力)为 ITPA(校长的信息化教学规划能力)作用于 TPACK 的中介变量,且中介效应显著(BootLLCI 和 BootULCI 之间不包括 0)。

　　基于路径分析及中介效应分析结果,我们将信息化教学领导力对教师 TPACK 的作用机制归纳为以下四个方面,并进行讨论。

　　① 刘竹华, 徐洁, 李漪, 等.社区矫正人员开放性与社会适应的关系:人际关系敏感的中介作用和同伴信任的调节作用[J].中华行为医学与脑科学杂志, 2019, 28(12):1131-1135.

表 7-14 **ITMA、ITECA、ITPA 间的中介效应表**

Model

    Y = ITECA

    X = ITPA

    M = ITMA

****

Outcome：ITECA

Model Summary

R	R-sq	MSE	F	df1	df2	p
0.8345	0.6964	0.1802	823.6426	2.0000	718.0000	0.0000

******************DIRECT AND INDIRECT EFFECTS***********************

Direct effect of X on Y

Effect	SE	t	p	LLCI	ULCI
0.5727	0.0282	20.2742	0.0000	0.5172	0.6281

Indirect effect of X on Y

	Effect	BootSE	BootLLCI	BootULCI
ITMA	0.2754	0.0248	0.2288	0.3255

表 7-15 **TPACK、ITPA、ITECA 间的中介效应表**

Model

    Y = TPACK

    X = ITPA

    M = ITECA

****

Outcome：TPACK

Model Summary

R	R-sq	MSE	F	df1	df2	p
0.8666	0.7509	0.1067	1082.2770	2.0000	718.0000	0.0000

******************DIRECT AND INDIRECT EFFECTS***********************

Direct effect of X on Y

Effect	SE	t	p	LLCI	ULCI
0.3391	0.0272	12.4775	0.0000	0.2857	0.3924

Indirect effect of X on Y

	Effect	BootSE	BootLLCI	BootULCI
ITECA	0.4051	0.0313	0.3427	0.4644

（一）校长的信息化教学规划能力可直接影响信息化教学环境建设能力

研究发现，校长的信息化教学规划能力可直接正向影响其信息化教学环境建设能力。在本研究所生成的结构方程模型中，信息化教学规划能力涉及"ITPA1：设计学校信息化教学规划""ITPA3：为教师信息技术与课程教学整合能力的提升做好培训安排""ITPA4：能够明确师生的信息化教学资源需求"三个维度。在教学实践层面，信息化教学规划能力相关维度的执行与落实可为信息化教学环境建设提供方案、能力与资源支持。对于学科教学来说，缺乏共同的愿景易引发教学环境建设的盲目与混乱。[①] 优质的信息化教学规划是信息化教学有序发展的基本前提，校长的信息化教学规划对信息化教学环境建设具有引领与助推作用。[②] 在学科信息化教学工作的决策与规划方面，校长需思考如何推动信息化教学环境建设。校长需要思考何为有用的信息技术方式与理念、在何种情境下某种信息技术方式更有效等问题。在思考和解决问题的过程中，校长自身的信息化教学理念、信息化教学意识等思维方式均会得以发展和提升。这会在一定程度上直接促进其信息化环境建设能力的提升。

（二）校长信息化教学管理能力为其信息化教学规划能力、环境建设能力间的中介变量

研究发现，校长信息化教学管理能力为信息化教学规划能力作用于信息化教学环境建设能力的中介变量。一方面，校长的信息化教学规划能力可直接影响其信息化教学管理能力，此结论与相关研究契合。例如，王小锋[③]的研究表明，仍有相当一部分的校长工作没有计划性、目的性，随意性较大，这在一定程度上不利于充分调动教师的积极性及信息化教学管理工作的稳步、顺利进行。概括来说，若校长的信息化教学规划工作缺乏明确的目的和计划，那么校长很难在后续的信息化教学管理中进行系统性的思考以及策略性地解决实践问题。另一方面，校长信息化教学管理能力可直接正向影响其信息化教学环境建设能力，此结论与相关研究契合。例如，孙祯祥和刘小翠[④]指出，校长承担着实施教师研修、引导本校教师发展的重任，其在教学与研究工作中的技术规划与应用安排有利于教师教学培训、教法研讨、技术氛围营造等方面的顺利推进，有利于提升其信息化教学环境建设能力。归纳来说，校长通过调控学校信息化教学管理的方向与举措，有助于创设有利于师生学习与应用信息技

① 李强，范慧芳.愿景管理视阈下的教师专业共同体发展[J].职业教育研究，2019，181(1)：78-82.
② 沈书生.中小学校长信息化领导力的构建[J].电化教育研究，2014，35(12)：29-33.
③ 王小锋.提升教师信息化领导力的价值与策略[J].教育理论与实践，2018，38(32)：28-30.
④ 孙祯祥，刘小翠.教师信息化教学领导力：概念、内涵与调查分析[J].现代远距离教育，2015，37(4)：28-36.

术的资源与氛围,进而有利于其信息化教学环境建设能力的提升。

（三）校长的信息化教学规划能力可直接影响教师 TPACK 水平

研究发现,校长的信息化教学规划能力可直接正向影响教师 TPACK 水平。校长在规划学校信息化工作时,一般会重点关注教师教学水平提升。校长信息化教学规划能力的建设在一定程度上以校长信息化教学规划方面的意识、理念作为基础支撑,如何在教育教学规划中合理定位技术的功能、角色与应用范围将在很大程度上影响教师信息化教学工作的推进。不少学者也对校长信息化教学规划能力与教师 TPACK 之间的逻辑关系进行了说明,并强调学校信息化教学规划的完善将在很大程度上为教师 TPACK 发展创造良好的机遇。例如,岳群智和王爱华[①]认为,校长只有做好有利于推动学校信息化发展的战略规划,提高自身的规划能力,才能影响并引领教师共同进步,进而有助于提升教师 TPACK 水平。综上所述,校长的信息化教学规划能力会直接影响教师的 TPACK 水平提升,校长要在学生培养规划、学科运作规划、学科业务规划、学校课程教学规划等方面注重技术元素的引入与扩散,促进教师技术思维结构与能力结构的转变及教师 TPACK 的生成与发展。

（四）信息化教学环境建设能力为其信息化教学规划能力、教师 TPACK 间的中介变量

研究发现,信息化教学环境建设能力为信息化教学规划能力作用于教师 TPACK 的中介变量。一方面,校长的信息化教学规划能力可直接影响信息化教学环境建设能力及教师 TPACK 水平。从模型图来看,信息化教学环境建设能力涉及"ITECA2:引导师生明确课外网络学习的任务及目标""ITECA3:促进教师信息化教学能力的发展""ITECA4:通过多种方式了解与解决师生信息技术应用方面的问题"三个维度,相关维度的教学执行既依赖于合理的信息化教学规划,也有利于为教师 TPACK 提供方向支持。另一方面,校长的信息化教学环境建设能力可直接影响教师 TPACK 水平。蒙继元[②]指出,教师 TPACK 是教师技术实践过程中产生的一种知识结构,它的生成、发展、反思都离不开教学环境的支持与辅助,良好的信息化教学环境是教师有效开展信息化教学的基础和保障。综上所述,在信息化教学环境建设方面,校长要充分考虑学校信息化教学方面愿景规划的具体要求,致力于交互式电子白板、录播教室、创客教室等创新型教学环境的创设,着力于推进学校组织成员

---

①　岳群智,王爱华.教师 TPACK 发展的心理动力分析[J].开放教育研究,2016,22(6):112-118.

②　蒙继元.整合技术的学科教学知识框架下英语教师专业实践能力的提高[J].教学与管理,2018,35(15):58-60.

的交流互动，为教师的成长和 TPACK 水平的提升提供保障条件，进而促进教师 TPACK 的形成与发展。

第五节　校长信息化教学领导视角下教师专业发展路径

基于以上分析，本研究发现：首先，校长的信息化教学规划能力可直接影响其信息化教学环境建设能力及信息化教学管理能力，校长的信息化教学规划能力可被视为校长信息化教学领导力结构关系中的决定性要素，其可对其他信息化教学领导力结构要素产生影响作用，其应被视为校长视角下教师 TPACK 水平提升的基本关注点。其次，校长的信息化教学规划能力、信息化教学环境建设能力可直接影响教师 TPACK。与校长信息化教学规划能力相比，校长信息化教学环境建设能力对教师 TPACK 发展产生较大的影响作用，校长信息化教学环境建设能力应被视为校长视角下教师 TPACK 水平提升的重要关注点。最后，校长的信息化教学管理能力为其信息化教学规划能力、信息化教学环境建设能力间中介变量，校长的信息化教学管理能力应被视为校长视角下教师 TPACK 水平提升的有效辅助点。据此，笔者认为，校长信息化教学领导视角下教师 TPACK 水平的提升策略可关注以下要点。

一、校长教学规划先行，树立教师 TPACK 发展方向

校长信息化教学规划能力属于校长信息化教学领导力结构中极为关键的基础要素，且其对教师 TPACK 发展具有重要的影响作用。为此，校长教学规划先行、树立教师 TPACK 发展方向成为推动教学信息化不容忽视的关键之举，具体可从以下三个方面着手。第一，校长需针对不同类型学科教学环节的特性与需要，做好学科信息化教学规划。校长需从系统观视角审视学科教学信息化发展的诸多问题与现实需要，在对相关问题及需要进行系统探讨的基础上，引导教师明确信息化教学实践体系需着重关注哪些具体操作环节与实践方向。这将有助于校长通过规划引领并实现教师 TPACK 水平的提升。第二，校长需与教师共筑教学规划共同体，开展协作交流。校长需鼓励与引导教师参与学校信息化教学规划过程，充分听取教师实际的教学诉求与期待，引导教师思考学科教学究竟在何种环节、何种内容、何种对象方面需要引入与扩散信息技术[①]，也可通过互动交流来促进自身及教师明晰信息技术与学科教学

---

① 　NIESS M L，RONAU R N，SHAFER K G，et al. Mathematics teacher TPACK standards and development model[J]. Contemporary Issues in Technology & Teacher Education，2019，9(1)：4-24.

整合的相关规划在具体落实的过程中会出现何种问题,并引导教师通过同伴互助、自我学习等方式解决相关问题,进而推动教师 TPACK 水平与能力在问题明晰与解决中不断提升。第三,校长需着力制订合理的教师 TPACK 能力培训计划。一个优秀的教学领导者应着重推动教师专业教学能力不断提高。作为学科教学的关键领导者,校长应在教师培训工作开展过程中关注教师 TPACK 培训方案与环节的设计。校长在决策与规划教师 TPACK 培训工作时,需要根据各方面客观条件、主观愿望,协调整合各群体诉求,进而形成具体的教师 TPACK 发展规划愿景和管理章程,也应对如何通过课程培训、教学实践等方式促进教师 TPACK 能力发展进行顶层设计。

二、校长教学环境建设为重,力塑教师 TPACK 发展环境

研究发现,校长的信息化教学环境建设能力能够直接促进教师 TPACK 水平的提升,而且信息化教学环境建设能力对教师 TPACK 水平的直接影响效应较大。据此,可将校长信息化教学环境建设能力作为教师 TPACK 发展策略的关注重心,力塑有效的教师 TPACK 发展环境,以便为教师专业成长提供保障条件与资源,具体可着重关注以下三个方面。第一,校长需为教师 TPACK 发展争取软硬件资源,组织教师共同创设数字化教学环境,为教师将技术有效整合于学科教学之中提供软硬件条件保障。其中,硬件条件包括高速校园网、交互式电子白板、备课专用电脑、扫描仪、打印机等;软件条件包括办公软件、课件制作软件、信息化教学资源、信息化教学制度和运行模式。第二,校长可在关注 TPACK 发展差异及需求的基础上,不断优化学校信息化教学的制度环境。不同学科领域、教学模式、技术载体背景下的教师 TPACK 发展存在特殊性及差异性。[①] 校长可尝试在信息化设施管理及更新、数字资源及平台建设、网上在线教研、教师技术能力培训及研讨等方面搭建引导型制度环境,充分考虑教师 TPACK 的发展需要及群体差异,因"境"制宜地推动教师 TPACK 水平的提升。第三,营造创生性的学校信息化教学氛围,助力教师有效应对技术挑战与机遇。在人工智能、5G 等新技术的冲击下,校长可通过营造创生性的学校信息化教学氛围,注重学校信息化教学文化的建设和学校信息技术与课程教学整合的经典范例宣传及经验交流,推动教师主动创生新的 TPACK 结构,从而引导教师从 TPACK 知识的学习者转变为创造者。

---

① 徐章韬,陈矛.指向深度融合:基于标准发展教师 TPACK[J].教育发展研究,2017,38(10):14-19.

三、校长教学管理为辅，个性化培育教师 TPACK 能力

校长信息化教学管理能力可被视为衔接校长信息化教学规划能力、信息化教学环境建设能力的关键。以校长信息化教学管理为辅，个性化培育教师 TPACK 能力，有助于从差异化管理支持的角度推动教师 TPACK 水平的有效提升，具体可从以下三个方面着手。第一，校长需注重在学校信息化决策、信息化教学监测与评价、信息化教学资源开发及教师技术素养培育方面充分考虑政策导向、技术特征、学科教师需要及诉求，并参与信息化教学情境的创设（包括资源建设、平台建设等），以便为教师 TPACK 能力培育提供个性化的管理支持。第二，校长需针对教师 TPACK 发展过程中的技术融入困境，引导教师明确自身 TPACK 能力的培育方向。教师信息化教学能力是建立在教师信息化实践知识基础之上的，其要在一定的信息化情景中形成和发展，而信息技术对教师的实践性知识有明确的指向性。因此，校长需要关注教师 TPACK 的实践性知识体系。[①] 校长可注重加强对学科教研组信息化教学工作的监督与指导，引导教师注重具体教学情境下的技术融入，并组织教师通过完成信息化教学任务来理解相关技术概念并从实践中习得 TPACK 知识。第三，校长需着重关注教学差异化管理，关注不同学历及职称背景教师的 TPACK 发展。校长需注重自身教学领导功能的发挥，通过引领学校信息化教学工作及教师专业发展工作，有针对性地为不同类型的教师提供培训服务及教学引导，并通过开展教师座谈会、专业培训、教师研讨等方式引导教师学会根据特定的教学内容、教学活动选择信息技术，进而促使教师在技术选择与整合中实现 TPACK 能力的个性化提升。

---

① 王文君,王卫军.教师信息化教学能力实践分析[J].现代远距离教育,2012,34(3):67-74.

第八章 人工智能＋教育:校长信息化领导力变革的新背景

人工智能技术在智能导学、沉浸式学习、自然语言处理、图像识别、情绪辨别等方面的教育应用,为教育发展提供了更多的可能性与路径。《教育信息化2.0行动计划》强调需开展以学习者为中心的智能化教学支持环境建设,推动人工智能在教学、管理等方面的全流程应用。人工智能赋能教育教学已成为我国教育信息化发展中不可忽视的关键议题。作为我国教育智能化发展的领导者与决策者,校长对教育信息化的理解和对国家政策的实践将直接影响学校信息化与教学改革的发展,其是人工智能技术在学校教育中得以有效应用的关键因素。作为学校教育的核心管理人员,校长如何利用人工智能技术推动校园建设与教育发展极具价值意义。在人工智能时代,中小学校长信息化领导力的实践取向值得诸多学者关注。

第一节 信息技术变革与学校教育

近年来,各国一直致力于改善 K-12 教育,但相关教育改革举措往往容易基于错误的目标导向,即将教育改革需要解决的首要问题视为"学校绩效问题"。例如,美国通过诸如"不让一个孩子掉队"法案(No child left behind act)等对学校绩效的提升提出要求,并对绩效水平不如预期的学校实施制裁与惩罚。另一项主要的教育改革尝试是特许学校运动,该运动于 1991 年首先出现在美国明尼苏达州,此后传播到 40 多个州。与标准运动不同,特许学校运动是一项制度创新,其可由当地教育委员会以外的教育机构实体创建和运营。这项教育改革举措为监管力度较低、自治程度较高的学校开辟了新的发展道路。平心而论,通过陆续实施各项教育改革方案,各国教育改革与发展已经取得了一些成效。然而,大多数人仍然对学校教育进步的速度感到失望,认为还需要取得更多的成效。究其原因,一方面,这些改革方案本身并没有随着学校教育形式的变化而有所创新,大多数学校只是简单地复制了传统学校的教学方法;另一方面,教育进步的趋势较为平缓。例如,美国大约三分之一的高中学生无法留到毕业,近一半的高中辍学者认为无聊和对课堂缺乏兴趣,而选择离开学校。①

　　由于传统教育改革的效果不尽如人意，教育者开始将关注视角转移到信息技术工具对学校教育变革的推动作用上来。现代信息技术是一个广义概念，包括软件、硬件及创造性使用信息技术的过程。信息技术融入课堂的新型教学模式成为学生学习的新范式，并有效推动了学校教学的改进。在许多教育情境下，信息技术工具不仅能够促进教师教学效率的提升与教学效果的改进，也能够使学生受益。概括而言，学校可通过设计将新技术融入课堂教学的方式方法，推动传统学校教学的改进。随着智能化时代的到来，在学校教育改革和发展的过程中，信息技术的价值越来越凸显。信息技术工具不但能够彻底改变学生工作和思考的方式，而且能够培养学生动手操作的能力，将"学技术"与"用技术"紧密结合，使学生主动探究知识、掌握技能，进而解决问题、发展能力。越来越多的教育工作者已经体验到信息技术的价值与力量。虽然人们普遍倾向于将计算机和其他高科技电子工具等同于信息技术，但信息技术的定义主要包括两个组成部分：一是产品——体现技术的工具，二是过程——技术使用的系统流程。技术产品及其使用的系统流程都为学校提供了大量服务。

　　根据 J. Naisbitt② 的界定与划分，可将新技术使用的发展经历归纳为三个阶段。在第一阶段，新技术遵循"阻力最小化"原则，进入现成的市场；在第二阶段，用户用新技术改进或替换以前的技术；在第三阶段，用户根据技术的潜力发现该技术的新功能。学校使用技术的历史是漫长而曲折的，几十年来，在学校教育中反复使用、筛选与淘汰不同新旧技术，技术与学校教育目标的契合程度越来越高。例如，在美国，幻灯片放映机是一种早期的信息技术，大约从20 世纪 50 年代开始使用，教师将课程内容投影到教室前面的屏幕上，供所有学生观看。20 世纪 80 年代和 90 年代，教师常在教室里使用电视机向学生播放教学视频。虽然计算机早在 20 世纪 60 年代就出现在学校中，但直到 80 年代，计算机才真正在学校中普及。1993 年，美国大约三分之二的公立学校的教职工和学生都可以上网。③ 到了 2003 年，计算机的使用几乎扩展至所有公立学校。通过向网络教学和课程注入新技术，学校创造了一个可以更充分地

　　① 　KOLDERIE T, MCDONALD T. How information technology can enable 21st century schools [R]. Washington D. C. :Information Technology & Innovation Foundation, 2009.

　　② 　NAISBITT J. Megatrends: Ten new directions transforming our lives[M]. New York: Warner Books, 1982.

　　③ 　WELLS J, LEWIS L. Internet access in U. S. public schools and classrooms: 1994-2005[J]. Education Statistics Quarterly, 2006, 3(4):83.

接受研究性学习的环境。通过战略性地使用计算机,学生可以学会定位自己的资源,以灵活的方式访问学习内容,并接触以多种格式呈现的各种信息。这可以引导学生在批判性评估资源、创造力、说服力等领域培养技能。进入 21 世纪,计算机辅助教学系统(computer aided instruction,CAI)逐渐普及,其通过向学生提供选择并告知他们是否正确来帮助学生完成课程计划。同时,早期的 CAI 及其程序都是以教师为导向的,教师可通过提出学生必须给出准确答案的前置性问题来教授学生知识与技能。[①]

随着计算机的计算能力的提高,计算机获得较强处理能力所需的经济成本在下降。[②] 这推动了人工智能程序的发展。在此背景下,教育工作者应致力于发掘和探索各种资源之间的联系,同时利用新兴技术引导学习者获得新知识和加强学习。新的教育工作者不再是知识的仲裁者,而是在学生的个人学习经历中更多地去做一个引导者。虚拟现实、增强现实和人工智能等新技术有利于学生自主学习,因为它们注重让学生积极地参与学习,特别是人工智能技术为适应性学习所需的差异化教学提供了大量机会。总的来看,在教育教学方面,信息技术的更新与升级不仅可以成为创建和修改个人学习路径的有用工具,也可通过技术赋能的方式为每个学生提供他们在学术上所需要的资源与空间。

在教育信息化场域下,教育工作者需要切身理解信息技术的发展对教育革新的重要意义,寻找信息化教学模式的转变方向,尤其对于学校管理者与教师而言,其需要将使用信息技术作为专业发展的重要组成部分。具体而言,信息技术的发展对教育改进的价值主要包括以下几个方面。

一是催生新型教学工具。传统的教学工具受教学场地、教具等多种条件的限制,呈现出功能单一、交互性弱、损耗性大、疏于灵巧等特征。信息技术的应用则有效地避开了传统教学的种种限制,可以催生更多新型教学工具。这些新型教学工具大多具备多功能、可持续、灵活、轻便等优点,对有效提升教学质量起到积极的作用。以课堂无线应答系统(Clicker)为代表的成本低廉、简单易用、性能可靠的课堂实时交互教学工具就是信息技术催生的新型通用教学工具的典型案例。Clicker 是一种基于无线局域网技术的低成本实时交互教学系统。基于该系统,教师可以在课堂上根据教学内容设计

① MCARTHUR D, LEWIS M, BISHAY M. The roles of artificial intelligence in education: Current progress and future prospects[J]. Journal of Educational Technology, 2015,1(4):42-80.

② THANNIMALAI R, RAMAN A. Principals technology leadership and teachers technology integration in the 21st century classroom [J]. International Journal of Civil Engineering and Technology, 2018, 9(2):177-187.

和提出一系列问题，学生则可通过手持式 Clicker 应答设备进行回答，其应答统计情况可以实时反映到教师端，并可快捷生成为各类统计图表，使教师轻松了解学生对课堂教学内容的掌握情况。该教学工具更适用于大规模课堂教学。[①]

二是促进个性化学习。利用信息技术，学生可以不同的速度进行学习和发展。通过计算机网络与学习系统，教师可以为学生制订个性化的学习方案与路径。这些系统提供数千节课程，涵盖了现在通过教科书以特定步骤的方式向背景、兴趣和动机极其不同的学生群体传授的相同基本技能。通过集成的学习系统，学生可以在安全的信息化学习环境中以适宜的速度成长与发展，并形成坚实的知识技能基础，而不是基于固化、统一的学习进度安排形成不稳定的知识技能基础。学生必须精通访问、评估和沟通信息。信息技术可以通过激发学生提出和搜索问题、进入辩论、提出意见、参与解决问题的方式来检验他们对问题的看法。在线工具和资源能够使学生有效地收集和评估信息，然后交流他们的想法和发现。这种交流可能需要学生阅读、思考、写作、创建图表或使用电子表格和数据库生成信息。

三是为学生创造有意义的学习机会。信息技术可以为学生的学习提供广泛的空间与契机。计算机将学生与世界联系起来，为其提供关于创新想法的来源。信息技术可以彻底改变学生的学习方式，更重要的是，其可以改变学生的思维方式。数据库、电子表格、计算机辅助设计、图形程序和多媒体创作程序（创建基于计算机的演示文稿或课程的程序）使学生能够独立组织、分析、解释、开发和评估自己的工作。这些工具让学生集中解决问题，让他们思考自己想要完成的任务，快速测试或重新测试解决方案和策略，并立即显示结果。在传统意义上，高级思维技能不能被教授，也不能直接从教师身上转移到学习者身上。学生需要在适当的指导下培养这些技能，需要努力解决自己提出的问题，并找出自己的答案。例如，电子媒体可以将学生以前无法想象的体验和信息带入课堂。通过信息技术与互联网，学生可以观看和讨论他们本来无法体验的事件。远程教育技术可以给学生带来重要的学习体验，为其提供一些其真正需要的课程内容。[②]

四是评估学习。学习评估一直是世界各地教育改革讨论的核心，旨在向公众精准呈现教育系统的发展现状及存在的主要问题。一般而言，评估系统

① 杨宗凯，杨浩，吴砥. 论信息技术与当代教育的深度融合[J]. 教育研究，2014，35(3)：88-95.

② FLANAGAN L，JACOBSEN M. Technology leadership for the twenty-first century principal [J]. Journal of Educational Administration，2003，41(2)：124-142.

产生的信息的质量主要受三个驱动因素的影响：有利的环境、系统协调和评估质量。其中，有利的环境包括评估活动的政策、资源和实施安排；系统协调包括评估和教育系统的其他组成部分之间的联系，如学习目标、课程标准和教师培训等；评估质量包括用于评估的工具、过程和程序的心理测量质量。利用信息技术进行学习评估，有助于深入了解需要解决或改善的教育问题，以及信息技术工具是否或如何为教育改进提供帮助。基于多种信息技术工具的学习评估系统能够显著提升数据的保真度，包括将移动电话和平板电脑等便携式设备纳入数据收集程序，并使用分析工具来缩短评估到行动的周期间隔。一个典型案例是 2010 年格鲁吉亚的学习评估改革，该国所有学校的毕业考试都转向计算机自适应测试，这是一种契合应试者能力水平的测试。这种转变有几个潜在的好处，包括减少作弊现象（因为对于不同的应试者会显示不同的问题）、被评估者获得更精确的能力估计、开发与国家标准完全一致的广泛数据库，这些数据库可以提供可靠的证据。格鲁吉亚教育部的一项评估项目显示，与使用纸笔技术进行同样的测试相比，格鲁吉亚的计算机自适应测试更具成本效益，实现了对学生评估采用高效、公平和客观方法的目标。[①]

　　五是助力教师工作。基于技术的解决方案，可以让教师自由地做需要人际交往、持续评估和改善学习环境方面的重要工作；可以让教师管理个性化的课程序列，根据学生的独特需求进行分支和补救，快速自动跟踪进度，执行数据分析并生成报告；也可使教师能够快速生成对家长的个性化通信，创建课程计划，并从丰富的资源数据库中选择教学材料。当教育者允许学生在相当长的一段时间内以有意义的方式与技术互动时，随之而来的工作绩效增长将鼓励教育工作者去尝试新事物。华盛顿贝尔维尤的创新教育家C. Held[②] 指出，技术往往是创新进入学校的特洛伊木马。当教师看到学生能够协同信息技术有效投入学习活动，并呈现出高效与兴奋的行动特征，教师将更加有动力与学生建立牢固的关系，并满足学生的个人发展需求。现代技术工具使教育者能够实现古老的梦想。教师可以利用信息技术工具创建模拟情境，通过模拟情境下的逻辑推演，让学生发现不同事物间的重要关系，并不断构建新的知识。

---

　　① VIVEK K, BHATTACHARJEE P. Use of information and communication technologies in education: Effectively integrating technology in under-resourced education systems[R]. Washington D. C.: World Bank, 2021:1-29.

　　② HELD C. The integrated technology classroom: An experiment in restructuring elementary school instruction[J]. Computing Teacher, 1991,18(6):21-23.

第二节　人工智能与教育教学发展

人工智能可以被定义为一种思维机器。"人工智能"一词最早由约翰·麦卡锡提出，而第一个被称为人工智能的系统研究可以追溯到 20 世纪 50 年代。[1] 艾伦·图灵首先提出了一种测试方法的建议，这种测试方法可以确定一台机器是否能像人类一样通过测试，其被称为图灵测试，是人工智能程序尚未涉及的。人工智能研究的目标是了解人类是如何思考的，并创建近似这种思考的程序。人工智能与教育的融合是自然的，也是不可避免的。人类通过将每个问题划分为更小的子问题来解决问题，并通过已知技术和现有知识库来设计解决每个子问题的程序。而这正是人工智能程序的运作方式。了解人工智能程序解决问题的方法有助于人类更有效地解决同样问题。

从人类学的角度来看，聚焦于人工智能和人类智能之间的差异，黄欣荣[2]指出，目前的人工智能本质上是一种计算智能，其只能正确地做好人类交代的事情，但不能依靠自己作出价值判断，即当前的人工智能是有智能缺智慧、有智商没情商，与人类智能不同，如果没有充足的数据，很难作出正确的判断。因此，计算机智能的功能仅限于信息处理，而不具备理解它们所处理的内容的能力。本质上，人类的大脑皮层具有控制和处理来自环境和同一有机体的信息的能力，这些信息必须立即用于评估和选择基于决策的行动机制，这些决策和行动选项可能看起来最有用或最合适。人工智能是指模拟人脑智能能力的方式，是计算机科学的一部分，也是研究和开发用于模拟、延伸和扩展人类智能的理论、方法、技术及应用系统。[3] 从另一个角度来看，人工智能可以被理解为一门旨在寻求对智能的深刻理解的科学，考虑智能的界限与实现可能性，可将人工智能视为一项极其复杂的挑战。

当前，主要存在两种理解人工智能的方式：一是弱人工智能，它只限于使用计算机来研究人类的认知可能性；二是强人工智能，它致力于将人工智能和人类智能联系起来，并寻求将它们联系得更紧密的方法。而人工智能在教育

① BANOLU K. School principals' technology leadership competency and technology coordinatorship[J]. Educational Sciences Theory & Practice, 2011,11(1):199-213.

② 黄欣荣. 新一代人工智能研究的回顾与展望[J]. 新疆师范大学学报(哲学社会科学版),2019, 40(4):86-97.

③ 刘德建,杜静,姜男,等. 人工智能融入学校教育的发展趋势[J]. 开放教育研究,2018,24(4): 33-42.

场所的应用是一个需要进一步研究的领域。关于人工智能的主要目标是模仿人类行为还是提高效率,存在着争论。① 近年来,虽然许多新兴技术在其潜在的教育应用中显示出了前景,但产生最广泛影响的仍是人工智能。在教育情境中,人工智能无论是成为教师工具箱中的复杂工具还是教师的智能助理,均可以为教师提供有价值的实时数据,以促进学生学习,达成教师教学目标。有研究者指出,在课堂上利用人工智能执行原本必须由教师完成的管理服务,可以帮助减轻教师的工作量。② 这一观点显示出,人工智能可以作为帮助教师提高工作效率的工具。这些类型的人工智能程序可以很容易地融入课堂而不改变整个教学环境,可以预期在不久的将来,学生的学习成绩将显著变好。③此外,人工智能可以帮助评估学生的学习情况。例如,人工智能能够在接触大量写作样本后准确地为学生的写作进行评分。虽然尚未确定人工智能对教育的全部影响,但综合来看,人工智能在教育中有几个重要的应用领域。人工智能开始以各种方式对教育产生影响,包括管理、教学和执行基于数据分析的任务。其中,人工智能优化教师教学与学生学习的一个重要途径就是通过智能教学系统支持学生启发式或自主学习。

　　智能教学系统(intelligent tutoring systems,ITS)是从计算机辅助教学系统演变而来的,其试图模仿师生的交互关系。近年来,人工智能在教育领域取得了长足的进步。许多智能应用程序被当今的教育工作者和学生广泛使用,尤其是基于人工智能的教育模式有望在各级教育中实现实质性的突破,并带来前所未有的教育质量改进,为学习者提供适合其需求的精确定制。机器人或自动化系统一直是受欢迎的教育设备(例如互联网技术多媒体实验室在20世纪80年代开发的乐高头脑风暴)。ITS本质上是基于计算机智能的,用于教授科学、数学、语言和其他学科的自动化辅导系统。一般而言,ITS主要基于交互技术,如自然语言处理系统。ITS对教师的教学工作产生了积极影响,同时满足了不同学生的学习需求和风格。此外,在线学习系统的大数据集推动了学习分析的快速发展,美国也将持续专注于使用智能辅导和其他基于人

　　① TIMMS, MICHAEL J. Letting artificial intelligence in education out of the box: Educational cobots and smart classrooms[J]. International Journal of Artificial Intelligence in Education, 2016, 26 (2):701-712.

　　② DRIGAS A S, ARGYRI K, VRETTAROS J. Decade review (1999-2009): Progress of application of artificial intelligence tools in student diagnosis[J]. International Journal of Social & Humanistic Computing, 2011, 1(2):175-191.

　　③ MCARTHUR D, LEWIS M, BISHARY M. The roles of artificial intelligence in education: Current progress and future prospects[J]. Journal of Educational Technology, 2005, 1(4): 42-80.

工智能的技术来优化教师的课堂教学。[①] 需要指出，ITS 与 CAI 系统的最大区别在于，ITS 的程序侧重于个人推理，而 CAI 系统只侧重于实际问题。ITS 可通过软件程序分析学生解决问题的每一个步骤，提供更准确的反馈，并具体地向学生传达他们在哪里出了错以及如何避免错误。正是通过这种基于智能技术的"脚手架"，ITS 的软件程序可以帮助学生加深对相关知识的理解，而无须人类教师的个性化干预。[②]

人工智能也可以充当数字助理和智能导师，帮助学生解决他们难以处理的问题。这些类型的智能辅导系统是最早在教育中使用的人工智能的应用类型之一。这些基本的人工智能系统通常配合简单的训练，以达到明确的学习目标，并运用在数学、物理等经验基础较强的科目学习中。这些智能程序在教育领域取得巨大成功的缘由在于它们的本质，因为新技术的出现削弱了记忆技能的重要性，例如记住代数公式和准确拼写单词。学校和教师已经注意到了这一点，并开始改变其教学方式，强调应发展学生的"高阶思维技能"。例如，美国一个名为 Hubert 的教育人工智能项目能够帮助教师收集学生的期末评估。目前已经有 600 多名教师在使用这个项目，这是人工智能技术被用来提高教育效率的一个很好的例子。此外，人工智能还能够帮助教师分析和评价教育文本。人工智能程序可被用于分析教育文本，以便对其进行修改，这在知识传递、能力发展等方面对学习者更有利。

在某种意义上而言，智能辅导系统并不是一个新生事物，其在地理学、电路设计、医学诊断、计算、编程、遗传学和化学等领域的应用已较为成熟。基于信息架构方法为虚拟平台开发的智能导师系统是在学生需求分析和面向对象设计支持的算法下开发的，这也是计算机软件工程的基础，其被用来模拟一个可接受的人类导师的角色。例如，当一个学生无法解决某个数学问题时，智能导师能够为学生提供某种提示。同时，智能导师将根据预设的答案为学生提供契合相应学习情境的学习评价。一些课程也能够通过分析学生在解决问题的过程中的表现来帮助学生进步，而不是仅提供答案。[③] 如此，人工智能就可以在学生出错的环节及时对他们进行纠正与引导，而不是仅在他们回答错误

①　EATON E, MACHADO T, WILLIAMS T, et al. Blue sky ideas in artificial intelligence education from the EAAI 2017 new and future AI educator program[J]. AI Matters, 2018, 3(4):23-31.

②　SHYR W J. Developing the principal technology leadership competency indicators for technical high schools in K-12 in Taiwan[J]. Eurasia Journal of Mathematics Science & Technology Education, 2017, 13(6):2085-2093.

③　NABIYEV V, KARAL H, ARSLAN S, et al. An artificial intelligence-based distance education system: Artimat[J]. Turkish Online Journal of Distance Education, 2013, 14(2):81-98.

时下发通知。通常,在几次尝试之后,人工智能会假设问题的难度较高,并会提供一个新的、难度较低的问题。

在人工智能的教育应用潜能层面,一方面,人工智能能够提供教学过程适切服务。学习支持服务是在远程学习时教师和学生接受到的关于信息、资源、人员和设施支持服务的综合服务。在远程教育时,师生处在时空分离的环境中,若要保证学习效率与教学质量,必须要有与之相适应的学习支持服务系统,而学习支持服务系统也是学生取得良好学业表现的重要保障。人工智能技术通过分析来自计算机、穿戴设备、摄像头等终端的数据,能够跟踪学习者和教学者的行为,并对特定场景下的行为进行细粒度分析,从而得出面向特定对象的特定需求,再借助自适应学习支持系统将匹配到的学习内容、教学专家和学习资源推送给用户。历史类、语言类、电子工程类、管理类等智能教学系统已逐步应用于课内外学习中。这一发展对于减轻教师工作负荷大有裨益。另一方面,人工智能技术将成为教师角色转变的催化剂,可以部分替代教师的“机械”工作,传统的备课、课堂讲授、答疑辅导和作业批改等将不再是教师的专属工作。辅导答疑任务可由虚拟代理替代,让智能辅助系统/教育机器人承担教师的某些任务,并协作承担教学环节当中可重复的、程序性的、靠记忆或反复练习的教学模块,帮助教师将更多的精力投入创新性和启发性的教学活动中,如情感交互、个性化引导、创造性思维开发,不断为教师赋能。[①]

作为 21 世纪的“数字原住民”,如今的学生往往比上一代人更精通技术,这可能会使他们在使用人工智能程序时体验到的易用性更强,也更容易适应人工智能技术主导下的教育环境。同时,即使是在经济或医学等敏感领域,人类也越来越多地接受机器提供的知识。虽然在教育领域人工智能经常被提及和人类之间存在沟通障碍,但人工智能技术的迅速发展可以很快使这些担忧成为过去式,机器学习和深度神经网络的日益强大将使这种情感识别成为可能。[②] 情感识别对于教育领域的人工智能极为重要,因为情感信息是人类交流的基础,而情感识别是人与机器实现完全交互的重要前提。虽然人工智能是从已有的数据集中进行学习的,但未来的人工智能将通过原始或未处理的数据进行自适应学习,从而不断提升其算法的精准性,这也是人工智能新的发

---

① 刘德建,杜静,姜男,等.人工智能融入学校教育的发展趋势[J].开放教育研究,2018,24(4):33-42.

② WARD P. Hypermedia, cognition, and artificial intelligence[J]. Current Psychology, 1990, 9(2):99-102.

展趋势。有可能改变人工智能在教育中应用的一个因素就是人工智能程序是否能够更好地评估人工智能使用者的情绪状态。如果没有理解人类情感的能力,人工智能将无法检测出情感的细微差别,但这些细微差别在人类如何相互交谈中起着重要作用。人工智能项目要想在与人类的互动中取得真正的成功,就需要有效地识别和回应人类的情绪。

　　人工智能所能获得的情感计算能力可能最终让这些程序的检测情感的能力超越人类。识别微表情的能力在教学领域是有益的,因为它可以让教师更好地理解学生可能正在流露的真实情感,而不仅是容易识别的宏观表达。一个能够快速、准确识别人类情感的人工智能程序可以帮助其成为一个更有效的老师。网络远程教育系统中信息处理的核心是计算机,而计算机是逻辑计算的典范。因此,若要把情感智能嵌入网络远程教育系统中的机器智能中,其关键是要使非逻辑的情感参与到经典的逻辑计算中,以构建情感在计算中的通路,并实现情感辅助的机器决策机制,从而将目前基于逻辑运算的机器智能转化为基于情感和逻辑相结合的机器智能。[①] 总之,随着情感计算理论应用研究的深入和技术的不断突破,将情感计算理论与技术应用于学校教育中,必将使学习方式产生巨大变革,使课程内容和学习者的学习形式等更加丰富而有效,并使师生的情感交互方式更加自然、和谐。

第三节　教育领导场域中的人工智能

　　科技在不断以新的、变化的方式融入社会的同时,也在不断地改变着教育领域。这些变化改变了教师的工作方式,也改变了教育领导的运作方式。面对信息化教育建设的不断深入,任何一位教师都需要在课堂上熟练运用技术,而地区和学校领导有责任为其组织制订技术使用规划与方案。S. McLeod,J. W. Richardson 和 N. J. Sauers[②] 指出,良好的技术领导力本质上是数字化、全球化时代的良好领导力。研究表明,管理者应深入参与校内技术要素的推广,并帮助教师理解和实施教学技术。综合来看,有两种主要的教育技术领导决策方法被广泛采用与接纳。第一种方法认为,技术的使用应该由课程目标和教育目标驱动。这种方法源于将技术视为达到教育目

　　① 李勇帆,李里程.情感计算在网络远程教育系统中的应用:功能、研究现状及关键问题[J].现代远程教育研究,2013(2):100-106.

　　② MCLEOD S, RICHARDSON J W, SAUERS N J. Leading technology-rich school districts: Advice from tech-savvy superintendents[J]. Journal of Research on Leadership Education, 2015, 10 (2):104-126.

的的手段,以及在教学中使用信息技术工具的理念。第二种方法认为,如果一个人没有跟上技术发展的步伐,他们将逐渐被新技术时代淘汰。这种观点来自技术决定论哲学,其认为支持技术变革是不可避免的。第二种方法在学校领导做出技术接受决策时更重要,尽管这两种方法有时会在同一个教育领导者身上体现。此外,教育领导者在技术进步方面的个人经历可能是第二种方法占主导地位的原因,将技术融入学校通常需要变革型领导,以应对学校的发展实际和趋势。① 鉴于技术的不断变化及教育与技术的关系,这种冒险行为对于打破固化的教育环境非常重要。② 当前,教育技术工具和技术研究以一种人们无法完全察觉或有效准备的速度持续发展,因此必须针对技术工具特性加强教育领导。各种各样的技术都可以影响学校的环境,而且往往是由教育领导者来决定哪些技术对他们的学校有意义。一些影响教育的技术项目类型包括电子档案袋、人力资源项目、数字绩效评估系统、评估项目等。无论该技术是否与学校管理、教学或其他任何方面具有契合性,学校领导主要依靠自身认知和魄力决定如何在学校中使用该技术。但也需要指出,紧跟技术进步步伐的巨大压力有时会导致教育领导者仓促采用不适合特定学习环境的教育技术。

　　人工智能的出现,必然会对教育领导行为及教育组织本身产生深远影响。对此,亟须构建一种新的管理模式来帮助教育组织应对这种人工智能驱动的转变将带来的变化。③ 管理者需要更好地将员工的注意力转移到与同理心和人际关系相关的任务上,同时利用人工智能执行更多与思考相关的任务。在教育领域,这意味着地区和学校的领导将更加需要了解他们的组织是如何利用人工智能来完成高层次的组织任务和低层次的课堂活动的。这似乎需要为教育领导者提供一种新的应对方式,以便他们能够更好地了解如何利用人工智能对他们所管理的教育环境产生积极影响。虽然领导素养涉及思考能力和分析能力两方面,但随着领导者越来越善于将人工智能用于其工作中更具分析性的方面,在未来几年,思考能力可能会越来越受到领导者的重视。这同样适用于教育领域的领导者,虽然他们可能比商业和其他行业的领导者更难适

---

　　① HAMZAH M, JURAIME F, HAMID A, et al. Technology leadership and its relationship with school-malaysia standard of education quality (School-MSEQ)[J]. International Education Studies, 2014, 7(13):278-285.

　　② PERSICHITTE K A. Leadership for educational technology contexts in tumultuous higher education seas[J]. Techtrends, 2013, 57(5):14-17.

　　③ YAZDANI M. Artificial intelligence and education: An overview[J]. Instructional Science, 1986, 14(3):199-208.

应这种转变,但这种变化还是会发生的。将自己定位在这一根本转变前沿的教育领导者将使他们的地区与学校在人工智能时代更具竞争力。但这并不意味着教育领导者必须迅速采用每一项新的人工智能进行教学创新,它要求地区和学校的教育领导者了解他们的地区和学校如何能够更好地利用人工智能来减轻教师的工作量,为学生提供更好的教育,以充分发挥人工智能的优势。

综上所述,人工智能可在不同的教育层面帮助教育领导者,这是教育领导场域中一个显而易见的事实。教育领导者需要切实地认识到在教育场域使用人工智能的好处和坏处。教育领导者在使用人工智能作为开发教育项目的一部分时,也需要意识到可能会经常出现的矛盾。例如,在写作教育项目及在常规的教学中,师生互动的有效性极为重要。有研究者指出,在每一门在线课程中,师生交互行为对成功地让大多数学生通过这一学习过程是必要的,然而教育领导者却通常认为人工智能是人类促进者的替代品。[①] 在亚马逊公司进行的一项开发人工智能程序以促进公司猎头过程机械化的实验中,其工程师发现,人工智能复制了人类在软件开发工作中的偏见性,即在一定程度上偏向男性。由此可见,人工智能并没有消除人类的偏见,而是简单地将它们自动化,这也是教育领导者需要注意的。最后,教育领导者必须看到人工智能在教育中的应用是一个不断发展的、有巨大潜能的,但具有一定侵入性的过程,今天的教育中如果没有人工智能的存在简直无法想象。如果没有批判的技术怀疑态度,我们也不能完全接受人工智能。虽然教育领导者迫切地想要向公众展示其学校应用新技术的有效性,但现实情况往往是:相当多的教育领导者专注于令人眼花缭乱、外表光鲜亮丽的人工智能产品,甚至会在一定程度上对人工智能的应用效果进行"炒作",而在一定程度上忽视了人工智能产品的技术适切性。尽管如此,人工智能仍然是赋能学校教育领导的宝贵资产与工具。综合来看,人工智能对教育管理与教育领导的现实意义主要体现在以下两个方面。

一方面,教育管理将更具有前瞻性。预测是人工智能的重要功能。人们将一定程式、数据、前提条件写入智能系统,并用其对最终结果进行模拟和预测。预测是管理活动中举足轻重的环节。在人工智能问世前,人们就已用各种方法来预测管理结果,如德尔菲法。预测的对象除结果外,还涵括与管理计划相关的诸多因素,如影响计划实施的前提条件、可能困境、可行纠偏措

---

① WATKINS S. Artificial intelligence: A boon or a bane for educational leaders in educational research[J]. Journal of Leadership Studies, 2018, 12(3):74-75.

施等。集控制论、信息论、统计学及非数学学科知识于一体的人工智能系统拥有强大的大数据综合处理、复杂程式分析、可能性概率估量、可视化图像模拟、多维计量建模等功能，其综合性的预测效果显然比单一专家的预测（知识结构单一、凭经验推理）效果更好。① 譬如，人工智能专家系统能综合运用特定领域中专家提供的专门知识和经验，并采用人工智能推理技术来求解和模拟。②

　　另一方面，人工智能有助于数据驱动决策的实施。E. Gummer 与 E. Mandinach③ 指出，在越来越强调学校问责制的情况下，数据驱动决策一直是教育领导者做出决策的主流方法。K. Schildkamp，C. L. Poortman，J. Ebbeler 等④也认为，教师能够利用数据改进教学，教育领导者能够使用数据为他们基于证据的决策提供信息，以提高学校的有效性。随着学校绩效问责制度的深入推进，学校里充斥着大量数据。仍然具有挑战性的是，教育领导者和教师一直在努力将数据转化为可操作的信息。许多教育工作者认为，他们在迅速增长的数据中"盲目飞行"，生活在数据丰富但同时信息贫乏的悖论中。为了应对这一挑战，人们认为人工智能有助于数据驱动决策在学校的发展。在赋能领导者数据驱动决策的层面，人工智能具有不断增长的计算数据处理能力，其可以挖掘实时数据并将其转化为可操作的信息，进而提高教育领导者数据驱动决策的效率和准确性。具体来说，人工智能可以通过改善数据特征（如增强数据访问性和可用性）助力领导者的数据驱动决策。例如，除了数字数据（如考试成绩），还有许多其他类型的数据可以被教育领导者利用，包括文本、图像、视频、音频、社交媒体标签、帖子、评论、收藏和转发数等。来自一系列数据源的丰富数据的可用性越来越高，因此具有高度可扩展性的人工智能在提高教育领导者数据驱动决策的效率和准确性方面具有巨大潜力。在极短的时间内，人工智能就可以处理大量数据，并产生让教育领导者可以采取相关行动的信息。更重要的是，教育系统中的丰富数据是不断生成的，这为教育领导者使用人工智能及时帮助他们进行

　　① 欧阳鹏,胡弼成.人工智能时代教育管理的变革研究[J].大学教育科学,2019(1):82-88,125.

　　② 邹蕾,张先锋.人工智能及其发展应用[J].信息网络安全,2012(2):11-13.

　　③ GUMMER E, MANDINACH E. Building a conceptual framework for data literacy[J]. Teachers College Record, 2015, 117(4):1-22.

　　④ SCHILDKAMP K, POORTMAN C L, EBBELER J, et al. How school leaders can build effective data teams: Five building blocks for a new wave of data-informed decision making[J]. Journal of Educational Change, 2019,20(3):283-325.

数据驱动决策奠定了坚实的基础。[①]

学校管理者在促进教育组织使用人工智能的方面发挥着不可或缺的作用。将教育目标与适当的人工智能明确地结合起来会给学校带来最大的好处，但 O. Zawacki-Richter 等[②]指出，虽然人工智能在教育领导领域的研究近年来有所增加，但仍然非常有限，学术界在采用人工智能技术方面一直犹豫不决。这可能是由于人工智能成本高昂，也可能是因为其会造成教育中人际关系的弱化。一些人工智能虽然在与我们交流的能力上有所提高，但仍然缺乏人类的文化敏捷性和理解交流中细微差别的能力，如潜台词、语境和言外之意。另一个困难在于人工智能需要掌握不同类型的思维。例如，由 J. P. Guilford[③] 提出的发散性思维和收敛性思维的概念，详细描述了人们如何将这些不同类型的思维用于不同类型的任务。收敛性思维能权衡各种选择，找到最优解，而发散性思维则利用创造力来找到许多潜在的答案。虽然人工智能程序擅长完成收敛性思维任务，甚至是需要收敛性思维和发散性思维混合的任务，但它们仍然无法处理完全发散的任务，如创作小说、编写剧本等。这在一定程度上与教育领导的创造性相悖。

第四节　智能教育与校长信息化领导力

几十年来，科幻小说的作者、未来学家和电影制作人都预测，随着人工智能的广泛应用，将会出现惊人的(有时是灾难性的)变化。到目前为止，人工智能还没有掀起如此巨大的浪潮，但是它在我们的日常生活中已经无处不在了。智能传感器能够帮助我们拍摄完美的照片，生产出具有自动停车功能的汽车，人工智能每时每刻都出现在我们周围。虽然我们还没有创造出具有自我意识的机器人，但我们在广泛的应用中巧妙地、充分地利用了人工智能技术。它虽然不像机器人那样令人振奋，但仍然改变了我们的日常生活。人工智能会带来巨大改变的领域(在某些情况下已经是)便是教育。虽然在未来十年内我们可能看不到机器人充当教师，但许多相关项目已经在进行中，这些项目使用人

① WANG Y. When artificial intelligence meets educational leaders' data-informed decision making: A cautionary tale[J]. Studies in Educational Evaluation, 2021, 69(7):1-9.

② ZAWACKI-RICHTER O, MARÍN V I, BOND M, et al. Systematic review of research on artificial intelligence applications in higher education-where are the educators? [J]. International Journal of Educational Technology in Higher Education, 2019(1):1-12.

③ Guilford J P. The nature of human intelligence[J]. American Educational Research Journal, 1968, 5(2):249.

工智能来帮助学生和教师获得更多教育体验。以下是这些工具以及使用这些工具塑造和定义未来教育体验的几种方式。

一是人工智能可以使教育中的基本活动自动化,其中两个最有前途的应用教育技术是学生写作自动化评分系统和学生成绩预警系统。学生写作自动化评分系统应用程序的主要功能是给学生的写作评分,包括作业和大型考试,该系统不但会给出写作分数,而且会为学生提供基本反馈、指导和写作范文,以帮助学生提高写作水平。学生成绩预警系统通过采集学习者学习过程行为等海量数据,为学生提供及时的评价和反馈,帮助其更好地进行自我调节和有针对性的改进,并且为学生量身定制更有效的学习推荐方案,如推荐适合其个性特征的最佳学习路径,通过学生的答题情况判断其知识掌握程度,以此形成个性化的习题推送系统等。人工智能可能永远无法真正取代人类教师的作用,但它已经逐渐向人类教师靠拢了。各种评分软件、预警系统等仍处于起步阶段,有待改进,以期让教师能够更多地关注课堂活动和学生互动,而不是评分。

二是教育软件可以适应学生的需求。从幼儿园到研究生院,人工智能影响教育的关键途径之一是促进学生更高水平的个性化学习。例如,通过人工智能分析每个学生的特色,评判每位学生在不同课程领域的知识掌握程度,并个性化地为学生推送作业,根据学生的完成情况调整作业的难度和形式,让学生更准确地把握自己的不足。同时,利用人工智能实现规模化且个性化的作业反馈,从而实现对学生作业的智能评测。这些系统响应学生的需求,更加强调某些主题,通过重复学生尚未掌握的东西来加强学生的熟练度,并通常帮助学生按照自己的节奏学习。我们可以通过人工智能辅助解决方案,帮助不同层次的学生在一个教室中协同学习,教师的作用则变成为学生学习提供便利,并在学生需要帮助时提供支持。适应性学习已经对教育产生了巨大的影响,随着人工智能在未来几十年的发展,适应性课程可能会进一步改进和扩展。

三是人工智能可以指出课程需要改进的地方。教师有时可能没有意识到他们的授课内容中存在的问题,这些漏洞可能会让学生对某些概念感到困惑。人工智能提供了解决这个问题的方法。在教育领域,自然语言处理、机器学习等新技术不断被运用到实际教学中,使教学质量的提高成为现实。在教师课堂教学过程中,自然语言处理能够对教师课程内容的选择和教学方式进行智能化的、基于专家思维的判定,并为教师记录教学过程,进行有效反馈,这有利于调整学习路径和改进课堂教学。机器学习可以采用深度学习和统计方法对教师上课方法、状态和内容等方面进行横纵向排列,精准分析教师的优点和缺点,从而使教师适当改变教学进程和方法。

四是学生可以从人工智能导师那里得到额外的支持。例如,美国一所大学设计出的基于网络的智能导师,其目的是解决大学生在学习中遇到的问题。该智能导师会使用礼貌或直接的语言进行提示和反馈。智能辅导系统是基于计算机的教学系统,旨在利用人工智能技术为学生提供一对一辅导。基于网络的智能导师将学生置于解决问题的情境中,并根据他们的表现提供所需的指导。学生可以在需要时寻求提示,智能导师便会提示错误消息以向学生指出不正确的答案或解决问题的步骤。有了智能导师,学生就能够做到边做边学,他们对问题也会有更深刻的见解。目前,该智能辅导系统在学生学习方面取得了令人瞩目的进步。随着过去几十年技术进步的飞速发展,先进的辅导系统已经成为现实。[①]

五是人工智能驱动的计划可以给学生和教育工作者提供有益的反馈。人工智能不仅可以帮助教师和学生根据自身需求定制课程,还可以为双方提供有关整个课程成功开展的反馈。随着智能技术与教育行业共同加速发展,教育领域正在逐渐实现智能技术实时监控教学过程,为学生和教师提供有效的反馈,从而实现智能精准教学。智能反馈机制实施动态化评价,落实教育部发布的《教育信息化2.0行动计划》要求,同时为数据反馈过程提供智能化跟踪和校验,并且充分结合感性的人工反馈,通过构建教育反馈监测标准,融合多方智慧和算法试误验证,打破单面偏向性评价。在智能时代,基于事实且精准化的反馈对学生学习和教师教学具有再优化的作用。

六是人工智能正在改变我们查找信息和与信息互动的方式。我们很少注意到影响我们每天看到和找到的信息的人工智能系统,但它们几乎无处不在。Google根据位置将结果提供给用户,亚马逊根据用户以前的购买记录提出建议,Siri根据用户的需求和命令进行推荐,几乎所有的网页广告都是针对用户的兴趣和购物偏好而投放的。这些智能系统对我们在工作和生活中如何与信息互动产生很大的影响,并且可能改变我们查找和使用信息的方式。在过去的几十年里,基于人工智能的系统已经从根本上改变了我们与信息互动的方式。随着5G、人工智能等新技术在现代社会的应用,未来的学生在做研究和查找事实方面的经验可能与现在的学生大相径庭。

七是人工智能可以改变教师的作用。在人工智能时代,智能教育的进步给教育工作者带来了新的挑战。如何应对人工智能的发展并重塑角色已经成

①　MCARTHUR D, LEWIS M, BISHAY M. The roles of artificial intelligence in education: Current progress and future prospects[J]. Journal of Educational Technology, 2005, 1(4):42-80.

为教师关注的重要问题。作为教师,在角色和职业发展方面面临着严峻的挑战,例如人工智能在未来教育的课余会代替教师完成设计试题,检查试卷,诊断并反馈学习障碍,评估学生解决问题的能力,为学生提供量身定制的培训,做出教育决策等任务。面对种种挑战,教师应该重新识别自己的地位和作用,并重塑自身角色,从"传授知识"转换为"培养道德",更加注重对学生的心理健康、价值观、社会能力等方面的教育。教师应该摒弃"填鸭式"的教学方法,学会如何与人工智能互动,以开发更智能的教学方法,提高自身使用人工智能技术的技能,获取有关学习状况的信息及学生的成长状况,并在此基础上,进行教学改进和改革。

八是人工智能可以使学生更容易接受试错学习。试错是学习的关键部分,但对许多学生来说,试错本身是不容易被接受的。有些人根本不喜欢自己的错误被当场暴露在同龄人或权威人物面前,比如教师。而智能计算机系统旨在帮助学生适应试错学习。人工智能可以为学生提供一种在相对无判断力的环境中进行实验和学习的方法,尤其是当人工智能导师能够提供改进解决方案时。事实上,人工智能是支持这种学习的完美格式,因为人工智能系统本身就常通过试错方法进行学习。①

九是由人工智能提供的数据可以改变学校查找、教学和支持学生的方式。智能数据收集由智能计算机系统"供电",其已经在改变大学与未来和当前学生的互动方式。从招生到帮助学生选择最好的课程,智能计算机系统正在使大学体验的每一部分更符合学生的需求和目标。② 数据挖掘系统已经在当今的高等教育领域发挥着不可或缺的作用,而人工智能可能会进一步改变高等教育。一些学校已经采取了一些举措,为学生提供由人工智能指导的培训,以缓解学生从高中进入大学的不适感。

十是人工智能可能会改变学生学习的地方,比如谁教他们,以及他们如何获得基本技能。虽然在未来几十年可能还会有重大变化,但现实情况是,人工智能有可能从根本上改变我们视为理所当然的关于教育的一切。基于人工智能系统,学生可以随时在世界上任何地方学习;随着人工智能系统课程逐渐取代某些类型的课堂教学,人工智能在某些情况下可能会取代教师(无论好坏)。由人工智能驱动的教育计划已经帮助学生学习基本技能,但

　　① 　WILLIAMS N. The artificial intelligence applications to learning programme[J]. Computers and Education, 1992, 18(1-3):101-107.

　　② 　MCARTHUR D, LEWIS M, BISHAY M. The roles of artificial intelligence in education: Current progress and future prospects[J]. Journal of Educational Technology, 2005, 1(4): 42-80.

随着这些课程的发展和开发人员的成长,他们可能会为学生提供更广泛的服务。

　　归纳来看,人工智能领域正以新的、有趣的方式与传统教育领域日益融合。从虚拟导师到数字教室助理,人工智能的质量和可用性均得到了提高,其已经成为世界各地许多学校的可行选择。人工智能已经通过谷歌的 Alexa、苹果的 Siri 等数字助理改变了我们的日常生活,它同样可以影响教育专业人员在学校环境中的工作方式。人工智能的潜在教育应用不仅限于学生,教育管理者和教师也可能受到影响。为了更好地理解他们在学校采用人工智能课程的原因,了解这些领导者的看法是很重要的。人工智能已经被用于各种课堂,但也可能被应用于教育管理和行政管理。这使得研究人员需要更了解学校管理者在学校中对于人工智能程序的理解和使用的程度。越来越多的工作任务实现了自动化转型。在未来几年,这一趋势是否会放缓值得怀疑,因此确定教学和学校领导的哪些方面可以实现自动化对于未来教育领导者的成功至关重要。

　　政策制定者和企业高管需要接受自动化带来的好处,同时还要面对技术给他们的员工带来的转变。近年来,随着人工智能的发展,教育空间已由传统的物理空间逐步扩展为智能互联空间。相关学者已针对人工智能的种类及目前在学校的运用等,对人工智能时代学校教育的基本特征做出解释。例如,利用机器学习可定制化并自动化完成教学与学习活动,利用自然语言处理可实现智能化的人机互动及师生反馈,利用虚拟现实与增强现实有助于转变学生学习方式、教师教学角色,利用情感计算功能可辨识、调节师生情绪。概括相关研究论点,可发现,人工智能通过云端运算、物联网、大数据、移动互联、机器学习等多种技术给教育教学带来了新的样态与发展空间。

　　在人工智能时代,以智能科技与媒体技术来支持教育改革与创新发展成为诸多国家的重要战略选择。然而,当前人工智能的发展仍有其局限性,其尚不能完全取代人类。人工智能在人性互动、情感表达、学生品格培育、因材施教、技术伦理等多个方面存在不足与缺陷。在智能技术的影响与冲击下,如何通过人工智能的应用提升教师教学和学生学习成效,如何有效使用及管控智能技术方式与资源,成为学校教育信息化发展的重要议题。面对相关问题,我们的学校成员能沉着应对信息技术浪潮带来的冲击吗? 相关问题的破解与回应在一定程度上呼唤学校教育信息化领导力的研究与建设。

　　近年来,虽然我国中小学教育信息化事业取得较大进步,然而不少学校在信息化建设中仍存在薄弱和不足之处,如管理者重视不足、建设效率低下、专业人才缺乏等。教育信息化的发展问题也在一定程度上呼唤"人的信息化",

尤其是管理人员的信息化。仅有"硬件的信息化"无法真正驱动技术与教育的有效整合。作为学校领导团队的核心人员,校长的信息化领导力是破解信息化发展困境、推动学校信息化发展的关键所在,更是决定其学校能否有效应对人工智能给学校教育带来的机遇与挑战的关键性因素。在未来教育之中,为应对人工智能的冲击,校长应具备较高水平的信息化领导力。在把握人工智能技术优势的基础上,校长需引导学校成员认清人工智能的不足之处及其引发的伦理忧患,更应思考如何提升以人为本的教育,发展学生的创造力与伦理道德精神,实现德、智、体、美、劳"五育"融合。

毋庸置疑,技术与领导过程的关系必然是校长信息化领导力建设的基本关注点。从技术的存在来看,技术承载着人的价值,可以对其进行价值判断。人工智能技术通过作用于领导过程来影响教育本质力量(主要为教师和学生),其价值才会产生。因此,人工智能对师生群体影响作用的发挥可被看作是校长信息化领导力建设的价值起点。此种影响作用的发挥主要涉及人工智能技术的接受与扩散两个层面。笔者认为,人工智能时代校长信息化领导力建设可从技术接受与技术扩散两种视角进行分析。

从技术接受的视角来说,技术接受将在很大程度上影响技术在校长信息化领导过程中的应用与推广。一般而言,技术接受视角可被用于对某一信息技术方式被用户广泛接受的影响因素做解释说明,其涉及两个主要影响技术接受的因素——感知有用性和感知易用性。在人工智能时代,校长信息化领导力建设需首先考虑智能技术对教育教学是否有用及易用。校长在推进智能教育发展时,应先了解各种可能影响学校成员感知易用性及感知有用性的相关因素,根据学校成员信息素养、教育教学需求、技术复杂程度、技术伦理规范等方面的实际情况,着力于提供以人为本的智能服务,并促进学校人员之间的交流与合作,以便在教育教学中有序融入智能技术。

从技术扩散的视角来说,技术扩散是事物或观念通过传播管道在某个社会环境中寻求社会成员支持与认同的一种过程,其通常需要一段相当长的适应时间。当技术使用者比例达到临界值后,创新扩散过程便会加速,并且较有影响力的人较容易影响他人的技术态度及行为。在人工智能时代,校长需通过影响力引导师生进行智能技术的选择、批判与创新应用。校长应注重人工智能教育应用的时间节点控制与技术传播。一方面,校长应给予学校成员利用智能技术进行教学尝试与反思的时间,并及时判断人工智能的教育应用成效及问题;另一方面,校长应及时判定当前人工智能在技术扩散过程中的时间成本与使用者分布比例,并及时调整人工智能的教育应用规划与校长领导策略,以促进人工智能技术优势被师生群体认同与传播。

校长信息化领导力建设路径与其信息化领导过程密切相关。从信息化领导过程来说，R. E. Anderson 和 S. Dexter[①] 认为，学校信息化领导是指在信息化目标、技术伦理和预算的支撑下，推动学校能够更有效地使用信息技术。P. A. Ertmer[②] 指出，学校信息化领导是指学校引导学校成员合理使用技术，且通过建立愿景、示范与指导等策略推进学校信息化建设。综合相关研究，笔者认为，人工智能时代校长信息化领导力建设路径需关注技术愿景、技术与师生成长整合、技术与学校管理整合、技术伦理与合法性等要素。

从技术愿景来看，技术愿景可为学校的信息化发展指明方向，同时激发师生的热情，进而促使师生共同实现学校信息化发展目标。在人工智能时代，校长可尝试凝聚师生共识，与师生沟通与塑造智能教育的愿景，并能清晰制订学校的人工智能应用目标，能根据愿景及目标推动人工智能与教学管理、课程教学及教学评价等的深入融合，并可根据人工智能的应用实情及时调整愿景的规划。

从技术与师生成长整合来看，作为学校的领导者，人工智能时代的校长应持续关注人工智能技术在教育领域的应用趋势及其相关议题，尝试了解如何使用人工智能技术才能有效地推动学校教育的发展，通过加强师生信息素养培养引导师生在人工智能辅助下共同成长与进步，以提升教师的教学成效及学生的学习成效。一方面，校长在引入与传播人工智能技术时，应注重加强师生对人工智能教育优势及劣势的认知，并提供必要的技术培训课程，以促进师生发展；另一方面，校长需致力于利用人工智能整合与分析教育资源，注重智能化教学与学习环境建设，并注重师生信息素养的培育。

从技术与学校管理整合来看，人工智能时代的校长应致力于利用人工智能推动班级管理、行政管理、教学管理等方面工作的高效开展，利用人工智能技术实现班级沟通、行政事务及教学事务处理的智能化运作，以提升学校组织人员间的沟通效率，并着重智能搜集与分析学校信息化发展的资料及数据，根据大数据评估学校信息化发展现状及问题，以便根据问题诊断及分析结果做出合理的教育决策，进而提升学校的管理效能。

从技术伦理与合法性来看，技术本身存在两面性，人工智能可推动学校信息化发展，但也会带来一些网络安全及个人隐私问题。人工智能时代，校长信

①　ANDERSON R E, DEXTER S. School technology leadership: An empirical investigation of prevalence and effect[J]. Educational Administration Quarterly, 2005,41(1):49-82.

②　ERTMER P A. Teacher pedagogical beliefs: The final frontier in our quest for technology integration? [J]. Educational Technology Research and Development, 2005,53(4):25-39.

息化领导力建设不可忽视与技术有关的伦理和法律责任。校长需确保人工智能的教育应用遵循相应的伦理与法规,应及时关注人工智能技术使用过程中相关的责任、隐私、保密、环境安全问题,并制定规范技术使用行为的相关规章制度,引导师生遵守有关技术应用的安全、伦理、合法性等方面的政策、制度及规章,以便有效提升技术效能。

第九章　校长信息化领导力培育机制的构建研究

校长信息化领导力培育是影响学校教育信息化建设成效的重要因素。信息技术的快速升级,促使教育信息化逐渐具有智慧或智能属性,也对校长的信息化领导力提出全新要求。前文已对校长信息化领导力内涵、校长信息化领导力理论基础、校长信息化领导力影响因素及核心要素等方面做了基本分析,其可为校长信息化领导力培育机制构建提供一定的参照。本章拟从校长信息化领导力培育困境挖掘、校长信息化领导力培育路径探寻、校长信息化领导力培育方案设计三个方面入手,对如何在实践中培育校长信息化领导力进行归纳与总结。其中,校长信息化领导力培育困境挖掘主要基于教育行政部门、学校等在促进校长信息化领导力发展方面遇到的人力、物力、财力等方面的实际问题,校长信息化领导力培育路径探寻则主要聚焦积极提升校长自身信息素养和校长信息化领导力的培训质量等校长信息化领导力的多个影响因素,校长信息化领导力培育方案设计则主要从构建区县校长信息化领导力培育标准、实施校长信息化领导力提升项目等方面进行顶层架构。

第一节　问题分析:校长信息化领导力培育困境挖掘

随着我国教育信息化的不断变革,信息资源呈现出前所未有的丰富样态,获取信息资源的方式也愈加多样与快捷。同时随着信息技术对教育的影响日益加深,教育领域的不断变革也带来了校长领导方式的变革。校长作为信息化工作的带头人,其信息化领导力水平将会直接影响学校的信息化发展进程。校长的信息化领导力对学校整体信息化建设和教育技术应用均具有影响[1],并且具有一定信息化领导能力的校长更有可能将教育技术有效地融入学校生活,进而使得学校教学和教务管理现代化和智能化。综合前文所述,对校长进行信息化领导力培育非常重要,而在培育过程中遇到的一些阻碍和挑战也须引起学者的关注,本节旨在探讨在培育校长信息化领导力过程中遇到的五大困境。

---

[1]　边琦,田振清,王俊萍,等.中小学校长信息化领导力的现状与对策分析——以内蒙古地区为例[J].中国电化教育,2016(8):102-106.

第一个困境是缺乏合理的培训提升体系。缺乏合理的培训提升体系是制约校长信息化领导力提升的重要原因之一,这将导致校长错失提高自身信息化素养和学习技能的机会。首先,我国当前没有一套专门应用于提高校长信息化领导力的培训平台或帮助校长学习的资源,仅有一些针对提升中小学校长信息化技术能力的培训,整个培训体系相对残缺。[①] 其次,校长工作繁多,几乎所有的时间都花在解决学校管理与教学的大量问题上,因此他们在个人发展方面分配的时间严重不足。最后,在区县层面,校长信息化领导力培训班的数量不足。由于所开设的培训班数量非常有限,培训活动的数量无法满足校长群体的需求,严重影响了校长信息化领导能力的发展。因此,建立培养和提升校长信息化领导力的培训提升体系成为当务之急。

第二个困境是资源不足。技术设施和人力资源的缺乏被认为是校长在信息化领导力提升方面面临的另一个主要挑战。一方面,良好的信息化硬件环境是校长信息化领导力提升的基础和前提,但是在区县层面,相关政府部门可能因区域经济收入水平的差异而在学校信息化设施投入方面存在一定差别,欠发达区县很难向其管辖范围内的学校提供足够的资助,部分学校缺乏必要的信息化设施或者所使用的技术手段大多比较落后。另一方面,学校信息化建设涉及的问题复杂,这导致校长信息化领导力培育内容的选择和确定很困难,需要教育技术专家、校长、一线教师等进行及时沟通与交流,以便较为全面地了解校长信息化领导力的建设方向与提升路径。但目前来看,在不少区县,依然缺乏专业的校长信息化领导力诊断小组,缺乏区县层面有针对性的校长信息化领导力评估方案与培训机制,这导致部分学校校长的信息化领导力难以得到有效提升。

第三个困境是校长缺乏自我学习意识。学校自身的信息化建设与校长自身的学习意识和信息技术能力有很大的关系。如果校长本人有一定的信息技术素养与数据素养,那么其在学校的信息化建设与管理方面就会有一定的要求;相反,如果校长满足于原有的教育理念和领导方式,缺乏自我学习意识,而对教育信息化的前景和发展了解不够,对于学校的信息化建设管理停留在静止的思维模式,将会在很大程度上导致学校信息化发展停滞不前。经研究发现,学校信息化建设是否得到有效发展主要源于校长自身因素(如年龄、学历、专业等)。例如校长年龄越大,越难以把握新时代发展潮流,也越难以接受新事物。由于校长自身缺乏自我学习的主动性,且其对自身信息化领导力的培育停滞不前,许多计划难以真正实施,将在很大程度上影响学校信息化规划的落实力度。

---

① 王雅琼.中小学校长信息化领导力调查研究[D].重庆:西南大学,2016.

　　第四个困境是公平问题。校长信息化领导力的培育可能存在区县与校际差异，并非所有学校的校长都能接受高质量的校长信息化领导力培训。一方面，受地区经济发展和财政投入水平的影响，农村地区校长信息化领导力培育资源相对较少。我国农村地区受经济条件所限，其地方财政收入的来源可能与城镇地区存在一定的差异，农村教育发展质量也受制于地方经济水平，这导致农村地区学校的信息化建设相对城镇地区比较落后，农村地区学校教育信息化条件与建设成效相对较差，农村地区学校校长信息化领导力的发展也深受影响。① 另一方面，地区示范学校缺乏引领和示范作用。较之其他学校，一些教育信息化示范学校不仅设备比较齐全，信息化建设也更为完善，但在推广优质教育资源、建立教师教学共同体和学校信息化环境建设方面缺乏一定的引领和示范作用。示范学校校长对于构建学校间的交流与协作机制的意识有待增强，学校内部搭建的相应平台机制也不够合理，这使校长群体间缺乏经验交流和共享的渠道，也为区县校长信息化领导力的提升埋下了隐患。②

　　第五个困境是由于在信息化领导力培育中校长面临双重压力，校长信息化领导力的发展受阻。目前学校实行的是校长负责制，校长对学校的教学及其他行政管理全面负责。然而随着信息化浪潮的推进，校长肩负越来越重的职责和压力。一方面，校长受制于传统教育观念的束缚。③ 虽然校长都比较认可教育信息化是教育创新发展的重要工具，也对此表示出极高的关注度，但是在当前教育背景下，升学率和成绩几乎是社会、家长唯一关注的问题，这就导致校长无暇探索学校信息化发展，而把大部分精力都放在升学率上，从而导致其对自身的信息化领导力培养不够重视，甚至出现应付与逃避的现象。另一方面，校长又面临学校信息化发展、新课程改革、现代化学校建设等重大发展问题，这些发展问题必然引起传统教学体制的变革，而相关变革必然呼唤校长信息化领导力的提升与培育。在这种双重压力夹击下，校长的信息化领导力发展很难得到提升，并且当两者出现冲突时，校长的信息化领导力的培养很容易偏离正确的轨道。因此，这一问题值得我们深思和探讨。

　　① 许央琳，孙祯祥.基于信息共享的校长信息化领导力评价指标体系研究[J].中国电化教育，2013(4)：40-45.

　　② 郑禄红，程南清.智慧校园视野下学校信息化领导力的建设及培养路径[J].中国远程教育，2020(8)：55-61.

　　③ 黄荣怀，胡永斌.信息化领导力与学校信息化建设[J].开放教育研究，2012(5)：11-17.

　　综上所述,由于信息技术与教育不断融合,信息化领导力在学校信息化发展道路中所起的作用逐渐受到关注,而校长作为学校领军人物,其信息化领导力的快速发展则成为推进学校管理现代化、信息化的重要一环。因此,在校长信息化领导力培育过程中,对问题和风险的预估是十分重要的。通过分析可以看出,校长信息化领导力的发展并不仅受校长个人因素的影响,还与教育经费投入、教育行政支持、教育资源支持等有着紧密的联系。我们需要对校长信息化领导力培育问题的根源进行逐一的梳理和剖析,并对症下药。同时,也需要用反思与批判的眼光去看待校长信息化领导力的生成与发展机制,以便为学校教育信息化的可持续发展提供基础支撑。随着信息技术的不断升级与发展,校长必须提升信息化领导力。这是新时代的要求,也是教育变革的要求。另外,针对校长信息化领导力培育所面临的困境,还有很多方面值得我们进一步探索。

第二节　路径归纳:校长信息化领导力培育路径探寻

　　随着我国教育信息化的快速发展,校长信息化领导力成为学校信息化建设过程中的强大内生动力之一,且对学校教育信息化的推进发挥着至关重要的作用。因此,我们要通过提升校长信息化领导力来促进学校教育信息化的发展和变革。校长是学校教育信息化的第一责任人,校长只有不断地提升其自身信息化领导力,才能推动学校的信息化变革,适应教育现代化。[1] 但培育校长信息化领导力是一个循序渐进的过程,也是政府、学校领导者、教师等多方的共同责任,而非校长个人的事情。如前文所述,当前校长的信息化培育出现一些困境,校长信息化领导力培育受到诸多要素的制约,因此要探寻校长信息化领导力培育路径以促进其发展。本节在上节基础上归纳出以下破解路径,以便为中小学校长信息化领导力的有效提升提供价值参照。

　　一是积极提升校长自身信息素养。在人工智能、大数据等新技术的冲击下,信息技术深刻影响着我国的教育理念和教育发展。校长作为学校最高层管理者,要与时俱进,树立自我学习意识,并不断提高自身的信息化领导力,从而真正认识到信息化技术在教育发展中的强大力量。[2] 首先,在信息化时代,

---

　　① 　谢忠新,张际平.基于系统视角的校长信息化领导力评价指标研究[J].现代教育技术,2009,19(4):73-77.

　　② 　化方,杨晓宏.中小学校长信息化领导力绩效指标体系研究[J].中国教育信息化,2010(4):7-10.

校长应该具备开放的信息化发展观念。校长应充分认识学校发展信息化的必要性和重要性,努力推动学校信息化建设及应用,以达到信息化和教育的深度融合。其次,校长要树立自我学习意识。校长作为学校的核心领导者,应具备较强的终身学习能力,在理论与实践方面,不断丰富个人的信息技术知识、教育教学知识、教育管理知识等,并不断提升自身的数据素养、信息素养及数据治理能力,以拓展信息化领导思路,推进学校信息化改革。最后,校长应具备一定的信息化创新素养。在教育信息化建设中,不同学校因具有不同的优势、文化背景等,可能在学校信息化发展方面采用具有一定差异性的发展路径与模式。在此情境下,校长应积极创设信息化领导力的生成情境,尝试在信息化领导过程中开拓具有校本特色的校长信息化领导力实践模式。

二是提升校长信息化领导力培训的质量。校长的信息技术素养、信息技术理解能力、数据素养等是影响校长信息化领导能力发展的重要因素,培训则是提高校长信息化领导力的重要途径。首先,校长应积极学习信息技术与学校教育整合的理论知识与实践技能,应认真参加校长信息化领导力专业培训班,并通过与培训班中不同校长的交流与探讨,取长补短,学习不同地区教育信息化工作的有效经验,以提高自身的信息化领导力。[①] 同时,还可以尝试参加一些信息技术应用的体验活动,增强其技术感知能力与技术批判能力。其次,我国目前的校长培训方法与教师培训方法具有一定的相似性,其主要以信息化理论学习和操作学习为主,但此类方法很难与复杂的领导情境相契合,也很难满足校长信息化领导力的发展需要,校长在信息化评估、反思等方面的能力应被特别重视。可采用案例教学等多种方式,增强校长对技术领导问题及成效的反思能力。最后,应健全校长信息化领导力培训考核制度,为校长提升信息化领导力提供动力支持,这也是促进校长信息化领导力发展的关键路径。

三是教育部门加大重视力度。地方政府与学校需制定相关政策,加强对学校教育信息化发展的政策引导与支持,并激励校长提升自身信息化领导力。首先,区县教育行政部门在贯彻教育信息化相关政策文件之前,需避免误解或误读相关的政策文件,也应结合本地区教育实况进行有针对性的工作部署。区县地方政府需根据教育部下达的相关文件,制定针对地方的校长信息化领导力培训制度,并通过制度建设助推校长的信息化领导力培训工作。其次,根据地方政府颁布的文件,学校应制订相应的校长信息化领导力培育目标,并建

① 刘美凤.校长的信息化领导力[J].中小学信息技术教育,2009(4):5-7.

立相应的监督、评价、考察与改进机制。有关部门应根据校长信息化领导力发展情况,采取相应的奖惩措施,如给校长信息化领导成效较好的学校校长颁发荣誉证书,同时将此项证书作为校长领导绩效考核的一项内容,以此激发校长提升其信息化领导力的内部动机。① 最后,教育部门要抓好教育信息化示范学校的建设与宣传工作,通过示范学校带动教育信息化发展较落后的学校,并可采用组织经验交流会、校长论坛等方法,推动学校信息化建设经验的及时分享,从而达到相互学习、相互激励的目的。

四是资金支持。缺乏足够的经费投入及有效的经费配置也是阻碍校长信息化领导力发展的主要因素。目前,部分地区学校的信息化发展水平比较低,需要地方政府给予足够的经费支持,以便推动学校信息化软硬件设施建设。一方面,针对资金缺乏,可以通过资源共享解决一部分实际问题。例如,可以利用在线培训大幅度降低校长信息化领导力培训成本,同时拓展校长信息化领导力发展的空间与广度;可借助5G、虚拟现实、增强现实等技术,推动贫困、偏远、落后地区的中小学校长通过在线学习的方式实现学校信息化建设等方面的沟通与交流。另一方面,区县政府可尝试设置贫困、偏远、落后地区校长信息化领导力培训经费资助计划,为贫困、偏远、落后地区校长参加在职进修、在线培训、交流学习等活动提供专项经费支持,并对校长信息化领导力发展情况进行及时追踪与评价,避免出现校长信息化领导力培训经费配置不合理或者低效率的现象,应注重利用与调整经费预算以促进贫困、偏远、落后地区校长的专业发展。②

五是切实减轻校长压力。随着信息化在教育领域的推进,校长肩负着越来越重的职责和压力,除学校管理这一主要职责外,校长还面临如学校安全、升学评比等多方面压力,这导致其对自身信息化领导力发展有心无力。因此为校长信息化领导力发展减轻非必要的压力和束缚,成为推进校长信息化领导力生成与培育的关键。面对压力,校长需要学会合理分配时间和安排任务,这是实现自我减压较有成效的基本途径。而且还需要从外部环境层面为校长减压,为校长信息化领导力发展提供有效的政策与资源支持。第一,应加快推进考试招生制度改革,切实解决激烈的升学竞争引发的负面问题。在高考改革方面,虽已取得一定的进展和成就,还需要在招生制度改革方面持续深化,避免校长职业发展受困于升学考核体系。第二,应尽快研

---

① 王洪江,王清清,杨莉.中小学校长信息化领导现状调查与提升策略研究[J].中国教育信息化,2019(13):1-5.

② 李华,李昊.农村中小学校长信息化领导力提升路径研究[J].现代教育技术,2017(6):65-71.

究制订学校信息化发展水平评价标准,合理制订校长信息化领导力的评价方案,并应将信息素养、技术感知能力、信息化管理能力、信息化沟通能力等作为校长信息化领导力的评价参照,以促进校长对信息技术理论知识与实践技能的学习。[①]

近年来,我国教育信息化发展极为迅速,不少区域的中小学在信息化环境建设、信息化资源配置、信息化教学实践、信息化教学管理等方面均取得不错的成效。但是,公众对学校信息化发展水平的关注度仍需进一步提升。虽然一些信息化软硬件设施有了明显的改进,但目前学校信息化建设在队伍发展方面依然存在较大的改进空间,我国不少地区的校长信息化领导力培育依然比较落后,无法有效适应快速发展的智慧教育时代,从而制约了学校信息化发展水平的有效提升,并阻碍了教育信息化的智慧升级。在以 5G、人工智能等新技术为代表的智能时代,校长信息化领导力是影响智能教育创新发展的关键因素。[②] 在此背景下,应从经费支持、培训举措等多个方面思考如何助力校长信息化领导力培育。

第三节 顶层架构:校长信息化领导力培育方案设计

近年来,教育信息化发展备受教育领域关注,这也是未来教育发展的必然趋势。因此,掌握信息化发展趋势,积极推进学校的校长信息化领导力培育模式创新,才能更好地为社会培养现代化人才。在学校信息化发展道路上,校长是一个学校发展的主要领军人物,其信息化领导力对该学校信息化的发展进程起着举足轻重的作用。[③] 从某种意义上说,校长的信息化领导力决定教育信息化的成功与失败。L. Flanagan 和 M. Jacobsen[④] 确定了校长在将技术融入教育情境中的技术领导角色,并列举了校长在技术领导角色中应承担的相关责任。他们的研究模型确定了学习领导者、学生权利领导者、能力建设领导者、社区领导者和资源管理领导者五种角色的职责。R. E. Anderson

---

① 卢健洪.中小学校长信息化领导力构成及提升对策——以广州市 C 区为例[J].教育导刊, 2021(3):23-31

② 朱悦.中小学校长信息化领导力发展状况调查及提升策略研究[D].武汉:华中师范大学, 2015.

③ 李莎莎.中小学校长信息化领导力现状及提升策略研究[D].武汉:华中师范大学, 2013.

④ FLANAGAN L, JACOBSEN M. Technology leadership for the twenty-first century principal [J]. Journal of Educational Administration, 2003, 41(2):124-142.

和 S. Dexter[①] 开发了一个有大量参与者的技术领导模型,该模型包括技术领导指标,即技术委员会、学校技术预算、地区支持、校长电子邮件、知识产权政策等。

综合相关模型来看,此类模型均是描述校长角色和职责的基本媒介,说明了技术领导应该是什么样的。即使所有的技术领导模式都有不同的特点,但它们有一个共同的目标,就是这些模型描绘了有效技术领导的理想图景。同时,这些模型在利用技术领导的不同方面总是面临着明显的挑战。从另一个角度来看,没有一个模型能够预见可能出现的所有挑战,关键是要认清特定时期校长所面临的挑战,并制定和实施相应的策略来应对这些挑战。近年来,随着信息技术的快速升级,其对整个教育领域的变革产生了巨大的影响。学校信息化离不开校长的领导,校长在学校信息化建设中发挥着举足轻重的作用。[②] 随着人工智能、大数据等技术在教育教学中的不断应用,如何培育校长信息化领导力面临重大挑战。为了对教育信息化领导力的培育方式有更全面的认识,使校长信息化领导力提升有更加具体、可参照的方案,以便有效达到提升我国中小学校长信息化领导力的目标,有必要对国内外教育信息化领导力培育方案进行广泛而深入的研究。[③]

首先,我们分析了美国相关的教育信息化领导力培育方案,发现其特点主要为:一是多层次培养目标,满足学习者个别化选择需求。多层次培养校长的信息化领导力具有积极意义,有助于校长根据其不同的教育背景与学习基础、社会工作经验与经历、学习目的与需求、学习精力与意愿等做出个别化选择。[④] 二是灵活的入学形式和网络授课,便于学习者安排学习活动。网络授课是美国教育信息化领导力提升项目的主要授课方式,这在一定程度上满足了学习者的个性化学习需求,学习者在每周固定的时间里参与网上小组讨论、获得在线学习支持。[⑤] 三是多学科交叉的课程设置,体现教育、管理与信息技术的有效融合。相关的课程门类、内容与体系均较为健全,各类课程以信息化领导力为核心关注点,围绕信息化教学环境不断深化

① 　ANDERSON R E, DEXTER S. School technology leadership: An empirical investigation of prevalence and effect[J]. Educational Administration Quarterly, 2015,41(1):49-82.

② 　王玥,赵慧臣.美国校长信息化领导力提升项目的特点与启示[J].开放教育研究,2015(3):55-64.

③ 　孙祯祥.校长信息化领导力的构成与模型[J].现代远距离教育,2010(2):3-7.

④ 　张秀娟,丁兴富,岳敏,等.国外远程教育专业人才培养层次与培养目标的初步比较研究[J].中国远程教育,2010(9):22-25.

⑤ 　伍海燕.中小学校长教育技术领导力与学校信息化发展的互动关系研究[J].现代教育技术,2010(10):18-22.

与拓展课程内容，以便满足不同学习者的学习风格与需求。四是参照国际标准，培养和构建一流学校领导队伍。校长将与国内外多位教育技术领导者进行沟通与交流，并借助在线互动、学术活动等方式提升其信息技术感知力与应用力。

其次，澳大利亚相关的领导力发展计划和体验式学习方法也可为我国校长信息化领导力发展提供价值参照。领导力发展计划涉及六个相互关联的组成部分：指导、人际网络、大局、领导力技能、积极领导力和反思性领导力，讨论了多种领导模式，让参与者有机会了解一系列其可能感兴趣或适合其个性的信息化领导风格。该计划还提供与教育管理者互动和学习的机会。体验式学习方法通常更侧重于通过指导、在职培训和分享经验与教训的方法，实现信息化领导技能的提升。此外，由于对信息化领导力的学习是一个循序渐进的过程，因此学校从一开始就培养那些担任领导角色的人，并让他们接触不同类型的经验。相关研究表明，培养校长的信息化领导力没有最佳方式，学校不能应用"一刀切"的方法来促进发展，而是需要量身定制校长信息化领导力发展计划，以满足校长信息化领导力的个人发展需要。[1]

最后，加拿大卡尔加里大学的校长信息化领导力培育方案也可为我国校长信息化领导力发展提供有益参照，其提供了基于网络的名为"学习领导力"的课程。该课程主要提供在线学习与案例学习平台，学习者可通过在线互动、案例分析等多种方式，设计和参与在线研讨会，同时获得支持性反馈。此课程旨在帮助校长加深对教育信息化领导力的认识和理解，反思学校信息化领导力的特点，检查学校信息化领导力不同方面的相互关系，并参与有关学校信息化领导力的研讨会。时间是"学习领导力"在线课程的关键因素，最初的课程开发时间、课程每次更新迭代的准备时间、完成在线作业和发布所需的时间、反思的时间及评分标准等均是关键的考虑因素。学习的异步性质为校长提供了管理自己时间的自主权，其可在课程学习后认真思考与实践，并与其他学习者进行沟通与交流。[2]

作为学校的领导者和管理者，校长在推进教育信息化过程中起着巨大的作用。校长的信息化领导力对学校的信息化发展水平提升具有重要影响[3]。通过文献梳理发现，目前国内有关校长信息化领导力培育方案设计

① BUSH T. Educational leadership and management: Theory, policy and practice[J]. South African Journal of Education, 2007, 27(3): 391-406.

② YIENG W A, DAUD K B. Technology leadership in Malaysia's high performance school[J]. Journal of Education and e-Learning Research, 2019,4(1):8-14.

③ 皇甫辉.校长信息化领导力的提升[D].金华:浙江师范大学,2013.

的系统研究较少,对中小学校长信息化领导力提升的研究以自学和培训为主。结合相关国家对校长领导力以及校长信息化领导力发展所做的研究,本研究认为,我国中小学校长信息化领导力培育方案设计应关注以下若干维度。

(一)基于国家标准与框架,构建区县校长信息化领导力培育标准

教育主管机构发布的政策文件对学校管理者应具备的信息化领导力有明确要求。2012年,教育部印发《教育信息化十年发展规划(2011—2020年)》,提出提升学校信息化领导力的具体要求:"逐步建立工作规范和评价标准,将管理者的信息化领导力列入考核内容。"2014年,教育部发布的《中小学校长信息化领导力标准(试行)》明确指出,校长是学校信息化工作的带头人、学校信息化工作的组织者和学校信息化工作的践行者,并从规划设计、组织实施、评价推动三方面对校长教育信息化的专业职责提出了基本要求。[①] 目前,校长信息化领导力逐渐受到地方政府及相关教育行政部门的高度重视,但是在区县层面,校长信息化领导力培育标准相对较为缺乏。不同区县在校长信息化领导力培育方面的现实需求与实际背景均有所不同,地方性校长信息化领导力培育工作有必要结合区域教育实况灵活开展。一般而言,基于规范性的校长信息化领导力培育标准对校长信息技术素养、数据素养等知识与能力的发展具有较有效的规范作用。[②] 应结合区域中小学信息化发展的阶段性需求,合理编制具有区域特色的中小学信息化领导力培育方案与标准。

(二)根据学校发展战略,关注校长信息化规划意识与素养的提升

目前,我国大部分中小学校长具有丰富的管理经验和高超的管理才能,会认真贯彻上级有关部门的文件精神,对学校的师资队伍、教学管理、财务资源等各项工作驾轻就熟地进行管理,并逐步尝试将信息技术应用于学校管理、课程教学、教学评价、后勤管理等方面,以确保学校信息化发展有序进行,但其在促进学校内涵式发展方面,往往缺乏一定的创新意识与战略思维。[③] 在智能时代背景下,中小学校长应具备较为前沿的信息化规划思维,并不断提高信息化规划水平,以便有效迎接人工智能、5G等新技术带来的教育教学挑战。信息技术升级换代的速度太快,目前人工智能等新技术在

① 还伟.美国教育学学科硕士研究生课程设置研究及启示[D].苏州:苏州大学,2008.
② 伍海燕.中小学校长教育技术领导力与学校信息化发展的互动关系研究[J].现代教育技术,2010(10):18-22.
③ 梁伟.美国中小学校长专业标准及启示[J].教育发展研究,2006,26(13):31-34.

教育教学中的应用促使教育信息化形态逐步实现智能升级,此种升级意味着中小学校长要随机而变,准确把握教育信息化形态升级的战略机遇。中小学校长信息化领导力培育方案应关注校长全局性、宏观性设计思维的发展,应根据区域特色与学校教育实况对学校信息化发展方向与路径进行规划和设计,并且宏观调配各种教学和学习资源,运用信息技术进行学校信息化教学、信息化管理等方面的顶层设计,引导校长利用设计思维为教师、学生和学校的发展提供更多机会,以便助力校长在把握教育信息化发展趋势方面发挥关键引领作用。[①] 同时,校长应摒弃只关注软硬件设施建设的狭隘视角,从技术感知、技术整合、技术扩散等方面思考如何促进学校信息化水平的持续提升。

（三）选择试点区域,开展校长信息化领导力水平认证

校长的信息化领导力是信息时代校长能力框架与素养结构的核心内容。为充分发挥信息化领导力在校长职业发展中的作用,可对校长信息化领导力进行专业水平认证,以此增强校长发展自身信息化领导力的主动性。能力标准是开展专业水平认证的基础与保障。美国校园网络协会基于中小学教师首席技术官基本技能框架的统一标准,创立了中小学校长信息化领导力的认证考试。我国可以借鉴美国校长信息化领导力认证制度的经验,结合我国校长信息化领导力内涵的本土特征,建立校长信息化领导力评价标准,开展校长信息化领导力的水平认证。此外,鉴于我国各校的信息化发展程度与建设情况存在较大差异,中小学校长信息化领导力的认证考试难以在短期内立即开展,因此可选择部分教育信息化建设与规划完善的典型区域开展试点工作,对区域内学校校长的信息化领导力水平进行认证,并授予其信息化领导力方面的证书或奖励。这不仅能初步发挥校长信息化领导力水平认证的作用,而且能对其他中小学校长起到激励和促进作用,从而有利于校长信息化领导力认证制度在我国的实施与推进。[②]

（四）凸显课程的交叉融合特征,实施校长信息化领导力提升项目

从构成来看,校长信息化领导力往往与课程和教学存在密切关联。例如,孙祯祥等[③]参考国外有关法规和学者的论著,并结合我国实际,总结归纳了国内中小学校长应具有的信息化领导力的构成,其包括学校信息化系

①　孙祯祥,翁家隆.境外校长信息化领导力内涵的发展历程及启示[J].中国电化教育,2014(2):27-34.

②　王玥,赵慧臣.美国校长信息化领导力提升项目的特点与启示[J].开放教育研究,2015(3):55-64.

③　孙祯祥.校长信息化领导力的构成与模型[J].现代远距离教育,2010(2):3-7.

统的规划与建设、学校信息化人力资源建设、学校信息化教学应用与引领、学校信息化应用中的经验总结与评估、学校信息文化氛围的营造五个层面；美国中小学校长信息化领导力提升项目涉及教育学、教育技术学、计算机科学、教育管理学等诸多学科及课程。因此，为建立中小学校长信息化领导力提升项目，应致力于打破不同学科之间的界限，将教育学、教育管理学与教育技术学等结合起来，建立多学科交叉融合的校长信息化领导力培育知识体系，并凸显课程的交叉融合特征，以满足中小学校长信息化领导力提升的内在需要。

附　　录

附录1　中小学校长信息化领导力标准(试行)

为促进中小学校长专业发展,提升中小学校长信息化领导力,促进信息技术与教育教学深度融合,加快基础教育信息化步伐,特制订《中小学校长信息化领导力标准(试行)》(以下简称《标准》)。

一、基本理念

(一)引领发展

校长是学校信息化工作的带头人。要认识信息技术对教育发展具有革命性影响的重要意义,理解国家教育信息化的方针政策与战略部署,把握信息技术带来的历史性机遇,引领教育理念变革,促进教学模式创新,推进管理方式转变,不断加快学校教育现代化步伐。

(二)协同创新

校长是学校信息化工作的组织者。要深入了解信息化工作的系统性、复杂性,努力调动多方面积极因素,整合多方面资源,推进学校信息化发展。要加强与学校广大师生员工的沟通,达成加快信息化步伐的共识。要积极与科研机构、高等学校、高新企业等合作,寻求多方面资源支持,推进学校信息化快速、可持续发展。

(三)提升素养

校长是学校信息化工作的践行者。要遵守国家相关信息技术应用的法律法规,规范信息技术应用行为。要具备基本的信息素养,能利用互联网实现自主学习、终身学习。要关注信息技术发展趋势,推进信息技术与教育教学的深度融合,不断提高教育教学质量。

二、基本要求

专业职责	核心内容
（一）规划设计	1.依据有关规划要求,结合学校实际情况,组织编制信息化发展规划,并将其作为学校整体规划的重要组成部分
	2.遵循新课程改革理念,以教育理念转变和教学模式创新为突破口,组织制订各学科应用信息技术的具体办法,推进信息技术与教育教学的深度融合
	3.组织制订教师信息技术应用能力培训研修计划,提高教师信息素养和信息技术应用能力
	4.组织编制信息技术课程教学计划,设计课内外信息技术主题活动,提高学生信息素养和利用信息技术进行自主学习、合作学习和创新应用的能力和水平
	5.依据有关政策,组织制订学校信息化规章制度,建立人事、财务、资产管理等信息化工作保障机制,促进学校有关信息化基础设施、教学资源的有效应用
（二）组织实施	6.推动教师运用信息技术,开展启发式、探究式、讨论式、参与式教学,研发多种主题、形式的校本课程,创新教学模式,提升教育教学质量
	7.组织教师参加培训,主动运用网络自主学习,有效使用网上优质教育资源;利用网络研修社区,依托学习共同体,积极参加有关专业学习活动,促进自身专业成长
	8.尊重教育规律和学生身心发展规律,不断优化信息技术学习环境,鼓励学生健康上网;满足学生的个性化发展需求,提升学生信息化环境下的自主学习能力,增强学生运用信息技术发现问题、分析问题和解决问题的能力
	9.组织建立健全学校信息化发展规章制度,引导、规范广大教职工积极有效应用信息技术,优化管理流程,提升管理效率
	10.组织运用信息技术对人事财务、资产后勤、校园网络、安全保卫与卫生健康等进行管理,并逐步加强对教学质量的监控和学习过程的记录,提高利用信息技术服务师生的能力水平
	11.组织建设校园信息网络,介绍学校工作成效,弘扬学校优良传统,向师生推荐优秀精神文化作品和先进模范人物,营造校园优良育人氛围,努力防范不良的流行文化、网络文化对学生的负面影响

续表

专业职责	核心内容
（三）评价 推动	12.组织评估教师的信息技术应用能力、信息技术与教育教学融合的程度等,依据结果调整教师专业发展策略
	13.组织评估学生的信息素养以及利用信息技术进行学习的能力,不断提高学生协作与创新水平
	14.组织评估学校信息化环境建设状况及终端设备、工具平台、软件资源的使用绩效,促进软硬件资源的有效配置和利用
	15.组织评估学校信息化相关政策制度、专项经费、队伍建设的合理性、有效性,并制定相应整改措施

三、实施建议

（1）《标准》是中小学校长信息化时代履行职责的基本要求,是《义务教育学校校长专业标准》等在教育信息化领域的落实与体现,适用于国家和社会力量举办的中小学校校长,幼儿园园长、中等职业学校校长可参照执行。

（2）各级教育行政部门要发挥《标准》的引领和导向作用,建立中小学校长信息化领导力的培养培训质量保障体系,为推进中小学校的信息化提供制度保障。鉴于地区差异,可依据《标准》制定符合本地实际的实施意见。

（3）有关高等学校和校长培养培训机构要将《标准》作为中小学校长信息化领导力培养培训的重要依据,完善培养培训方案,科学设置校长信息化领导力培训课程,改革教育方式与培训模式,保障培训质量。

（4）中小学校长要以《标准》作为自身专业发展的重要准则,主动参加培训研修,不断提升信息素养,创造性地规划设计、组织实施和评价推动学校信息化工作,与时俱进地引领学校信息化发展,成为符合信息化时代要求的学校带头人。

附录2 中小学校长信息化领导力现状调查问卷

尊敬的老师:

您好!

信息技术已经进入我们生产、生活的各个领域,运用它是当今社会发展不可逆转的趋势。教育要和生产方式的变革发展相适应。因此,信息技术在教育事业中的发展也是不可逆转的,我们的学校要培养适应现代信息社会的学生。在信息化时代,教育肩负着培养适应时代需求的新型人才的重任。众多事实已经显示,校长在这一重任中担任重要的角色。校长的信息化领导力水平直接影响所在学校的信息化建设与应用。

为此,我们设计了这个调查问卷,希望能深入了解中小学校长的信息化领导力水平。我们的调查不记名,仅做学术研究之用,同时对您的答案进行保密。本次调查将占用您20分钟左右的时间。请您把答案写在题目后面的括号里,谢谢您的支持与合作!

性别		年龄		文化程度	
您所在学校所处的位置		A. 城市			B. 农村

一、校长感知易用性

①您所在学校目前在运用现代信息技术时面临的主要障碍是什么?(   )(可多选)

    A. 缺乏足够的硬件设备

    B. 缺乏有效的现代信息技术的培训

    C. 教师使用信息技术的积极性不高

    D. 缺乏足够的教学资源

    E. 缺乏足够的经费支持

    F. 学校不够重视

    G. 操作步骤太复杂,增加了教师的备课负担

②对于 PPT、Word、Excel 等,您是否能熟练地操作,并将之应用于自己的工作中?(   )

    A. 非常熟练,能灵活地将其应用于工作中

    B. 比较熟练,基本能满足自己工作的需要

    C. 不熟练,难以独立将其应用于工作中

    D. 很不熟练,从来不用

③对于数据库基础知识,您是否熟悉?(   )

    A. 非常熟练,能灵活地将其应用于工作中

    B. 比较熟练,基本能满足自己工作的需要

续表

C. 不熟练,难以独立将其应用于工作中

D. 很不熟练,从来不用

④您所在学校是否设置了信息技术支持场所(如课件制作室、电子备课室等)?(　　)

　　A. 有,经常使用　　　　　　　　　　B. 有,但不常用

　　C. 有,但展览功能大于使用功能　　　　D. 没有

⑤您觉得自己能否公平、合理、科学地评价教师信息技术应用水平?(　　)

　　A. 完全能够　　　　　　　　　　　　B. 还行,比较公平、合理、科学

　　C. 难以做到,要考虑的因素太多　　　　D. 不能,不知如何评价

二、校长感知有用性

①您认为信息化教育与管理对学校发展的作用是什么?(　　)

　　A. 非常重要　　　B. 比较重要　　　C. 有一定影响　　　D. 影响不大

②您认为学校信息化建设水平与校长的信息化领导力的关系(　　)。

　　A. 非常大　　　　B. 比较大　　　　C. 一般　　　　　D. 不大

③您认为在学校现有条件下,信息技术手段的运用对学校教学与管理质量的提高
(　　)。

　　A. 作用非常大　　B. 作用比较大　　C. 有一定的作用　　D. 作用不大

④您所在学校的数字资源是否得到了充分的利用,发挥了应有的作用?(　　)

　　A. 充分利用,作用很大　　　　　　　B. 还行,用作用

　　C. 偶尔使用　　　　　　　　　　　　D. 形同虚设,没用过

三、校长使用态度

①您认为学校应该加大对现代信息技术人力、财力、物力的投入吗?(　　)

　　A. 很有必要　　　　　　　　　　　　B. 有一定的必要

　　C. 在确保其他投入的前提下可以考虑　　D. 没有必要

②在提高自己的信息技术水平和技能方面,您(　　)。

　　A. 有强烈的愿望　　　B. 有机会愿意提高　　　C. 无所谓

③对于新出现的技术,一般情况下,您(　　)。

　　A. 会积极探索,能敏感地意识到其对自己工作的影响

　　B. 主动了解,但通常看不出其对自己有何作用

　　C. 不会主动了解,除非特别需要,或身边人都开始使用

　　D. 从不关注

④您是否愿意在网络上共享自己学校所拥有的教育教学资源?(　　)

　　A. 非常愿意　　　B. 愿意　　　　C. 无所谓　　　　D. 不愿意

⑤您是否设想过学校信息化建设的愿景?(　　)

　　A. 经常　　　　　B. 周期性的　　　C. 偶尔的　　　　D. 从没有

四、校长行为意向

①学校现有信息技术设备或资源在管理与教学中的利用率（　　）。

    A. 非常高　　B. 比较高　　C. 一般　　D. 比较低　　E. 基本不用

②您所在学校在信息化教学与管理制度建设方面（　　）。

    A. 已建立了相关制度

    B. 正在着手制订相关制度

    C. 还没有考虑

③管理工作中,您是否经常使用信息技术手段?（　　）

    A. 从来不用　　B. 偶尔使用　　C. 经常使用

④当您在使用计算机或其他教育技术设备时,您通常（　　）。

    A. 接受过专门培训,使用非常熟练

    B. 一般可以使用,但有时需要请教他人

    C. 使用时很不熟练,经常出问题,因此不太愿意使用

    D. 很少使用,因为缺乏使用技能

    E. 根本不用,因为学校没有提供相关条件

⑤您所在学校的信息化建设是否有明确的资金来源?（　　）

    A. 可以到位　　　　　　　　B. 常被挪用

    C. 不明确,东拼西凑　　　　D. 没有资金来源

⑥对如何达到学校信息化建设的愿景,您是否有明确的、切实可行的规划与措施?
（　　）

    A. 有明确的、切实可行的规划与措施

    B. 有规划与措施,但难以实现

    C. 规划与措施不明确

    D. 没有规划与措施

⑦您所在学校是否有明确的信息化资源使用规章制度?（　　）

    A. 有

    B. 有,但不明确,有些混乱

    C. 有,但形同虚设

    D. 没有

⑧您经常评价所在学校的信息化设备的使用率与使用效益吗?（　　）

    A. 经常,效果很好　　　　　　B. 周期性,效果还好

    C. 偶尔,起到了评价作用　　　D. 没评价过

⑨您经常对所在学校的数字资源作评价吗?（　　）

    A. 经常,效果很好　　　　　　B. 周期性,效果还好

    C. 偶尔,起到了评价作用　　　D. 没评价过

⑩评价教师信息技术应用水平时,您的依据通常是什么?(　　　)(可多选)

A. 用到的信息技术资源是否多,是否丰富

B. 资源本身是否合适

C. 教师是否熟悉所用到的资源,能否对其作清晰的阐述

D. 是否能将信息技术资源巧妙地整合到教学中,充分发挥其优势

E. 成本效益

F. 学生对资源利用的感受

G. 是否促进了学生的学习

H. 其他(　　　)

附录 3 中小学教师信息技术应用能力标准(试行)

信息技术应用能力是信息化社会教师必备专业能力。为全面提升中小学教师的信息技术应用能力,促进信息技术与教育教学深度融合,特制定《中小学教师信息技术应用能力标准(试行)》(以下简称《能力标准》)。

一、总 则

(1)《能力标准》是规范与引领中小学教师在教育教学和专业发展中有效应用信息技术的准则,是各地开展教师信息技术应用能力培养、培训和测评等工作的基本依据。幼儿园、中等职业学校教师参照执行。

(2)《能力标准》根据我国中小学校信息技术实际条件的不同、师生信息技术应用情境的差异,对教师在教育教学和专业发展中应用信息技术提出了基本要求和发展性要求。其中,I. 应用信息技术优化课堂教学的能力为基本要求,主要包括教师利用信息技术进行讲解、启发、示范、指导、评价等教学活动应具备的能力;II. 应用信息技术转变学习方式的能力为发展性要求,主要针对教师在学生具备网络学习环境或相应设备的条件下,利用信息技术支持学生开展自主、合作、探究等学习活动所应具有的能力。本标准根据教师教育教学工作与专业发展主线,将信息技术应用能力区分为技术素养、计划与准备、组织与管理、评估与诊断、学习与发展五个维度。

二、基本内容

维度	Ⅰ.应用信息技术优化课堂教学	Ⅱ.应用信息技术转变学习方式
技术素养	1.理解信息技术对改进课堂教学的作用,具有主动运用信息技术优化课堂教学的意识	1.了解信息时代对人才培养的新要求,具有主动探索和运用信息技术变革学生学习方式的意识
	2.了解多媒体教学环境的类型与功能,熟练操作常用设备	2.掌握互联网、移动设备及其他新技术的常用操作,了解其对教育教学的支持作用
	3.了解与教学相关的通用软件及学科软件的功能及特点,并能熟练应用	3.探索使用支持学生自主、合作、探究学习的网络教学平台等技术资源
	4.通过多种途径获取数字教育资源,掌握加工、制作和管理数字教育资源的工具与方法	4.利用技术手段整合多方资源,实现学校、家庭、社会相连接,拓展学生的学习空间
	5.具备信息道德与信息安全意识,能够以身示范	5.帮助学生树立信息道德与信息安全意识,培养学生良好行为习惯
计划与准备	6.依据课程标准、学习目标、学生特征和技术条件,选择适当的教学方法,找准运用信息技术解决教学问题的契合点	6.依据课程标准、学习目标、学生特征和技术条件,选择适当的教学方法,确定运用信息技术培养学生综合能力的契合点
	7.设计有效实现学习目标的信息化教学过程	7.设计有助于学生进行自主、合作、探究学习的信息化教学过程与学习活动
	8.根据教学需要,合理选择与使用技术资源	8.合理选择与使用技术资源,为学生提供丰富的学习机会和个性化的学习体验
	9.加工制作有效支持课堂教学的数字教育资源	9.设计学习指导策略与方法,促进学生的合作、交流、探索、反思与创造
	10.确保相关设备与技术资源在课堂教学环境中正常使用	10.确保学生便捷、安全地访问网络和利用资源
	11.预见信息技术应用过程中可能出现的问题,制订应对方案	11.预见学生在信息化环境中进行自主、合作、探究学习可能遇到的问题,制订应对方案

续表

维度	I.应用信息技术优化课堂教学	II.应用信息技术转变学习方式
组织与管理	12.利用技术支持,改进教学方式,有效实施课堂教学	12.利用技术支持,转变学习方式,有效开展学生自主、合作、探究学习
	13.让每个学生平等地接触技术资源,激发学生学习兴趣,保持学生学习注意力	13.让学生在集体、小组和个别学习中平等获得技术资源和参与学习活动的机会
	14.在信息化教学过程中,观察和收集学生的课堂反馈,对教学行为进行有效调整	14.有效使用技术工具收集学生学习反馈,对学习活动进行及时指导和适当干预
	15.灵活处置课堂教学中因技术故障引发的意外状况	15.灵活处置学生在信息化环境中开展学习活动发生的意外状况
	16.鼓励学生参与教学过程,引导学生提升技术素养并发挥其技术优势	16.支持学生积极探索使用新的技术资源,创造性地开展学习活动
评估与诊断	17.根据学习目标科学设计并实施信息化教学评价方案	17.根据学习目标科学设计并实施信息化教学评价方案,并合理选取或加工利用评价工具
	18.尝试利用技术工具收集学生学习过程信息,并能整理与分析,发现教学问题,提出针对性的改进措施	18.综合利用技术手段进行学情分析,为促进学生的个性化学习提供依据
	19.尝试利用技术工具开展测验、练习等工作,提高评价工作效率	19.引导学生利用评价工具开展自评与互评,做好过程性和终结性评价
	20.尝试建立学生学习电子档案,为学生综合素质评价提供支持	20.利用技术手段持续收集学生学习过程及结果的关键信息,建立学生学习电子档案,为学生综合素质评价提供支持
学习与发展	21.理解信息技术对教师专业发展的作用,具备主动运用信息技术促进自我反思与发展的意识	
	22.利用教师网络研修社区,积极参与技术支持的专业发展活动,养成网络学习的习惯,不断提升教育教学能力	
	23.利用信息技术与专家和同行建立并保持业务联系,依托学习共同体,促进自身专业成长	
	24.掌握专业发展所需的技术手段和方法,提升信息技术环境下的自主学习能力	
	25.有效参与信息技术支持下的校本研修,实现学用结合	

三、实施要求

(1)地方各级教育行政部门要将《能力标准》作为加强中小学教师队伍建设的重要依据,充分发挥《能力标准》的引领和导向作用,将信息技术应用能力提升纳入教师全员培训,开展教师信息技术应用能力测评,建立并完善推动教师主动应用信息技术的机制,切实提升广大教师信息技术应用能力,为全面推动教育信息化,深化课程改革,实现教师专业自主发展奠定坚实基础。

(2)有关高等学校和教师培训机构要将《能力标准》作为教师培养培训工作的重要依据,加强相关学科专业建设,完善培养培训方案,科学设置培养培训课程,创新培养培训模式,加强师资队伍和课程资源建设,开展相关研究,促进教师专业发展。

(3)中小学校要将《能力标准》作为推动教师专业发展和教师管理的重要依据。制订教师信息技术应用能力提升规划,整合利用校内外培训资源,做好校本研修,为教师提升信息技术应用能力提供有效支持。要完善教师岗位职责和考核评价制度,推动教师在教育教学和日常工作中主动应用信息技术。

(4)中小学教师要将《能力标准》作为自身专业发展的重要依据。要主动适应信息化社会的挑战,充分利用各种学习机会,更新观念、补充知识、提升技能,不断增强信息技术应用能力。要养成良好的应用习惯,积极反思,勇于探索,将信息技术融于教学和师生交流等各个环节,转变教育教学方式,促进学生有效学习和个性化发展。要善于利用信息技术,拓宽成长路径,实现专业自主发展,做终身学习的典范。

附:

术语表

1. 多媒体教学环境:包括简易多媒体教学环境与交互多媒体教学环境。简易多媒体教学环境主要由多媒体计算机、投影机、电视机等构成,以呈现数字教育资源为主。交互多媒体教学环境主要由多媒体计算机、交互式电子白板、触控电视等构成,在支持数字教育资源呈现的同时还能实现人机交互。

2. 通用软件:是指广泛应用于教育教学活动中的通用性软件,例如办公软件、即时交流软件、音视频编辑软件等。

3. 学科软件:是指特别适用于某些学科的软件,如几何画板、在线地图、听力训练软件、虚拟实验室等。

4. 数字教育资源:是对教学素材、多媒体课件、主题学习资源包、电子书、专题网站等各类与教育教学内容相关的数字资源的统称。

5. 信息化教学：与传统教学相对而言，泛指以信息技术支持为显著特征的教学形态。

6. 技术资源：是对通用软件、学科软件、数字教育资源和网络教学平台等资源的统称。

7. 网络教学平台：是对能够为教育教学活动开展提供支持的网络平台的统称，如网络资源平台、网络互动平台、课程管理平台、在线测评系统、在线教学与学习空间等。

8. 移动设备：是对便携式计算通信设备的统称，如笔记本电脑、平板电脑、智能手机等。

9. 评价工具：是指开展评价所使用的各种支持工具，如试卷、调查问卷、测试量表、评价量规、观察记录表、成长记录或电子档案袋等。

10. 教师网络研修社区：是指支持教师进行学习、交流、研讨等活动的网络平台，一般具备个人空间、教师工作坊等功能，能够建立不同类型的学习共同体，汇聚与生成研修资源，支持教师进行常态化研修。

参 考 文 献

中文文献

[1] 陈立,朱海珊.中小学校长生态型信息化领导力内涵及模型建构研究[J].文化创新比较研究,2020,4(34):1-3.

[2] 李华,王继平.深度贫困地区教育信息化要解决"适应性"问题[J].人民教育,2020(23):51-54.

[3] 雷励华,张子石,金义富.教育信息化2.0时代校长信息化领导力内涵演变与提升模式[J].电化教育研究,2021,42(2):40-46.

[4] 卢健洪.中小学校长信息化领导力构成及提升对策——以广州市C区为例[J].教育导刊,2021(3):23-31.

[5] 王淑华,王以宁.人格特质与校长信息化领导力的关系:组织氛围的中介效应[J].现代远距离教育,2021(1):89-96.

[6] 王忠.校长团队信息化领导力现状、内涵及提升策略[J].中国教育技术装备,2019(11):61-62,65.

[7] 文雅,郭镇瑛.高考改革背景下四川省智慧教育系统建设研究[J].轻纺工业与技术,2019,48(12):165-167.

[8] 段俊元.学校信息化核心团队的建设——基于校长信息化领导力[J].现代教育,2019(10):26-28.

[9] 邹燕.提升校长信息化领导力 引领学校未来发展[J].智库时代,2020(5):106-107.

[10] 李运福.小学教师信息化领导力模型构建与应用[J].中国电化教育,2020(2):94-101.

[11] 万昆,任友群.基础教育信息化发展调查研究——基于江西省W县的调查[J].开放教育研究,2020,26(1):90-99.

[12] 苏林猛.教育信息化2.0背景下中小学校长信息化领导力提升策略研究[J].软件导刊(教育技术),2019,18(12):73-75.

[13] 于天贞,张晓峰.教师信息技术领导力对信息化教学效能的作用研究——基于结构方程模型的实证分析[J].教师教育研究,2020,32(2):48-56.

[14] 王玥,王保福."互联网+"教育浪潮下开放大学教师信息化领导力何以可为[J].数字教育,2020,6(2):33-37.

[15] 王淑华,王以宁,张海,等.中小学校长领导风格对校长信息化领导力影响的研究——以变革型领导理论为视角[J].湖南师范大学教育科学学报,2020,19(2):105-112.

[16] 闫寒冰,郑东芳,肖玉敏,等.信息化变革中校长角色的个案研究[J].电化教育研究,2020,41(5):112-118.

[17] 田阳,徐晶晶,童莉莉,等.教育均衡视域下中小学校长信息素养提升研究——以"三区三州"培训为例[J].电化教育研究,2020,41(6):113-119.

[18] 葛文双,白浩.教育信息化2.0视域下的首席信息官(CIO)——核心内涵、能力模型与专业发展策略[J].远程教育杂志,2020,38(4):64-73.

[19] 钟祖荣,高山艳,邱磊.人工智能进校园仍需多方努力——基于对部分校长的"人工智能教育"和"智能教育应用"认知的调研[J].中小学管理,2020(6):44-47.

[20] 郑禄红,程南清.智慧校园视野下学校信息化领导力的建设及培养路径[J].中国远程教育,2020(8):55-61.

[21] 章素华.高校教育信息化进程中的教师领导力的作用——评《教育信息化进程中的教师领导力》[J].高教探索,2020(8):129.

[22] 段春雨.校长信息化领导力对教师信息技术应用行为的影响研究——基于42篇实证研究文献的元分析[J].中国远程教育,2020(10):23-33,76-77.

[23] 丁蓉.我国信息化领导力的研究热点与发展趋势分析[J].电脑知识与技术,2020,16(24):28-31.

[24] 周华军.小学校长信息化教学领导力提升策略研究[J].教师教育论坛,2020,33(10):94.

[25] 王永军.面向教育4.0的创新发展:中小学校长信息化领导力框架之构建[J].远程教育杂志,2020,38(6):41-49.

[26] 董同强.高职院校校长信息化领导力模型研究[J].现代教育技术,2020,30(11):77-83.

[27] 张虹.组织变革视域下高校领导者信息化领导力模型实证研究[J].电化教育研究,2020,41(11):48-55.

[28] 王小锋.提升教师信息化领导力的价值与策略[J].教育理论与实践,2018,38(32):28-30.

[29] 赵磊磊.农村校长信息化教学领导力的影响因素及提升路径——基于技术接受视角的实证研究[J].湖南师范大学教育科学学报,2018,17(5):25-32.

[30] 桑新民.基础教育信息化与信息时代的教育领导力[J].中小学管理,2018(12):26-29.

[31] 朱龙凤,张献英.以信息化教学领导力视角探讨如何提升教师的教学效能感[J].齐齐哈尔师范高等专科学校学报,2019(1):23-24.

[32] 王忠.提升校长团队教育信息化领导力策略初探[J].中国教育技术装备,2018(23):62-64.

[33] 赵磊磊,张蓉菲.教师信息化教学领导力:内涵、影响因素与提升路径[J].重庆高教研究,2019,7(3):86-97.

[34] 王洪江,王清清,杨莉.中小学校长信息化领导力现状调查与提升策略研究[J].中国教育信息化,2019(13):1-5.

[35] 崔海涛,李春艳,邢镇.基于主管部门视角的校长信息化领导力提升策略研究[J].中国教育技术装备,2019(5):58-60.

[36] 饶爱京,万昆,任友群.优质均衡视角下县域基础教育信息化发展策略[J].中国电化教育,2019(8):37-43.

[37] 代蕊华,张丽囡.校长信息化治理能力:内涵、核心要素及提升策略[J].教师教育研究,2019,31(5):67-72.

[38] 丁蓉,王建荣,杨新存,等.基于CNKI的我国信息化领导力文献分析[J].价值工程,2019,38(29):210-213.

[39] 王玥,赵慧臣.大学生信息化领导力模型研究[J].数字教育,2019,5(5):24-29.

[40] 王晨菡,杨满福,曾卉玢,等.中等职业学校中层领导干部信息化领导力的现状与提升对策——以广西地区为例[J].职业教育(中旬刊),2019,18(9):23-27.

[41] 张文兰,刘盼盼,闫怡.美国教育管理者信息化领导力提升策略管窥与启示——基于对《为未来准备的领导力特征:一项研究综述》的解读[J].中国电化教育,2019(12):40-46.

[42] 赵晓伟,沈书生.学校管理者信息化领导力的内涵演变与构建策略[J].电化教育研究,2019,40(11):34-40.

[43] 李海霞,何高大.国外教育技术领导力研究分析及其对我国教育信息化的启示[J].中国教育信息化,2017(23):1-7.

[44] 吴忭,胡梦华,胡艺龄.教师信息化专业发展研究主题与热点评述——基于2000—2017年国际期刊论文的共词分析[J].开放教育研究,2018,24(1):82-90.

[45] 田生军,张恩代.让"党建云"成为有雨的"政务云"[J].通信企业管理,2018(1):40-42.

［46］赵磊磊.校长信息化领导力建设：提升校长工作绩效的路径选择［J］.现代教育管理,2018(4):67-71.

［47］杨金勇,尉小荣,吴安,等.中美两国中小学校长信息化领导力比较研究［J］.电化教育研究,2018,39(5):122-128.

［48］宋岭.教育信息化背景下教师专业角色的回归与发展［J］.教育导刊,2018(5):82-86.

［49］李运福.基于"泛在互联"视角的教师信息化领导力研究［J］.渭南师范学院学报,2018,33(10):5-11.

［50］何泽广.基于信息化视野下小学校长领导力提升策略［J］.中国高新区,2018(13):154.

［51］黄惠兰.高校图书馆员信息化领导力理论研究［J］.兰台世界,2018(7):101-105.

［52］黄惠兰.高校图书馆信息化领导力理论模型与评价指标研究［J］.图书馆学刊,2018,40(4):1-9.

［53］汪基德,颜荆京.基于案例的幼儿园园长信息化领导力探析［J］.教育研究与实验,2018(3):55-60.

［54］赵磊磊,梁茜.技术整合：校长信息化领导力建设的新视角［J］.教师教育研究,2018,30(5):104-110.

［55］赵磊磊,梁茜,李玥泓.国外教育信息化领导力研究：主题、趋势及启示——基于 Web of Science 文献关键词的可视化分析［J］.中国远程教育,2018(10):16-23.

［56］赵梦琴,罗怀青,罗官莉,等.浅析高校教师信息化领导力［J］.中国培训,2016(24):287.

［57］蒋勇.五年制高职校信息化领导力构成模型研究［J］.信息与电脑(理论版),2016(17):197-199.

［58］唐夏夏,闫志明.试论教师信息化领导力及其发展途径［J］.吉林省教育学院学报,2016,32(12):39-41.

［59］田楠.教育信息化促进基础教育变革的影响因素［J］.民营科技,2016(12):245.

［60］王玥,赵慧臣.国内外教育信息化领导力的比较研究［J］.数字教育,2017,3(1):18-24.

［61］赵磊磊.校长信息化领导力的影响因素及培养路径［J］.现代远距离教育,2017(1):44-50.

［62］颜荆京,汪基德.幼儿园园长信息化领导力的内涵及理论模型［J］.

现代教育技术,2017,27(4):52-58.

[63] 王玥,赵慧臣.美国校长信息化领导力评价研究及启示——基于评价标准的思考[J].数字教育,2017,3(2):86-92.

[64] 吴娱.教育信息化领导力促进教育资源共享探析——分布式领导的视角[J].中国远程教育,2017(4):65-71.

[65] 刘辉.高校信息化领导力的多层级治理研究[J].高教探索,2017(3):35-40.

[66] 史珠子.教育信息化背景下高职英语教师领导力研究[J].辽宁高职学报,2017,19(4):78-80.

[67] 赵磊磊.校长信息化领导力:概念、生成及培养[J].现代远距离教育,2017(3):19-24.

[68] 朱洪喜.基于教育信息化视野的校长信息化领导力研究[J].中国教育技术装备,2017(9):72-73.

[69] 李华,李昊.农村中小学校长信息化领导力提升路径研究[J].现代教育技术,2017,27(6):64-70.

[70] 刘树华.公安县成功举办教育信息化工作推进会议暨教育系统管理干部信息化领导力培训[J].软件导刊(教育技术),2017,16(5):93.

[71] 冯亚洁,兰瑞乐.校长信息化领导力提升策略初探[J].中国教育技术装备,2017(8):58,61.

[72] 李嘉峪,边琦.内蒙古农村中小学校长信息化领导力调查研究[J].中国教育信息化,2017(13):78-81.

[73] 江慧姗,张杰.校长信息化领导力现状调查研究——以福建省部分地区中小学校长为例[J].数字教育,2017,3(4):53-57.

[74] 李海霞,何高大.国内外教育技术领导力研究及对比分析[J].现代教育技术,2017,27(9):72-78.

[75] 张虹.高校领导者信息化领导力理论模型构建研究——以组织变革为视角[J].电化教育研究,2017,38(9):29-34.

[76] 孙祯祥.学校信息化领导力的理论与实践体系构建——《学校信息化领导力研究:理论与实践》简介[J].现代远距离教育,2017(6):32-39.

[77] 赵磊磊.心理资本视角下校长信息化领导力的培养研究——基于SEM的实证分析[J].教师教育研究,2017,29(5):45-51.

[78] 颜荆京,汪基德,蔡建东.幼儿园园长信息化领导力现状与提高策略[J].学前教育研究,2015(10):41-49.

[79] 康翠,王斌,常新峰.中小学校长信息化领导力提升现状的实证分

析——基于江苏省三市 177 位农村中小学校长的调查[J].现代教育技术，2015,25(12):40-45.

[80] 金慧,张聪.数字化学校的教育信息化实施框架——访全球电子学校和社区行动组织首席执行官杰罗姆·莫里西教授[J].中国教育信息化，2015(23):3-7.

[81] 吴娱,苏君阳.区域教育资源共享中的教育信息化领导力探析[J].电化教育研究,2016,37(1):33-38,58.

[82] 任友群,陈超,吴旻瑜.从"开创局面"到"全面推动"——从两次"全国教育信息化工作会议"看中国教育信息化的走向[J].远程教育杂志,2016,35(2):19-25.

[83] 李克勤,袁小平,宁艳林.湖南省幼儿园园长信息技术领导力现状调查分析[J].湖南第一师范学院学报,2016,16(1):15-18.

[84] 王玥,赵慧臣.美国中小学校长信息化领导力硕士学位课程的特点与启示[J].中国电化教育,2016(5):33-42.

[85] 郅庭瑾,赵磊磊.校长的信息化领导力如何影响学校的信息化效能——基于结构方程模型的实证分析[J].现代远距离教育,2016(2):63-69.

[86] 李颖卓,杨敬研.教师信息化领导力构成的深入分析及提升策略[J].教学与管理,2016(15):47-49.

[87] 杨庆书.高校图书馆信息化领导力的内涵及其评价指标体系[J].图书馆理论与实践,2016(4):80-84.

[88] 任剑洪.论教育信息化管理实践中的领导力[J].中国管理信息化，2016,19(13):253-254.

[89] 庞敬文,高琳琳,唐烨伟,等.混合学习环境下中小学校长信息化领导力培训对策研究[J].电化教育研究,2016,37(6):20-27.

[90] 王玥,赵慧臣.美国校长信息化领导力培养项目的发展变革及其启示——以教育信息化领导力前沿研究中心为例[J].电化教育研究,2016,37(6):112-120,128.

[91] 赵磊磊,赵可云.校长信息化领导力对校长领导效能作用机制的实证研究——基于结构方程模型的调查分析[J].现代远距离教育,2016(3):68-73.

[92] 杨宗凯.提升信息化领导力　促进高校教育教学创新发展[J].中国教育信息化,2016(13):19-23.

[93] 武滨,左明章.回溯与展望技术在教育教学中的角色——NETP2016对我国教育信息化建设的启示[J].现代远距离教育,2016(4):64-70.

[94] 孙祯祥,张丹清.教师信息化领导力生成动力研究——借助场动力理论的分析[J].远程教育杂志,2016,34(5):105-112.

[95] 孙祯祥,任玲玲.学校中层管理团队信息化领导力评价体系研究[J].现代远程教育研究,2016(5):61-67.

[96] 李运福,王斐.教师信息化领导力:内涵与价值分析[J].基础教育,2016,13(4):50-57.

[97] 边琦,田振清,王俊萍,等.中小学校长信息化领导力的现状与对策分析——以内蒙古地区为例[J].中国电化教育,2016(8):102-106.

[98] 梁伟.美国中小学校长专业标准及启示[J].教育发展研究,2006,26(13):31-34.

[99] 冯亚洁,兰瑞乐.校长信息化领导力研究现状分析[J].中国教育信息化,2016(21):14-16.

[100] 李运福,王斐."Teacherpreneurs"分析及其对我国教师信息化领导力研究与实践的启示[J].电化教育研究,2016,37(11):113-119,128.

[101] 孙祯祥,任玲玲,郭旭凌.学校信息化领导力的概念与评价研究[J].电化教育研究,2014,35(12):34-40,62.

[102] 沈书生.中小学校长信息化领导力的构建[J].电化教育研究,2014,35(12):29-33.

[103] 孙祯祥,张玉茹.教师信息化领导力的概念、内涵与理论模型[J].现代远程教育研究,2015(1):39-45.

[104] 王玥,赵慧臣.美国校长信息化领导力提升项目的特点与启示[J].开放教育研究,2015,21(3):55-64.

[105] 孙祯祥,刘小翠.教师信息化教学领导力:概念、内涵与调查分析[J].现代远距离教育,2015(4):28-36.

[106] 董艳,黄月,孙月亚,等.校长信息化教学领导力的内涵与结构[J].现代远程教育研究,2015(5):55-62.

[107] 孙祯祥.境外"学校信息化领导力"研究与启示[J].现代远距离教育,2014(2):67-75.

[108] 孙祯祥,翁家隆.境外校长信息化领导力内涵的发展历程及启示[J].中国电化教育,2014(2):27-34.

[109] 朱雪峰,袁娟娟.西北欠发达地区农村中小学校长信息化领导力调查与思考——以甘肃省Y县为例[J].当代教育与文化,2014,6(1):60-66.

[110] 王瑛,贾义敏,张晨婧仔,等.教育信息化管理实践中的领导力研究[J].远程教育杂志,2014,32(2):13-24.

[111] 张文波.中小学教育信息化发展新阶段问题的现状及对策研究 [J].中国电化教育,2014(5):39-43.

[112] 许央琳,孙祯祥.基于信息共享的校长信息化领导力评价指标体系 研究[J].中国电化教育,2013(4):40-45.

[113] 孙祯祥,郭旭凌.中小学校长信息化领导力评价标准的比较研 究——结合教育信息化十年发展规划(2011—2020 年)[J].电化教育研究, 2013,34(3):5-10.

[114] 孙祯祥,唐文华.基于技术变革教育视角的校长信息化领导力的提 升对策研究[J].当代教育论坛,2013(2):46-50.

[115] 张家年,孙祯祥.学校信息化主管的素质结构和实践模式研究[J]. 现代教育技术,2013,23(6):18-23.

[116] 王杰,许锋华,吴丹.连片特困地区中职学校校长信息化领导力探 究[J].职教论坛,2013(21):36-40.

[117] 孙祯祥,郭张燕."校长信息化领导力"现状的调查研究[J].现代远 距离教育,2013(5):72-81.

[118] 王丽萍.基于选择教育的学校课程领导实践[J].上海教育科研, 2012(3):73-75.

[119] 黄荣怀,胡永斌.信息化领导力与学校信息化建设[J].开放教育研 究,2012,18(5):11-17.

[120] 赵阳.校长在学校信息技术发展中的角色定位[J].长三角(教育), 2012(11):1-2.

[121] 皇甫辉,孙祯祥.基于学习视角的校长信息化领导力提升[J].中国 教育信息化,2012(19):7-9.

[122] 李玉斌,武书宁.教育信息化领导力研究[J].中国教育信息化, 2012(22):14-17.

[123] 李建芬.2011 年度江苏省教育信息化领导小组会议在南京召开 [J].中国电化教育,2011(7):32.

[124] 蒋志辉.教育信息化领导力研究的困境与转向[J].现代教育技术, 2011,21(8):30-33.

[125] 刘永贵.美国高校 CIO 领导力结构及其培养策略研究[J].中国电 化教育,2011(10):48-53.

[126] 还伟.美国教育学学科硕士研究生课程设置研究及启示[D].苏州: 苏州大学,2008.

[127] 化方,杨晓宏.中小学校长信息化领导力绩效指标体系研究[J].中

国教育信息化,2010(4):7-10.

[128] 蒋志辉.中小学信息化领导力实践的现实困境与路径选择[J].现代教育技术,2010,20(8):24-26.

[129] 伍海燕.中小学校长教育技术领导力与学校信息化发展的互动关系研究[J].现代教育技术,2010,20(10):16-20.

[130] 潘卫军.浅谈如何提升校长信息化领导力[J].中国现代教育装备,2010(20):12-13,16.

[131] 伍海燕.学校校长教育信息化领导力研究[J].中国信息界,2010(11):59-61.

[132] 伍海燕,王佑镁.中小学校长信息素养与学校发展的关联分析[J].中国教育信息化,2010(24):6-9.

[133] 谢忠新,张际平.基于系统视角的校长信息化领导力评价指标研究[J].现代教育技术,2009,19(4):73-77.

[134] 任冬梅.徐州地区中小学校长信息化领导力调查分析[J].中国教育信息化,2009(6):20-24.

[135] 杨彦军,郭绍青.教育信息化区域性整体推进中引领团队的建设研究[J].电化教育研究,2009(8):90-94.

[136] 吕红军.农村小学教育信息化的实践探索——以淄博市北门里小学为例[J].中国电化教育,2009(7):63-66.

[137] 殷建华.校长提升信息化领导力的几个关键[J].中国教育信息化,2009(22):15-17.

[138] 李文宏,肖贝.基于信息反馈的校长信息化领导力培养方式研究[J].中国教育信息化,2009(24):34-37.

[139] 张仙,鲁绍坤,郭睿南.面向信息化的学校领导力初探[J].现代教育技术,2008(1):20-23,9.

[140] 王佑镁.面向基础教育信息化的教育技术领导力及其发展[J].现代远距离教育,2008(1):43-46.

[141] 王佑镁,杜友坚,伍海燕,等.校长信息素养与学校信息化互动发展的认知与分析[J].开放教育研究,2007(3):31-34.

[142] 顾小清,鲁志芳.从一个学校的发展看教育信息化成效——仙霞中学的案例[J].电化教育研究,2007(6):37-41,48.

[143] 胡小勇,祝智庭,王佑镁,等.促进基础教育信息化发展的领导力研究[J].中国电化教育,2007(3):19-22.

[144] 王佑镁,杜友坚,伍海燕.教育信息化领导力的内涵与发展[J].中

国教育信息化,2007(24):18-20.

[145] 肖玉敏.校长的技术领导力研究综述[J].教育信息化,2006(13):66-68.

[146] 王雅琼.中小学校长信息化领导力调查研究[D].重庆:西南大学,2016.

[147] 许央琳,孙祯祥.基于信息共享的校长信息化领导力评价指标体系研究[J].中国电化教育,2013(4):40-45.

[148] 黄荣怀,胡永斌.信息化领导力与学校信息化建设[J].开放教育研究,2012(5):11-17.

[149] 刘美凤.校长的信息化领导力[J].中小学信息技术教育,2009(4):5-7.

[150] 朱悦.中小学校长信息化领导力发展状况调查及提升策略研究[D].武汉:华中师范大学,2015.

[151] 李莎莎.中小学校长信息化领导力现状及提升策略研究[D].武汉:华中师范大学,2013.

[152] 谢超.中小学校长信息化学习力的有效提升策略研究[J].成人教育,2015,35(2):53-56.

[153] 褚宏启,贾继娥.我国校长专业标准:背景、结构与前景[J].中国教育学刊,2013(7):1-6.

[154] 辛尽.农村中小学校长信息化领导力现状调查与思考[D].兰州:西北师范大学,2012.

[155] 张秀娟,丁兴富,岳敏,等.国外远程教育专业人才培养层次与培养目标的初步比较研究[J].中国远程教育,2010(9):22-25.

英文文献

[1] LI M,PORTER A L,SUOMINEN A,et al. Insights into relationships between disruptive technology/innovation and emerging technology: A bibliometric perspective[J]. Technological Forecasting and Social Change,2018(129):285-296.

[2] BOELENS R,WEVER B D,VOET M,et al. Four key challenges to the design of blended learning: A systematic literature review[J]. Educational Research Review,2017(22):1-18.

[3] INSTEFJORD E J,MUNTHE E. Educating digitally competent teachers: A study of integration of professional digital competence in teacher education[J]. Teaching and Teacher Education,2017(67):37-45.

[4] ADMIRAAL W, LOUWS M, LOCKHORST D, et al. Teachers in school-based technology innovations: A typology of their beliefs on teaching and technology[J]. Computers & Education,2017 (114):57-68.

[5] CLOW D. The learning analytics cycle: Closing the loop effectively[C]// DAWSON S, HAYTHORNTHWAITE C. Proceedings of the 2nd International Conference on Learning Analytics and Knowledge. New York: Association for Computing Machinery,2012:134-138.

[6] EVERHART N, MARDIS M A, JOHNSTON M. National board certified school librarians' leadership in technology integration: Results of a national survey[J]. School Library Media Research,2011(14):18.

[7] HEW K F, BRUSH T. Integrating technology into K-12 teaching and learning: Current knowledge gaps and recommendations for future research[J]. Educational Technology Research and Development,2007,55(3):223-252.

[8] DAVIS F D. Perceived usefulness, perceived ease of use, and user acceptance of information technology[J]. MIS Quarterly,1989,13(3):319-341.

[9] WENG C H, TANG Y. The relationship between technology leadership strategies and effectiveness of school administration: An empirical study[J]. Computers & Education,2014,76(8):91-107.

[10] CROOK C. Computers and classroom culture (Book)[J]. Mind Culture & Activity,1997,4(2):124-126.

[11] KEARSLEY G. Educational technology: A critique[J]. Educational Technology,1998,38(2):47-51.

[12] ADAMS O. Falling through the net: Defining the digital divide: A report on the telecommunications and information technology gap in America[J]. Journal of Government Information,2000,27(2):245-246.

[13] HODAS S. I-technology refusal and the organizational culture of schools [J]. Computerization and Controversy,1996,1(10):197-218.

[14] COLLINS A. The role of computer technology in restructuring schools [J]. Phi Delta Kappan,1991,73(1):28-36.

[15] COHEN V L. Learning styles in a technology-rich environment[J]. Journal of Research on Computing in Education,1997,29(4):338-350.

[16] BAIN A,HESS P T,JONES G,et al. Gender differences and computer competency: The effects of a high access computer program on the computer competency of young women[J]. International Journal of Educational Technology,

1995,1(1):25-34.

[17] MARQUARDT M J, KEARSLEY G. Technology-based learning: Maximizing human performance and corporate success[M]. Florida: CRC Press LLC,1999.

[18] SCHMIDT D A, BARAN E, THOMPSON A D, et al. Technological pedagogical content knowledge (TPACK): The development and validation of an assessment instrument for preservice teachers [J]. Journal of Research on Technology in Education, 2009, 42(2):123-149.

[19] EISENBERG M, JACOBSON-WEAVER Z. The work of children: Seeking patterns in the design of educational technology [J]. International Association for Development of the Information Society,2018(3): 83-94.

[20] WEBSTER M D. Philosophy of technology assumptions in educational technology leadership[J]. Educational Technology and Society,2017,20(1):25-36.

[21] NIESS M L, RONAU R N, SHAFER K G, et al. Mathematics teacher TPACK standards and development model[J]. Contemporary Issues in Technology & Teacher Education,2009(1):4-24.

[22] DIMMOCK C. Formulating a research agenda in school leadership and organisational change for school improvement in Singapore[J]. School Leadership & Management,2011,31(4):321-338.

[23] TILLEY C L, CALLISON D. Preparing school library media specialists for the new century: Results of a survey[J]. Journal of Education for Library and Information Science,2001,42(3):220-227.

[24] HARGREAVES A. Inclusive and exclusive educational change: Emotional responses of teachers and implications for leadership [J]. School Leadership & Management,2004,24(3):287-309.

[25] HANSON-BALDAUF D, HASSELL S H. The information and communication technology competencies of students enrolled in school library media certification programs[J]. Library & Information Science Research, 2009, 31(1):3-11.

[26] BUCKLAND M K. Library technology in the next 20 years[J]. Library Hi Tech ,2017,35(1):5-10.

[27] CALVERT P. Technology and the school library: A comprehensive guide for media specialists and other educators[J]. Electronic Library,2011,29(1): 153-154.

[28] POWELL J M. School library media specialists' perceptions of collaboration,leadership and technology[D]. Florida: University of South Florida, 2013:230-257.

[29] JOHNSTON,MELISSA P. School librarians as technology integration leaders: Enablers and barriers to leadership enactment [J]. School Library Research,2012(15):1-33.

[30] DEES D, MAYER A, MORIN H, et al. Librarians as leaders in professional learning communities through technology, literacy, and collaboration [J]. Library Media Connection,2010(29):10-13.

[31] ADAMS S M, WEISS J W. Gendered paths to technology leadership [J]. New Technology,Work and Employment,2011,26(3):222-237.

[32] BAILEY G D. What technology leaders need to know: The essential top 10 concepts for technology integration in the 21st century[J]. Learning & Leading with Technology,1997,25(1):57-62.

[33] GIBSON I W. Leadership, technology, and education: Achieving a balance in new school leader thinking and behavior in preparation for twenty-first century global learning environments[J]. Journal of Information Technology for Teacher Education,2002,11(3):315-334.

[34] DERYAKULU D,OLKUN S. Technology leadership and supervision: An analysis based on Turkish computer teachers' professional memories [J]. Technology,Pedagogy and Education,2009,18(1):45-58.

[35] RODZVILLA J. A review of "Technology and the School Library"[J]. Journal of Web Librarianship,2013,7(1):118-119.

[36] XU L. The internet of things technology application and the intelligent library[J]. Applied Mechanics and Materials,2014(571-572):1180-1183.

[37] KAPPAGODA S,OTHMAN H,ALWIS G D. Psychological capital and job performance: The mediating role of work attitudes[J]. Journal of Human Resource and Sustainability Studies,2014,2(2):102-116.

[38] AVEY J B. The performance impact of leader positive psychological capital and situational complexity [D]. Omaha: University of Nebraska-Lincoln,2007.

[39] BLAU I, PRESSER O. E-leadership of school principals: Increasing school effectiveness by a school data management system[J]. British Journal of Educational Technology,2013,44(6):1000-1011.

[40] CHANG I H. The effect of principals' technological leadership on teachers' technological literacy and teaching effectiveness in taiwanese elementary schools[J]. Educational Technology and Society,2012,15(2):328-340.

[41] HSIEH C C, YEN H C, KUAN L Y. The relationship among principals' technology leadership, teaching innovation, and students' academic optimism in elementary schools[J]. International Association for Development of the Information Society,2014(12):113-120.

[42] HALLINGER P,MURPHY J. Assessing the instructional management behavior of principals[J]. The Elementary School Journal,1985,86(2):217-247.

[43] VENKATESH V, BALA H. Technology acceptance model 3 and a research agenda on interventions[J]. Decision Sciences,2008,39(2):273-315.

[44] DAVIS F D, VENKATESH V. A critical assessment of potential measurement biases in the technology acceptance model: Three experiments[J]. International Journal of Human-Computer Studies,1996,45(1):19-45.

[45] AJZEN I. The theory of planned behavior, organizational behavior and human decision processes[J]. Journal of Leisure Research,1991,50(2):179-211.

[46] TEO T. Pre-service teachers' attitudes towards computer use: A Singapore survey[J]. Australasian Journal of Educational Technology, 2008, 24 (4):413-424

[47] BEVOISE W D. Synthesis of research on the principal as instructional leader[J]. Educational Leadership,1984,41(5):14-20.

[48] KWON T H, ZMUD R W. Unifying the fragmented models of information systems implementation[M]//BOLAND R J, HIRSCHHEIM R A. Critical issues in information systems research. New York: John Wiley & Sons Inc. ,1987:227-251.

[49] DUNN P. SPSS survival manual: A step by step guide to data analysis using IBM SPSS[J]. Australian and New Zealand Journal of Public Health,2013 (6):597-598.

[50] AJZEN I,FISHBEIN M. Attitude-behavior: A theoretical analysis and review of empirical research[J]. Psychological bulletin,1977,84(5):888-918.

[51] DAVIS F D, BAGOZZI R P, WARSHAW P R. User acceptance of computer technology: A comparison of two theoretical models[J]. Management Science,1989,35(18):982-1003.

[52] VENKATESH V, DAVIS F D. A theoretical extension of the

technology acceptance model: Four longitudinal field studies [J]. Management science,2000,46(2):186-204.

[53] TSAI C C, CHAI C S. The "third"-order barrier for technology-integration instruction: Implications for teacher education[J]. Australasian Journal of Educational Technology, 2012,28(6):1057-1060.

[54] DENG F,CHAI C S,TSAI C C,et al. The relationships among Chinese practicing teachers' epistemic beliefs,pedagogical beliefs and their beliefs about the use of ICT[J]. Educational Technology & Society,2014,17(2):245-256.

[55] ROGERS B A. The correlation between teachers' perceptions of principals' technology leadership and the intergration of educational technology [D]. Muncie:Ball State University, 2000.

[56] ANDERSON R E, DEXTER S. School technology leadership: An empirical investigation of prevalence and effect [J]. Educational Administration Quarterly,2005,41(1):49-82.

[57] WAH L K. Developing in-service ESL teachers' TPACK to teach in the 21st century[J]. Advanced Science Letters,2018,24(1):230-232.

[58] AVIDOV-UNGAR O, SHAMIR-INBAL T. ICT coordinators' TPACK-based leadership knowledge in their roles as agents of change[J]. Journal of Information Technology Education:Research,2017,16(1):169-188.

[59] WANG W, SCHMIDT-CRAWFORD D, JIN Y. Preservice teachers' TPACK development: A review of literature[J]. Journal of Digital Learning in Teacher Education,2018,34(4):234-258.

[60] ROSENBERG J M, KOEHLER M J. Context and technological pedagogical content knowledge (TPACK): A systematic review[J]. Journal of Research on Technology in Education,2015,108(6):1017-1054.

[61] PAPANIKOLAOU K,MAKRI K,ROUSSOS P. Learning design as a vehicle for developing TPACK in blended teacher training on technology enhanced learning[J]. International Journal of Educational Technology in Higher Education, 2017,14(1):34.

[62] AFSHARI M,BAKAR K A,LUAN W S ,et al. School leadership and information communication technology[J]. Turkish Online Journal of Educational Technology,2008,7(4):82-91.

[63] FLANAGAN L,JACOBSEN M. Technology leadership for the twenty-first century principal[J]. Journal of Educational Administration,2003,41(2):124-142.

[64] YORULMAZ A, CAN S. The technology leadership competencies of elementary and secondary school directors[J]. Educational Policy Analysis and Strategic Research,2016,11(1):47-61.

[65] ARNOLD D,SANGRÀ A. Dawn or dusk of the 5th age of research in educational technology? A literature review on (e-)leadership for technology-enhanced learning in higher education (2013-2017)[J]. International Journal of Educational Technology in Higher Education,2018,15(1):1-29.

[66] CHANG I H, CHIN J M, HSU C M. Teachers' perceptions of the dimensions and implementation of technology leadership of principals in taiwanese elementary schools[J]. Educational Technology & Society,2008,11(4):229-245.

[67] PETERSON P L, MARX R W, CLARK C M. Teacher planning, teacher behavior, and student achievement[J]. American Educational Research Journal,1978,15(3):417-432.

[68] HOUSNER L D, GRIFFEY D C. Teacher cognition: Differences in planning and interactive decision making between experienced and inexperienced teachers[J]. Research Quarterly for Exercise and Sport,1985,56(1):45-53.

[69] VECCHIO R P. Predicting worker performance in inequitable settings [J]. Academy of Management Review,1982,7(1):103-110.

[70] AFSHARI M, BAKAR K A, LUAN W S, et al. School leadership and information communication technology[J]. Turkish Online Journal of Educational Technology ,2008,7(4):82-91.

[71] BUSH T. Educational leadership and management: Theory, policy and practice[J]. South African Journal of Education, 2007,27(3):391-406.

[72] YIENG W A, DAUD K B. Technology leadership in Malaysia's high performance school[J]. Journal of Education and e-Learning Research, 2017, 4 (1):8-14.